本书是 2023 年度上海市人民政府决策咨询研究重大课题"以'转型金融'为突破口提升上海国际绿色金融枢纽能级研究"（项目号：2023-A-14-A）和 2021 年上海市金融学会重点课题"金融机构气候风险管理的国际经验"（项目号：2021044）的研究成果。

高水平制度型开放

标志性重大成果丛书

总 主 编 —— 汪荣明

副总主编 —— 闫海洲

全球开放合作视角下的绿色金融与可持续发展

任再萍 ———— 著

Green Finance and Sustainable
Development From the Perspective of
Global Open Cooperation

经济管理出版社
ECONOMY & MANAGEMENT PUBLISHING HOUSE

图书在版编目（CIP）数据

全球开放合作视角下的绿色金融与可持续发展 ／ 任再萍著． -- 北京 ：经济管理出版社，2025. 6. -- ISBN 978-7-5243-0148-6

Ⅰ．F832

中国国家版本馆 CIP 数据核字第 2025PZ8871 号

组稿编辑：张巧梅
责任编辑：张巧梅
责任印制：许　艳
责任校对：蔡晓臻

出版发行：经济管理出版社
　　　　　（北京市海淀区北蜂窝 8 号中雅大厦 A 座 11 层　　100038）
网　　　址：www. E-mp. com. cn
电　　　话：（010）51915602
印　　　刷：北京飞帆印刷有限公司
经　　　销：新华书店
开　　　本：720mm×1000mm/16
印　　　张：15. 75
字　　　数：292 千字
版　　　次：2025 年 6 月第 1 版　　2025 年 6 月第 1 次印刷
书　　　号：ISBN 978-7-5243-0148-6
定　　　价：88. 00 元

序 言

　　2024 年 7 月 15 日至 18 日，中国共产党第二十届中央委员会第三次全体会议在北京召开。全会强调，积极扩大国内需求，因地制宜发展新质生产力，加快培育外贸新动能，扎实推进绿色低碳发展。同时，全会强调，要积极发展科技金融、绿色金融，给实体经济提供源头活水。

　　当今世界正处于全球化时代，任何国家都不可能独善其身，环境和气候问题已经成为整个人类共同面对的挑战。绿色金融作为推动可持续发展的重要力量，其发展必然需要跨越国界的协同与合作。不同的国家和地区在发展水平、资源禀赋等方面都存在着绿色金融领域的差异。通过开放合作，让资源流向最需要、最能发挥效益的地方，从而提高金融资源的绿色利用效率，让资金、技术、经验在全球范围内更自由地流动，加快推进全球可持续发展项目。

　　目前，各国在绿色金融的定义、分类和认证标准等方面存在一定的差异，这给跨境绿色金融业务带来了障碍。全球合作可以在国际层面建立比较统一、透明、可操作的绿色金融标准体系，降低交易成本，增强市场信心，促进绿色金融市场的健康发展。全球合作也有利于在绿色金融的发展过程中，共同应对风险和挑战。此外，绿色金融创新产品和服务在推广过程中可能面临法律、监管等方面的不确定性，通过国际合作可以分享最佳实践，共同完善监管框架，降低风险水平。再者，开放合作能够激发创新活力。不同的国家和地区的金融机构、科技企业和研究机构在绿色金融领域的创新思路和技术应用方面各有所长。通过国际交流与合作，可以促进知识和技术的共享与融合，催生更多创新性的绿色金融解决方案，为可持续发展提供更强大的动力。总体而言，绿色金融要在促进可持续发展中充分发挥作用，必须依靠全球开放合作，形成合力，共同推动全球经济朝着绿色低碳可持续的方向转型。

作者基于全球开放合作的视角，以绿色转型金融与可持续发展作为对象进行研究，对我国参与气候全球治理、促进绿色金融与可持续发展具有重要的理论意义和现实意义。本书视角新颖、内容丰富、结构合理、观点鲜明，具有显著的创新价值，具体如下：

第一，视角新颖、理论扎实、观点鲜明，具有一定的前瞻性。从全球合作视角，分析绿色金融对可持续发展的促进效应，这在以前的文献中比较少见。目前可持续发展受到前所未有的挑战，气候风险严重地影响到可持续发展。绿色金融旨在为可持续发展提供资金和动力，只有全球开放合作才能让绿色金融服务可持续发展取得最好的效果。本书从理论、实证、案例分析角度全面分析了全球开放合作在绿色金融促进可持续发展中的作用机制，并把世界各种绿色金融、可持续发展状况进行梳理并与中国进行比较，取长补短地设计中国与其他国家绿色金融促进可持续发展策略。

第二，内容翔实、结构合理，具有较强的实用性。本书先后分析了欧美、亚洲、非洲和大洋洲主要国家绿色金融促进可持续发展的国际经验，然后进一步分析了国际组织及金融机构层面绿色金融促进可持续发展案例，分析了世界银行、IMF 及汇丰银行、法国外贸银行等国际机构在绿色金融方面的主要做法及经验，同时也对我国绿色金融试验区及企业层面绿色金融助力我国企业可持续发展的案例进行分析。最后综合理论、实证、比较和案例分析结论，提出我国在开放合作背景下以绿色金融促进可持续发展的政策建议。

第三，方法独到、研究深入，具有较强的技术性。本书运用理论、案例分析的同时，还运用实证分析研究开放合作框架下绿色金融促进可持续发展的效应，具体包括：一是对金融机构贷款碳排放强度与经济可持续发展的关系进行理论分析，比较不同经济体金融机构对于贷款碳排放强度的控制与经济可持续发展之间的关系，分析其作用机制，验证贷款碳排放强度的降低对经济可持续发展的促进作用在不同的经济发展水平下的差异，结果显示低收入国家、发展中经济体及非OECD 经济体的促进效应更显著。二是对经济可持续发展进行界并定量衡量。参考 Ziolo 等（2020）的研究，从调整颗粒物排放损失后的净储蓄率（ANS）、经济增长（GDPPC）、工业发展水平（Industry）、城镇化水平（Urban）、可再生能源能耗（RenewE）五个方面进行赋值并合成指标。三是用贷款碳排放强度来表示金融机构绿色信贷的碳排放。用调整碳足迹贷款与总贷款之比来衡量贷款的绿色质量，是防范漂绿风险的重要途径，且可以通过贷款环节抑制污染行业，促进绿色产业发展。四是通过实证模型分析，提出绿色贷款与经济可持续发展的协同机制。同时，把实证分析结果与中国绿色信贷现状结合，提出在控制贷款碳排放强度促进经济可持续发展过程中，要注重标准建设和环保意识提升，推出碳减排支持工具，加强监管，并开展国际合作。

全球开放合作、绿色金融与可持续发展是目前比较热门的话题，也是一个宏大的课题，一两本论著很难全面、系统地讲完说清。本书并非尽善尽美，不足之处在所难免。但这是作者多年密切关注和认真从事相关研究而形成的成果，不失为研究更高水平对外开放以及绿色金融促进可持续发展的一部佳作。相信通过本书的呈现，能够为相关学术研究注入新的活力与思路，也期待读者在阅读后能与我们一同开启更为广阔的学术征程。

中央财经大学绿色金融国际研究院理事长

2025 年 1 月于北京

前　言

　　全球开放合作是绿色金融与可持续发展的推动力和必要条件。要实现可持续发展目标,加强应对气候变化国际交流合作、主动参与全球气候和环境治理的交流合作是保障。在全球开放合作中,绿色金融国际合作、可再生能源供应以及绿色技术创新对推动可持续发展起到非常重要的作用。

　　本书共分为四部分十二章,从理论机制、国际比较、实证模型及国内外案例详细分析全球开放合作背景下绿色金融促进可持续发展的机制与实践。

　　第一部分,研究意义及基础理论:分析在"双碳"背景下,推动经济社会发展绿色化、低碳化,实现可持续发展的理论及意义。

　　第二部分,国际经验与比较:通过对欧美、亚洲、非洲、大洋洲各主要国家在绿色金融促进可持续发展进程中的主要做法与中国进行比较,发现全球开放合作能够有效缩小区域间绿色金融标准的差异,推动国际相关标准的制定。在经济全球化的背景下,各国间的互联互通、交流合作十分重要。

　　第三部分,实证与案例分析:通过构建可持续发展指标和模型进行实证分析,发现贷款碳排放强度降低对经济可持续发展具有显著的正向影响。低收入国家及非 OECD 国家的贷款碳排放强度降低对经济可持续发展的促进效应比高收入国家和 OECD 国家更显著,特别是发展中国家。贷款碳排放强度降低对经济可持续发展的促进效应具有延续性,不仅在当年有效,其未来效应也显著。控制贷款碳排放强度对经济可持续发展的促进效应稳定。本书通过多种方法和稳健性检验均得出一致性结论,并通过分析国际、国内多个案例对实证结论进行验证。

第四部分，结论、政策建议与研究展望：基于理论、实证与案例分析，从政府政策、发挥区位优势、强化监管、教育与创新投入、健全绿色金融体系、发挥间接金融的优势作用、激发金融机构绿色创新等方面提出政策建议，并对未来全球开放合作在绿色金融促进可持续发展中的作用及后续研究进行展望。

全球开放合作、绿色金融与可持续发展目标如何相互配合，促进经济、社会和环境的协调发展是未来的一个大课题，本书的研究仅仅是沧海一粟。本书在理论学术思想方面，对开放合作背景下绿色金融助力可持续发展进行理论论证，分析开放合作下绿色金融助力经济可持续发展的作用机制，以及分析不同国家和地区在绿色金融国际合作方面的优势及与我国金融的比较，指出绿色金融促进经济可持续发展的关键环节、定位及机制，提出技术创新及正外部性、声誉是绿色金融促进可持续发展的重要依据。本书难免存在一些不足之处，恳请各位读者多提宝贵意见，以便笔者在后续研究中进一步提升和改进。

目　录

第一章

引　言

在"双碳"战略背景下，气候风险议题受到广泛关注，国际开放合作和绿色金融的发展成为推动可持续发展的关键环节。全球开放合作是绿色金融与可持续发展的推动器，不仅支持绿色产业发展与项目实施，还推动全球绿色经济转型，更能构建完善的全球绿色金融体系。

第一节　研究背景及意义

本节主要介绍了研究背景及意义，说明了推动经济社会发展绿色化、低碳化的关键性，强调金融领域与绿色产业的深度融合对可持续发展至关重要。随着全球气候变化对人类生活和经济发展构成日益增长的威胁，国际合作和绿色金融的发展成为推动可持续发展的关键环节。

党的二十大报告中提出，推动经济社会发展绿色化、低碳化是实现高质量发展的关键环节。助力可持续发展，离不开金融领域与绿色产业的深度融合。2023 年 10 月召开的中央金融工作会议明确提出，将"绿色金融"作为建设金融强国的五篇大文章之一。诸多发展实践表明，绿色金融促进可持续发展离不开国际合作。

一、研究背景

中国已向国际社会做出了"碳达峰、碳中和"的郑重承诺。"碳中和"目标对金融机构既是机遇，也是挑战。为助力我国"碳中和"愿景目标，金融机构应当提高对气候风险的认知程度，并借鉴气候风险管理的国际经验，采取策略积极应对气候风险。

一个多世纪以来，全球工业化进程持续推进，经济快速发展，人类经济活动产生的二氧化碳排放总量正在大幅度增加，导致全球的国际平均温度较工业化前至少增加了1℃。目前，全球的年平均气温正以每10年0.17℃的平均速度逐年增加。根据2011年联合国政府间全球气候变化专门协调理事会的一份研究和评估报告，如果不认真考虑如何减少全球二氧化碳的大量排放，在2030～2052年的23年内，全球的年平均气温将会迅速上升1.5℃，导致地球永久冻土区融化，北极加速融化，海平面持续上升（在过去100年内上升14.4厘米），以及热浪、干旱、洪水、火灾和其他自然灾害。现如今，台风、火灾和其他自然灾害发生的频率和强度都大大增加。

气候变化将在未来几个世纪内对人类生活、生态系统以及经济和社会发展构成持续的威胁。全球变暖不仅给自然环境、生态系统和人类健康带来巨大风险，而且对经济和社会发展以及金融体系的稳定构成严重挑战。2016年底，联合国已经针对未来极端的全球天气变化问题发出了紧急警告，预计2024年到2030年，气候变化将有很大可能直接导致世界的巨大经济损失，该损失甚至超过2万亿美元。美国政府2018年发布的国家气候评估报告提出，如果不采取行动，到2090年，气候问题将使美国经济每年损失近5000亿美元。2019年12月，专家利用经合组织经济学家智库（EIU）的《气候变化复原力指数》对全球82个最大的经济体国家进行了综合分析，认为在目前的经济动态下，由于全球变暖，到2050年世界GDP将会逐步缩减3%；到21世纪中期，由全球气候变化所引起的特别严重洪水、干旱、作物及其他基础设施损坏造成的损失，很有可能会增加至7.9万亿美元。世界经济论坛2019年提供的资料表明，每年约将有23万亿美元的全球经济损失主要归因于自然因素和社会因素，即人类在全球范围内对气候变化的不作为，所带来的永久性经济损失约为2008年金融危机的4倍。2020年10月13日，世界气象组织（WMO）正式发布了《2020年气候服务状况》的报告，指出在过去的50年里，世界已经遭遇了超过11000次累计的气候灾难，造成200万人的死亡、3.6万亿美元的社会经济损失；历史上没有记载的重大灾难事件数量较前几年增长了5倍，经济损失较前几年增长了7倍。全球经济每年仅因森林火灾、干旱和其他形式的土地退化而损失15万亿美元，并加剧了气候变化危机。

国际巨头穆迪公司的一项分析报告表明，到 2100 年，气候变化将导致整个世界的经济损失达 69 万亿美元。

随着全球化的深入发展，各个国家之间的联系日益紧密，开放合作成为推动国际关系和可持续发展的重要引擎。开放合作不仅能够促进资源的优化配置，提高生产效率，还能够推动技术的传播和创新，为全球可持续发展提供源源不断的动力。

随着先进生产技术的广泛运用，人类的生产力得到了前所未有的提升，但也加剧了自然资源的消耗和环境的恶化。臭氧层破坏、全球变暖、生物多样性减少等问题逐渐成为威胁人类生存和发展的挑战。为了应对这些挑战，国际社会越发关注可持续发展问题。1987 年，世界环境与发展委员会在《我们共同的未来》报告中正式提出"可持续发展"的概念，强调经济发展与环境保护的协调统一。自此以后，可持续发展成为引领全球国家发展的主导理念，各国纷纷制定可持续发展战略，致力于推动经济、社会和环境的协调发展。

随着可持续发展理念的深入人心，绿色转型金融逐渐成为推动可持续发展的重要手段。绿色金融的核心在于将生态环境保护与经济发展相结合，通过创新金融产品和服务，引导资金流向绿色产业和环保项目，推动经济结构的绿色转型。绿色转型金融作为一种新型的金融模式，有益于绿色、低碳和可持续产业的发展，为全球可持续发展提供了有力的资金保障。绿色转型金融通过引导资本投向绿色产业，推动传统产业向绿色转型，从而实现经济增长与环境保护的"双赢"。

国际合作在推动全球可持续发展方面也有着举足轻重的作用。面对全球性的挑战，如气候变化、资源枯竭、环境污染等问题，单一国家的力量是远远不够的，只有通过国际合作、共同应对，才能有效地解决这些问题。国际合作不仅能够促进技术的交流与传播，还能够加强各国之间的互信与友谊，为全球和平与发展创造良好的外部环境。

二、研究意义

全球开放合作背景下的绿色金融与可持续发展研究不仅具有理论价值，而且在实现"双碳"战略进程中具有重大的现实意义。

（一）理论意义

（1）丰富和发展开放理论、绿色金融理论与可持续理论。可持续发展进程中，发达国家起步比较早，亟须中国实践丰富和推动可持续理论发展。

（2）完善绿色金融理论，赋予其可持续发展使命。绿色金融尝试重构经济、社会和环境的关系，将被捆绑在经济发展和资本发展的金融体系中解放出来，赋予其可持续发展的使命。

（3）探索发挥绿色金融在社会中的正外部性、抑制负外部性的全球合作渠道。绿色金融以减少碳排放为手段，进而推进可持续发展目标的实现，涵盖了所有产生社会和环境正向外部效应的金融活动和服务。

（4）为可持续发展目标提供金融理论支持。以资金配置为核心，从而激发经济主体对经济、社会和环境价值的创造，推动可持续发展目标的达成。

（二）现实意义

（1）开放合作是各国共同努力解决全球性挑战的关键，通过合作可以促进技术转移、知识共享和经济发展，为可持续发展提供基础支持。

（2）绿色转型金融是推动经济向环保型和低碳经济转型的重要手段，可以为清洁能源、节能减排等领域提供资金支持，促进经济可持续增长。

（3）可持续发展是全球共识，研究如何平衡经济增长、社会公平和环境保护，实现可持续发展目标，对于人类和地球的未来具有深远意义。

（4）从质和量上把金融与可持续发展目标协调起来。可持续发展既有严格的可评价的质量指标，也有可衡量的数量指标；既有事前的分析工具，也有事中的检测手段，还有事后的验证方法。从使用者看，既有金融机构，也有政府和社会组织，契合目前发展的现实需要。

因此，研究开放合作、绿色转型金融和可持续发展对于推动全球经济发展、缓解气候变化、减少贫困等方面有着重要的意义和价值。

第二节　全球开放合作、绿色金融与可持续发展的关系

全球开放合作、绿色金融与可持续发展是相互统一、互相提升的关系，三者缺一不可。

一、全球开放合作是绿色金融与可持续发展的加速器

在当今全球化的背景下，各国之间的开放合作是推动经济可持续发展的关键途径之一。

（一）开放合作促进绿色金融与可持续发展协同

开放合作可以促进国际资源、技术、人才等要素的流动和共享，推动全球经济的互利共赢。开放合作也可以促进全球绿色金融标准和规范的制定和实施，推动国际绿色投资和融资合作，为绿色产业的发展和绿色项目的实施提供支持和保障。开放合作还可以促进全球价值链的形成和发展，实现各国在全球产业分工中的互补和合作，进而推动全球经济的协调发展。

（二）全球开放合作为绿色金融与可持续发展带来机遇

绿色转型金融是指通过引导金融资源向环保和可持续发展领域倾斜，推动经济向绿色低碳方向发展的金融模式。根据国际可再生能源机构（IRENA）的研究，开放合作可以促进跨国金融机构协同和国际资本流动，为绿色转型金融提供更多的资金来源和市场机会。

国际的交流和合作可以实现国际绿色技术和经验的共享，推动绿色金融产品和服务的创新和应用，加速绿色产业的发展和扩张，如银行业的对外开放、证券市场的扩大、保险市场的高速发展、期货市场的迅速发展等，加速了金融行业的转型发展。

（三）全球开放合作有利于绿色金融与可持续发展标准规范统一

开放合作有利于扩大绿色金融市场，吸引跨境投资和外来融资，有助于建立全球性的绿色金融标准和规范。在合作背景下金融绿色转型可以吸取国际经验，金融国际化推动金融绿色转型的深化，提高绿色金融透明度和规范性的同时，为金融转型注入外部活力。在推动绿色转型金融方面，开放合作可以促进资源共享、经验交流、技术创新等，促进资源的共享与优势互补，加速推动绿色金融产品和服务的发展和普及。

（四）全球开放合作是绿色金融与可持续发展的纽带

通过开放合作，各方可以共同努力，共同解决环境问题，推动绿色经济的发展，实现经济的可持续增长和环境的可持续发展。全球开放性统一市场体系下的经济与金融运行，正日益受到市场利益与风险传导机制的作用。通过开放合作，各国可以共同应对全球性挑战，促进经济增长，创造就业机会，推动经济结构优化升级，实现经济的可持续发展。根据世界贸易组织（WTO）发布的报告，开放合作可以促进贸易自由化和投资自由化，促进全球资源的高效配置，推动技术创新和跨国企业的发展，从而促进全球经济的增长和可持续发展。

随着世界范围内全球化的不断深入，各国经济紧密相连，成为不可分割的纽带。绿色转型金融的发展可以促进国际社会对环境保护和气候变化等全球性挑战的共同关注，推动全球绿色经济的转型和升级。目前，"双碳"目标这一全球性挑战所对标的并非单一环境领域变革，而是整个国家乃至世界范围内的转型发展。在"双碳"背景下，世界金融共同朝着绿色方向转型发展，有利于世界形成开放格局，合作也更加有的放矢。在开放合作中，绿色转型金融作为一个重要组成部分，具有引领、支撑和推动作用。通过发展绿色转型金融，可以促进各方在环境保护、可持续发展等方面的合作，推动全球绿色金融体系的建立和完善。

二、绿色金融促进全球可持续发展为全球开放合作提供平台

绿色与可持续发展已经成为国际社会的共识，需要各国政府、金融机构与各阶层积极参与，统筹兼顾和携手共进。"绿水青山就是金山银山"更是表达了中国贯彻绿色、健康、可持续的发展理念的决心和全球合作的信念。

（一）绿色金融促进可持续发展具有区域空间溢出效应

绿色金融对经济高质量发展存在正向的空间溢出效应，一个地区的绿色金融不仅可以促进当地经济高质量发展，也能对其他临近地区的经济高质量发展产生影响。不同国家、组织、企业等各方之间开展合作与交流，共同推动绿色金融的发展和落实。

经济可持续发展是支撑和激励开放合作的基础和动力。只有实现经济的可持续发展，才能够为开放合作提供持久的动力和底气。根据联合国《变革我们的世界：2030年可持续发展议程》，经济可持续发展要求在经济增长的同时实现环境保护、社会公平和资源有效利用。经济可持续发展包括经济增长与环境保护、社会公平与包容性增长等多个方面的平衡，只有在这种平衡的基础上，开放合作才能够持续发展，各方才能够持续参与其中。

（二）绿色金融促进可持续发展是全球开放合作的引导器

绿色金融支持经济增长与社会以及生态环境相协调是高质量发展的要求，最终是实现政治、经济、社会、文化、生态的全面发展。金融行业转型产生的绿色金融更加注重可持续发展，通过环境保护和资源利用的有效性，实现经济、社会和环境的良性循环，并通过国际交流合作提升国际气候治理水平。绿色金融通过以下三个途径实现全球可持续发展合作：一是绿色金融通过追求环境效益与经济效益并重，缓解世界各地生态发展与经济增长之间的矛盾，通过全球开放合作，最终实现社会资源的可持续开放利用。二是绿色金融通过全球规则引导资金流向生态经济领域。绿色资金的流向对产业的绿色化发展具有重要的导向作用。各国通过绿色金融全球规则，使技术、劳动力、资本等生产要素在绿色技术创新上形成"虹吸效应"，达到绿色发展规模聚集效应，从而推动全球可持续发展。三是绿色金融可以促进全球各国在环境治理方面更广泛地实现合作。绿色金融不仅从经济上促进可持续发展，也会提升公众对可持续发展的认知，并在全球范围达成共识，自觉形成绿色生产生活和消费模式，促进全球气候治理合作。

第三节　本书的主要观点及特色

本节主要介绍研究的主要观点及特色，强调开放合作对全球金融体系转型的重要性，以及绿色金融在增强公众信任和推动可持续发展中的关键作用。运用归纳演绎、比较分析及实地调查等，结合可持续发展理论构建模型进行评估，论证了开放合作背景下绿色金融助力可持续发展的机制及可行路径，为开放合作下绿色金融与可持续发展的研究提供了理论和实践新视角。

一、本书的结构及主要观点

本书主要内容分为四个部分：第一部分，研究意义及基础理论（包括第一章到第三章）。第二部分，国际经验与比较（包括第四章到第八章）。第三部分，实证与案例分析（第八章到第十一章）。第四部分，结论、政策建议与研究展望（第十二章）。主要观点如下：

第一部分，研究意义及基础理论（包括第一章到第三章）：基于全球合作理论、绿色金融理论与可持续发展理论，提出在"双碳"背景下，推动经济社会绿色化、低碳化是实现高质量发展的关键环节。不断深入研究绿色金融、开放合作与可持续发展之间的相互作用关系，推动全球经济绿色转型是一个具有重大理论价值和现实意义的研究命题。

第二部分，国际经验与比较（包括第四章到第八章）：全球开放合作在绿色金融促进可持续发展的进程中是非常必要的，能够有效缩小区域间绿色金融标准的差异，推动国际相关标准的制定，防止碳泄漏和碳转移，在经济全球化的背景下，各国间的互联互通交流合作十分重要。

第三部分，实证与案例分析（第九章到第十一章）：实证分析表明贷款碳排放强度降低对经济可持续发展有显著正向影响，国家效应更显著，教育投入也对经济可持续发展有促进效应。低收入国家及非 OECD 国家的贷款碳排放强度降低对经济可持续发展的促进效应比高收入国家和 OECD 国家更显著，特别是发展中国家。贷款碳排放强度降低对经济可持续发展的促进效应具有延续性，不仅在当年有效，其未来效应也显著。贷款碳排放强度控制对经济可持续发展的促进效应稳定。本书通过多种方法和稳健性检验得出一致性结论，并通过分析国际、国内多个案例进行验证。

第四部分，结论、政策建议与研究展望（第十二章）：绿色金融在可持续发展中的作用主要体现在推动高碳产业转型、促进绿色产业发展和引导消费者消费习惯等方面。国际开放合作则扮演着强化绿色金融对可持续发展的推动作用的角色，并通过资源流动、信息共享、经验借鉴、统一标准等方式来强化这一促进效应。

实现可持续发展目标，加强应对气候变化国际交流合作、主动参与全球气候和环境治理的交流合作平台是保障。在全球开放合作中，绿色金融国际合作、可再生能源供应以及绿色技术创新对推动可持续发展起到非常重要的作用。

二、主要研究方法

（1）归纳法与演绎法。对开放合作理论、绿色金融理论与可持续发展理论及全球不同洲、不同国家进行分析，针对共同点与差异分析其背景及影响因素。

（2）"实地调研法+理论研究法"。在大量实地调研及征询相关领域专家和金融专家的基础上，结合理论研究中政策、环境、地理优势、管理和技术水平及产业结构等相关的研究成果进行可行性和必要性分析，使研究达到理论与实践的充分结合。

（3）比较法和案例分析法。分析国际开放合作助力绿色金融与可持续发展的国家比较、区域比较及其他国家与中国的比较，并挑选国际层面及国家层面具有典型代表性的案例进行分析，总结其成功经验及存在问题，为后续中国在绿色金融促进可持续发展中进行国际合作提供决策咨询。

（4）运用定性与定量方法进行实证分析。构建经济可持续发展指标，然后通过面板回归模型，分析金融机构贷款的碳排放强度与经济可持续发展之间的关系，并进行检验。

（5）运用问卷调查法、爬虫技术和深度访谈法。数据收集与整理运用多种方法来深入对现实问题进行全面调查和反映，同时运用 Stata、Matlab 和 Pathon 语言等软件，保障了本书研究方法和工具的先进性与前沿性。

总体上，本书综合运用区域经济学、金融学、管理学、环境学、统计学跨学科、多元化、多维度的研究方法进行交叉研究，实现研究方法的多重结合。

三、本书学术特色

（1）在理论学术思想方面：对开放合作背景下绿色金融助力可持续发展进行理论论证、作用机制分析，并构建可持续发展指标及模型，分析不同国家和地区在绿色金融促进可持续发展效应及国际合作方面的优势及与我国金融的比较，指出绿色金融促进经济可持续发展的关键环节、定位及机制，提出技术创新及正外部性、声誉是绿色金融促进可持续发展的重要依据。

（2）在研究内容方面：①基于国际经验与案例分析，兼顾经济性与操作性，提出以国际合作、生态优先、节约集约、创新驱动、协同增效方式，政府引导、市场主导、社会协同的机制，引导绿色金融资源精准支持可持续发展。②通过理论、数据分析与模拟，构建全球开放合作、绿色金融及可持续发展合适的指标。③分析贷款碳排放强度对经济可持续发展的作用机理及主要影响因素，建立跨国面板数据进行实证分析。④分析不同经济体绿色金融对经济可持续发展的作用及路径，丰富和发展绿色金融理论、可持续发展理论。⑤从理论和实践上促进金融机构绿色转型，从资金源头控制碳排放促进经济可持续发展。

第二章

文献综述

本章通过对已有相关研究进行综述分析，基于专家学者的研究，以便进一步探索开放合作、绿色金融与环境可持续性之间相互影响的关键环节和作用机制。

第一节　开放合作相关文献综述

已有学者强调了资源共享、互利共赢和共同发展的重要性，将其视为国际关系和经济领域中的关键概念。同时，开放合作的理论根源可以追溯到亚当·斯密和大卫·里士的经济学思想，其强调了通过分工与贸易实现资源共享的优势。

一、开放合作的概念与内涵

开放合作是一种全球性的战略伙伴关系，强调资源共享、互利共赢和共同发展。近年来，开放合作已成为国内外学术界和实践界关注的热点议题。此外，开放合作是国际关系和经济领域中的一个重要概念，涉及国家、企业乃至个人之间的互动与协作，通过相互开放市场进行资源共享，从而实现社会各类资源的最优配置。

开放合作理论的雏形可以追溯到英国经济学家亚当·斯密和美国经济学家大卫·里士的经济学思想。他们提出了"分工和特长"的理论，认为各国在生产和贸易中都有自己的优势和特长，通过分工和贸易可以实现互利共赢，即通过各国开放合作实现资源共享。此后，学术界对开放合作的研究主要集中在开放式创新以及国际合作上，如 Chesbrough（2003）提出开放式创新时，强调了两个关键点：一是整合企业内外部的创新资源进行技术开发；二是利用内外部的商业化资源将技术推向市场。企业不仅通过内部渠道推广技术，也借助外部渠道实现商业化。West 和 Gallagher（2006）进一步阐述，开放式创新是企业系统地在其内部和外部寻找并鼓励创新资源，有意识地整合内部能力与外部资源，通过多渠道探索市场机会的创新方式。

二、开放合作的必要性

Chesbrough（2014）阐述了开放合作创新具有利用外部资源和能力、减少研发成本和风险、加速创新过程、提高创新竞争力等优势，并提出了一些开放创新的实践和建议。Villarreal 和 Calvo（2015）通过对三个螺旋模型和全球开放创新模型的分析发现，跨国界的协作和信息共享在创新过程中具有重要性。Pisano 和 Verganti（2008）描述了开放合作的不同类型，并指出每种协作方式都有其优缺点，需要根据具体情况选择合适的协作方式。例如，跨部门协作可以促进信息共享和资源整合，但也可能导致沟通不畅和决策缓慢；跨文化协作可以促进文化交流和理解，但也可能导致文化冲突和误解。Bogers 等（2017）对开放创新研究进行了全面的综述，并分析了不同层次的视角。他们认为，开放合作是推动创新和经济增长的关键因素。Bogers 等（2018）讨论了开放创新的研究、实践和政策，并强调了开放合作在全球创新生态系统中的作用。他们认为，开放合作不仅有助于企业创新，也对整个社会的创新能力有积极影响。

三、开放合作的实证研究

Barge-Gil（2010）通过对不同开放程度下的企业进行实证分析发现，半开放企业的创新研发密集度比开放型和封闭型企业高，说明开放合作程度的不同会影响企业的发展。Gürerk 等（2014）通过实证研究总结了在开放的情景下促进和维持合作的策略，如制定适当的报酬机制、提高信任水平、设计有效的制度等，这为开放合作的理论提供了实践证据。Ahn（2016）通过构建结构方程模型研究发现，开放合作对企业绩效有显著的正向影响。此外，吸收能力与其他创新能力在开放合作与企业绩效之间起到了中介作用。这意味着企业在提高开放合作度的同时，还需要加强吸收能力与其他创新能力，以提高企业绩效。马文甲和高良谋（2016）研究发现，开放合作广度与创新绩效有显著关系，即开放合作广度能提升创新绩效。而一定程度的开放合作深度对创新绩效的促进作用存在最佳影响节点，此外，动态能力对开放合作与创新绩效的关系具有一定的调节作用。李显君等（2018）的经验分析表明，开放式创新对企业创新绩效没有直接的影响，但通过"创新观念→开放程度→潜在吸纳能力→创新绩效"这一途径对企业创新绩效产生影响，该项研究进一步丰富和发展了开放式合作理论。杨震宁和赵红（2020）通过实证分析发现，开放创新有助于企业更好地利用外部知识资源，但同时也要注意开放式程度的过度深化会产生路径依赖，进而导致降低创新绩效的后果。同时，实证分析也显示，竞合关系会对开放式创新深度和创新绩效产生负面作用。

可以看出，开放合作是推动可持续发展、解决全球性问题的重要途径。以上文献为研究绿色金融促进可持续发展中的国际合作奠定了理论基础。

第二节　绿色金融相关文献综述

本节通过绿色金融相关文献综述，介绍了绿色金融相关内涵以及其带来的宏微观效应。在微观层面，绿色金融可以提高企业效率、降低风险并促进创新，尤其在绿色金融发达地区效果更显著。在宏观层面，绿色金融有助于推动经济转型升级、减轻融资压力并促进经济向低碳转型，为可持续发展和绿色经济发展提供重要支持。

一、绿色金融的内涵

"绿色金融"一词的学术起源可追溯至外国学者的环境金融研究。1922 年《银行界关于环境可持续发展的声明》发表以来，全球范围内对可持续财务问题的重视程度越来越高，"气候金融""碳金融"等概念也相继被提出。近年来，人们越来越重视绿色金融和经济发展之间的关系。同时，国内学者对绿色金融的内涵进行了较为精确的界定。有学者认为，绿色金融是一种通过使用绿色信贷、绿色保险、绿色证券、绿色基金等金融工具来实现经济、资源和环境的协调发展的一种金融行为。马骏（2015）提出，绿色金融是指通过信贷、私人投资、债券发行、保险、碳排放权交易等金融服务，引导社会资本进入环保、节能、清洁能源、清洁交通等环保行业的一系列政策和制度安排，以及与之配套的基础设施。何德旭和程贵（2022）提出，绿色金融是以环保和资源节约为决策目标的金融部门，通过市场配置引导资本投向资源节约、环保行业，推动技术革新和绿色消费理念传播。

二、绿色金融的微观效应

绿色金融投资的回报周期较长，这会导致绿色投资风险增大，影响微观主体的发展。同时，微观主体的发展也会对绿色金融的发展产生一定的影响，我国学者由此对绿色金融的微观效应进行了一系列分析。王遥等（2016）研究了绿色金融对中国经济的贡献和作用机制，认为绿色金融可以提高微观经济效率，并与环境保护政策、财政税收、碳排放权交易等政策形成互补，进而共同推动绿色发展。张莉莉等（2018）选取1040个样本企业的微观数据，发现我国的绿色金融发展水平和效率均不高，这主要是受科技进步的影响。丁宁等（2020）基于中国银行业的调研结果发现，推行绿色信贷能够提升银行的信誉度，同时也能够减少市场风险，从而可以降低银行在实施决策中的成本。Zhang 等（2021）通过DID 模型进行实证分析，发现绿色信贷政策更倾向于惠及中小型环保企业，使其获得更多的贷款融资。李戎和刘璐茜（2021）利用中国沪深 A 股上市公司的绿色上市数据进行实证分析发现，绿色金融可以增加企业长期债务的比重，以此不断地改善企业的债务结构来促进企业的绿色创新。舒利敏和廖菁华（2022）的实验表明，绿色信贷对于企业绿色转型的推动效果，在绿色金融发达地区、竞争较小的行业以及国有企业中表现得更为突出。苏冬蔚和刘子茗（2023）通过对 A 股上市公司数据进行分析得出，绿色金融的发展有助于改善企业环境绩效、绿色投资绩效与 ESG 绩效，同时有助于扩宽企业的商业融资与权益融资的渠道。

三、绿色金融的宏观效应

Zhou 等（2020）通过构建绿色金融影响经济的模型来进行实证分析，发现绿色金融在一定程度上会促进中国整体以及东部、中部、西部经济的发展。Gu 等（2021）通过构建 VAR 和 DEA 模型发现，绿色金融能够提升产业转型升级的效率，但其推动效应受到金融发展失衡、信息不对称等因素的影响。Xie 等（2021）通过基准固定效应等模型进行研究发现，绿色金融对本地城市绿色全要素生产率具有提升效用，但同时也在一定程度上影响了邻近城市的绿色全要素生产率。Zhang 等（2024）采用中介效应和 GMM 模型分析发现，绿色金融对经济低碳转型具有促进作用，存在绿色金融→产业结构升级→GDP 碳排放强度路径和绿色金融→技术创新→GDP 碳排放强度路径。李毓等（2020）利用固定效应模型进行了实证研究，结果表明，绿色贷款对第二产业的发展有明显的推动作用，而对第三产业发展的作用则是相反的，即具有抑制作用。文书洋等（2021）通过跨国数据研究发现，绿色金融可以促进经济的高质量发展，同时他们还通过构建基于经济增长框架的理论模型证明了绿色金融是经济发展的必然选择。金祥义等（2022）认为绿色金融在一定程度上能够减轻出口方所面临的融资压力，也就是说，绿色金融可以促进我国的出口贸易发展。蔡强和王旭旭（2022）通过选取我国 30 个省市的数据和构建绿色金融发展水平指标发现，本地区绿色金融的发展会带动空间相邻地区的经济高质量发展。

尽管已有学者对于绿色金融的定义及研究视角不尽相同，但其核心都以可持续、绿色发展为目的，通过运用最优的金融工具以及产品组合将资金引导到绿色项目中，解决困扰已久的环境问题并实现经济、社会、生态的可持续发展，可以说绿色金融和可持续发展息息相关。

第三节　可持续发展相关文献综述

本节对可持续发展相关文献进行综述。首先介绍了可持续发展的内涵，强调经济增长、社会进步与环境保护之间的紧密联系。其次探讨了可持续发展的理论内涵，包括弱可持续发展和强可持续发展理论的不同观点，以及其他学者对可持续发展的研究和讨论。最后分析了可持续发展的具体实践。

世界环境与发展委员会（WCED）在 1987 年颁布了《我们共同的未来》这一报告。该报告首次明确了"可持续发展"的定义，意指"在满足现代人类需求的同时，不削弱子孙后代满足自身需求的可能性"。该报告中突出了经济增长、社会进步与环境保护之间密不可分的联系，并且提出了具体的策略以促进可持续发展目标的实现。可持续发展概念随之被广大学者所关注并且进行研究。

一、可持续发展的理论内涵

WCED 在《我们的共同未来》报告中提出了可持续发展的概念，强调经济发展与环境保护的平衡。对于可持续发展的概念，现有的学者还没有达成共识，但是现在人们普遍认同的观点是，现有的资源和生态环境等都能够满足现代人的需要，同时也能满足后代人的发展，形成可以延伸下去的情景。在可持续理论发展的过程中，各学者基于不同的视角进行了激烈的讨论，出现了弱可持续发展和强可持续发展理论。弱可持续发展的代表就是 Neumayer（2000），他认为自然资源和人造资本之间具有替代性，即只要人造的资本存量一直保持不变或者增加，那么就对子孙后代没有影响。强可持续发展理论的代表是 Nielsen（2010），他认为虽然科技进步可以提高自然资本的容量，但是在一定范围内，人造资本对自然资本的替代能力具有一定的局限性。弱可持续发展的主要思想是只要经济、社会以及环境的总资源保持增长模式，那么留给后代的自然资源至少是不变的，这就实现了可持续发展。强可持续发展理论强调自然资源的不可替代性，将自然置于核心地位。尽管人造资本可以通过回收利用得以复原，但绝大多数自然资源却是无法复原的，如物种的灭绝。在可持续发展理论研究的过程中，强可持续发展理念日益为人们所认同。已有学者认为可持续发展应该从满足人类基本需求的角度提供解决方案，如整合环境发展与保护、实现平等、保障社会自决权和文化多样性，维护生态文明的完整性等。Polasky 等（2019）认为可持续发展是关于如何同时减少贫困、提高物质生活水平和维持或加强未来福祉所需的重要自然资本，环境科学的大部分工作侧重于环境的可持续性，而发展经济学的大部分工作则侧重于减少贫困。

二、可持续发展的三个方面

可持续发展是生态、经济、社会三者的有机结合，它要求人类社会在发展过程中注重经济效率，保护生态环境，追求社会公正，从而达到人的全面发展。在生态可持续发展方面，Rockström 等（2009）则认为人类对各种资源的利用和自身的发展要在地球的承载力之内，即人类发展的同时要注意与环境协调发展才是可持续的。因此，可持续发展强调了发展在一定条件下是有限制的，即需要在地球的承载力之内才能实现可持续发展。在经济可持续发展方面，可持续发展理论强调经济增长应当与资源利用效率、环境保护和社会公平相协调，以确保长期的经济繁荣和社会福祉。Sachs（2015）认为，庞大而快速增长的世界经济造成了巨大的环境污染破坏，因此需要新技术在提高经济活动中效益的同时节约资源，其主张可持续发展不仅重视经济增长的数量，更追求经济发展的质量。在社会可持续发展方面，Raworth（2017）则认为，社会可持续发展的根本在于教育，强调社会公平是环境保护得以实现的机制和目标。Wichaisri 和 Sopadang（2018）通过研究得出企业要设计可持续发展模式，需要将环境维度、经济维度以及社会维度结合起来考察，并将企业社会责任这一指标用来衡量企业的社会责任，为了实现社会可持续发展，企业强调社会投资，以支持社会活动。Thacker 等（2019）通过研究发现，基础设施能直接或间接地影响所有的可持续发展目标的实现。

三、可持续发展的具体实践

Shi 等（2019）通过对可持续发展的总结归纳和分析，得出强可持续发展理论应成为可持续发展的公认概念的结论。同时，文化、良好治理和生命支持系统是促进可持续发展的重要因素。Xu 等（2020）对中国的 SDG（可持续发展目标）进行了定量分析，结果表明 SSDG（反映了 17 项 SDG 的整体绩效）在全国范围内都得到了改善。各省区的 SDGs 得分均有上升趋势，但各省区的 SDGs 值在时间和空间上都有很大的差别。张艳磊等（2015）通过实证研究发现，工业企业采用"可持续发展"的增长模式比采用"以污染换增长"的模式能够获得更高的销售增长率。这意味着，理论上选择"可持续发展"的增长模式将是工业企业发展的最佳途径。

可持续发展现已成为全球关注的焦点，其概念、核心及实践方法都在不断发展和完善，它是一个复杂但极其重要的理论体系，它要求人们在追求经济发展的同时，充分考虑社会、环境和文化等多个方面的因素，以实现人类社会的长期繁荣和可持续发展。

第四节　开放合作、绿色金融与可持续
发展关系的文献综述

本节主要介绍了开放合作、绿色金融与可持续发展三者之间关系方面的已有研究。开放合作促进绿色金融发展，而绿色金融则对可持续发展产生积极影响。同时，经济和金融的开放度与环境可持续性之间存在相互影响。相关研究为推动绿色金融和可持续发展提供了理论支持。

一、开放合作与绿色金融的文献综述

随着全球气候变化问题的日益严重，绿色金融作为一种新兴的金融模式，得到了广泛关注。开放合作作为推动全球绿色发展的关键因素，与绿色金融紧密相连。本书通过对相关文献的综述，旨在梳理开放合作与绿色金融的关系，为我国绿色金融发展提供理论支持。

有学者认为，绿色金融具有降低信贷风险、提高金融开放度、鼓励可持续发展的潜力。Nawaz 等（2021）指出企业可以通过绿色技术合作建立一个公共伙伴关系模式，以增加来自私营部门的投资，促进绿色金融的发展。Xu 等（2023）研究发现，虽然贸易开放的增长恶化了环境，但是贸易开放程度与绿色融资呈现正相关关系。

二、绿色金融与可持续发展关系的文献综述

Cui 等（2020）通过创建博弈理论模型发现绿色金融体系的完整性对可持续发展和清洁、绿色生产具有正向影响，在此基础上给出了完善绿色金融体系的建议。Zhang 等（2021）研究发现绿色信贷政策对"两高"企业的短期融资行为提供了激励，但在长期内具有惩罚性作用，显著抑制了"两高"企业的投资行为，此外，绿色信贷有助于减少二氧化硫和废水排放，促进生态的可持续发展。Zhang 和 Wang（2021）通过采用多元线性回归模型分析发现，绿色金融发展水平对能源消费具有较强的影响，绿色金融发展水平越高，能源消费就越低。因此，发展绿色金融可以有效地减少能源消耗，从而促进中国能源的可持续发展。Lee 和 Lee（2022）通过实证研究探讨绿色金融对绿色全要素生产率的影响，得出在经济社会条件较好、公众环保参与度较低、污染程度较高的省份，绿色金融对绿色全要素生产率的促进效应往往更强，也就是说，绿色金融的发展推动了可持续发展，而反过来可持续发展也能推动绿色金融的发展。Madaleno 等（2022）通过研究发现绿色金融投资是根据对清洁能源的需求来调整的，该研究表明，有必要设计一项全面的政策，通过资助绿色技术来加强环境责任和绿色金融，以成功实现能源转型和可持续发展目标。李博阳等（2023）通过实证分析，认为绿色债券的发行能够通过降低企业融资成本、促进研发投入、提高投资者关注度，从而促进企业绿色技术创新；而发行规模较大、期限较长的绿色债券，其对企业绿色技术创新的促进效应也较大，这为可持续发展提供了技术支撑。

三、开放合作与可持续发展关系的文献综述

对于开放合作和可持续发展关系的研究，已有学者主要聚焦于宏观层面的研究。Song 等（2019）研究发现经济开放度与绿色经济增长呈非线性负 U 型关系，且存在异质性，即经济开放度对绿色经济增长的影响表现为不显著（东部地区）、正 U 型（中部地区）和负 U 型（西部地区）。Aydin 和 Turan（2020）研究发现金融开放减少了印度和南非的环境污染；贸易开放减少了中国和印度的环境污染，而南非的环境污染却有所增加。Can 等（2021）通过实证研究发现考虑了传统环保商品以及环境友好型商品的绿色开放指数促进了环境的可持续发展。Can 等（2022）通过构建绿色开放指数进行案例分析发现绿色产品在贸易中的存在可以显著减少一个国家对环境的影响，虽然贸易开放程度的提高导致环境压力的增加，但是绿色产品可以缓解这种压力，这一发现对寻求可持续发展战略的国家尤其重要。Kim 等（2024）发现绿色技术随贸易开放程度的增加先下降后上升，这意味着绿色技术进步需要足够的贸易开放水平。此外绿色技术的进步会促进可持续发展，也就是说，可持续发展需要足够的开放合作水平。Ding 等（2022）通过动态面板模型分析发现贸易开放可以显著提高中国的绿色全要素生产率，贸易开放度每提高 1%，绿色全要素生产率平均可提高 0.097%。

四、开放合作、绿色金融与可持续发展关系的文献综述

Wang 和 Wang（2021）采用 GMM 模型研究发现，中国的绿色金融对第三产业的影响最大，并将带动第三产业的快速发展，促进产业结构升级，而开放合作程度对产业结构升级有着正向促进作用。总的来说，一定程度的开放合作与绿色金融都有助于可持续发展。Wu（2022）通过采取 VAR 模型发现贸易开放程度和绿色金融水平对自然资源的利用有显著的依赖关系。也就是说如果采取适当的贸易开放措施，规范国家间自然资源的流动和贸易，并运用绿色金融理论，可以降低有害环境足迹水平，提高整体环境质量，促进可持续发展。Khizar 和 Anees（2023）运用自回归分布滞后模型（ARDL）研究发现绿色金融对环境可持续性的影响为正且显著，而贸易开放对环境可持续性的影响为负且不显著。

目前对开放合作、绿色金融与可持续发展关系的研究基本是基于产业结构升级、贸易开放等展开的，对三者关系进行全方位探讨的研究还比较少。

第五节　相关文献研究评述

本节总结了绿色金融、可持续发展和开放合作的相关文献，强调了绿色金融、可持续发展和开放合作在金融领域的关键作用。绿色金融被视为支持环境改善和可持续发展目标的重要工具，可推动经济结构调整和绿色产业的发展。

由以上文献综述可知，绿色金融、可持续发展和开放合作是当前金融领域研究的热点问题。大多数文献普遍认为，绿色金融涵盖了支持环境改善、气候变化适应和减缓、资源效率提升等可持续发展目标的金融服务和产品。同时，绿色金融对于推动经济结构调整、促进绿色产业发展、实现可持续发展目标具有重要作用。此外，国家和地方政府通过绿色金融工具，如绿色信贷、绿色债券、绿色基金等，引导金融资源流向绿色产业，促进可持续发展。但以往的研究都没有把全球开放合作、绿色金融与可持续发展放在同一个框架下进行全面研究，本书试图把这三个融合在一起，探索三者之间相互作用的理论基础和实践路径，解决现实绿色金融发展中的信息不对称、资金不足、技术障碍等问题，同时发掘绿色金融、可持续发展和开放合作相互联系、相互促进的领域，使三者在实现全球可持续发展目标中发挥更加重要的作用。

随着全球气候变化问题的加剧，绿色金融将迎来更广阔的发展空间，可持续发展将成为金融行业的重要战略方向，开放合作将更加紧密，国际的绿色金融标准和规则将逐步统一，绿色金融将更好地服务于全球可持续发展目标。

第三章

研究的理论基础及机制分析

全球开放合作、绿色金融和可持续发展的相关理论是本书研究的基础理论。全球开放合作下绿色金融促进经济可持续发展的机制包括资金引导机制，产业多元化转型和数字化技术支持、激励机制、融合机制等方面。

第一节　开放合作理论

本节主要介绍了开放合作理论。强调通过开放和合作实现共同发展的重要性，促进经济增长和社会福利，推动全球经济可持续发展。其核心包括市场开放、资源共享和技术合作，旨在实现互利共赢。比较优势、规模经济、外部经济和全球价值链等理论框架支撑着开放合作理论，为绿色金融和可持续发展提供高效途径。开放合作理论是一种强调通过开放和合作来实现共同发展的经济理论。这一理论认为，国家或地区之间通过开放市场、共享资源、技术交流和合作，可以促进经济增长，提高社会福利，并推动全球经济的可持续发展。以下是开放合作理论的一些核心观点。

首先，开放合作理论强调市场的重要性，认为国家应该开放自己的市场，允许外国商品和服务自由进入，同时也鼓励本国企业进入国际市场。市场开放可以促进竞争，提高资源配置效率。其次，国家之间通过共享资源，如自然资源、资本、技术和人才，可以优化资源分配，提高资源利用效率。同时，技术是推动经济发展的重要动力，开放合作理论提倡国家之间进行技术交流和合作，以促进技术的创新和应用。最后，开放合作的目标是实现互利共赢。通过合作，各国可以发挥各自比较优势，实现资源的互补，从而提高整体经济效率。开放合作理论为促进绿色金融和可持续发展提供了更高效率的方式。

开放合作理论的几个主要理论框架包括比较优势理论、规模经济理论、外部经济理论、全球价值链理论等。首先，比较优势理论是由英国经济学家大卫·李嘉图在 19 世纪初提出的，它是国际贸易理论的一个重要组成部分。该理论的核心内容是，即使在所有商品的生产上都拥有绝对优势的国家，也仍然可以通过专注于生产其相对效率更高的商品，并与其他国家进行贸易来获得好处。其次，规模经济理论阐述的是，在特定时间段内，随着企业生产商品数量的增加，其单位成本（平均成本）呈现出下降的趋势。这一现象表明，企业通过扩大生产规模，可以实现平均成本的减少，进而有可能增加企业的盈利能力。规模经济可以分为两类：内在规模经济和外在规模经济。这是国际贸易理论中的一个重要概念。一些经济学家认为，规模经济可以解释为什么一些国家会专注于生产某些产品，并在全球市场上形成竞争优势。再次，外部经济理论则关注的是个体或企业的经济活动对未参与该活动的其他个体或社会整体产生的影响。这种影响可能是正面的，也可能是负面的，分别被称为正外部性和负外部性。外部经济理论对于理解市场经济的运行，制定经济政策和解决环境问题等具有重要意义。通过识别和内部化外部性，可以促进资源的有效配置和社会福利的最大化。最后，全球价值链理论是全球化背景下国际分工和产业组织的一个重要分析框架。它关注的是在全球范围内，产品从设计、生产、销售到最终消费的整个过程中，各个环节如何在不同国家和地区之间分布，以及这一过程如何影响国家间的经济关系和企业的竞争策略，其为分析全球化背景下的国际分工、产业组织和企业竞争提供了有力的工具，对于理解和指导全球化背景下的经济发展具有重要意义。

第二节　绿色金融理论

本节主要介绍了绿色金融理论，指通过金融工具和市场机制，合理将资金引向环境友好型的绿色项目或投资中，以此促进经济的绿色转型和生态环境的保护。

2002 年，联合国环境规划署和金融稳定委员会共同发起了赤道原则，这是一套自愿性的金融行业准则，用于评估和管理项目融资中的环境和社会风险，绿色金融由此形成。2009 年，联合国气候变化大会在哥本哈根举行，各国开始关注气候变化对金融系统的影响，绿色金融成为国际议程的一部分。

通过国内外学者对绿色金融理论的不断完善和发展已逐渐成熟。绿色金融理论主要是指通过金融工具和市场机制，合理将资金引导向环境友好型的绿色项目或投资中，以此促进经济的绿色转型和生态环境的保护。绿色金融产品主要包括绿色信贷、绿色债券、绿色保险、绿色投资基金、绿色证券等。绿色金融理论的研究基础主要建立在以下几个方面：首先，可持续发展是绿色金融的核心理念，强调在满足当代人需求的同时，不损害后代满足其需求的能力，这一理论为绿色金融提供了宏观的政策和伦理基础。其次，环境经济学研究如何有效率地使用自然资源和环境服务，以及如何在内置环境成本的情况下进行经济决策，它为绿色金融提供了评估环境风险和经济影响的方法论。再次，企业社会责任强调企业在追求利润的同时，应考虑其对社会和环境的影响。ESG（环境、社会和治理）投资则关注企业在这些方面的表现，作为投资决策的一部分，这也是绿色金融领域很重要的一部分。最后，绿色金融理论还关注如何创新金融工具和产品，如绿色债券、绿色信贷、碳金融等，以便更好地服务于环境保护和可持续发展的目标。

第三节　可持续发展理论

本节主要介绍了可持续发展理论。可持续发展理论旨在平衡现代需求与未来世代资源利用能力。分类包括弱、强、超强可持续发展，强调资源永续利用、外部性、财富代际公平分配和三种生产理论。这些理论指导着如何在经济发展中最大化正面外部性、最小化负面外部性，确保资源公平分配，以实现全面的可持续发展目标。

可持续发展理论主张的是一种发展模式，它旨在满足现代人需求的同时确保不损害未来世代满足自身需求的能力。该理论以公平性、持续性和共同性作为其三大核心原则。可持续发展的终极目标是实现一种涵盖共同性、协调性、公平性、高效性和多维度的全面发展。接下来将从可持续发展类型及其具体内容进行阐述。

　　可持续发展理论的类型主要分为弱可持续发展、强可持续发展、超强可持续发展。具体的含义在上述文献综述中有所涉及。弱可持续发展的好处是肯定了科技的进步，自然资本和制造资本的可替代性更符合经济发展的需要，其缺点是过于看好人类控制自然和技术进步的能力，认为自然没有约束能力，所有的生态系统功能都是可以替代的。超强可持续发展的好处在于，经济系统是自然的一个子系统，而不是一个独立的子系统，其缺点是，技术的作用被低估了，所有的自然资本都被认为是限制性的，而实际上一些自然资本是可以替代的。例如，一些矿产资源可以被其他人造产品取代。强可持续发展的好处在于它反对上述两种极端观点，因此，强可持续性是我们应该接受的概念。虽然强可持续性是人们应该接受的概念，但弱可持续性的做法仍然存在。尽管可持续发展的目标已经从解决生态可持续性发展到更全面的目标，但这些目标只考虑未来 15 年内的可持续发展，而不是更长期的可持续发展。

　　可持续发展的核心理论尚处于探索和形成之中。目前已具雏形的流派大致可分为以下几种：首先是资源永续利用理论，其关注的是如何在满足当前人类需求的同时，不损害自然资源的基础，确保这些资源能够为未来世代所持续利用。其次是外部性理论，指的是经济活动对除参与者之外的其他人或群体产生的影响，这些影响可能是正面的（如教育的好处），也可能是负面的（如工业污染对邻居的影响）。可持续发展要求正面的外部性最大化，而负面的外部性则需要最小化，通过政策干预（如征税、补贴、法规制定）来调整市场行为，以实现社会成本和效益的内部化。再次是财富代际公平分配理论，财富代际公平分配理论关注的是当前世代与未来世代之间资源分配的公平性。它强调我们不能仅仅为了满足当前世代的需求而牺牲未来世代的发展机会。这意味着在制定经济政策和社会发展计划时，必须考虑到长远的影响，确保未来世代也能享有公平的发展机会和良好的生活环境。最后通过生态经济学家赫尔曼·戴利（2014）和杰夫·麦尼利（2008）的理论，区分了以下三种生产活动：自然生产（如森林、水、空气和生物多样性等自然资产的提供），服务生产（包括供给、调节、支持和文化服务）和再生产（经济活动中的循环利用和资源再生）。可持续发展需要平衡这三种生产，确保自然资本的稳定和增加，物质和非物质生产的持续性，以及社会福祉的提高。这些理论共同构成了可持续发展理论的基础，指导着如何在满足人类当前需求的同时，保护环境，确保未来世代也能满足自身需求的发展路径。

第四节　全球开放合作下绿色金融促进经济可持续发展的机制

基于前述理论，本节对全球开放合作下绿色金融促进经济可持续发展的机制进行分析。其中包括资金引导机制，产业多元化转型和数字化技术支持、绿色发展理念的激励机制、全球开放合作助推绿色金融与可持续发展融合机制等方面。通过激励绿色发展理念，绿色金融建立市场需求引导、风险管理与激励机制、政策支持与规范引导、信息披露与透明度等内在机制，推动经济向绿色、低碳、可持续发展转型升级，与全球合作融合共同促进经济可持续发展。

一、资金引导机制

绿色金融政策和市场机制引导资金流向环保、清洁能源、循环经济等领域，从而鼓励企业开展绿色技术创新和生产力提升。例如，高碳行业企业可以发行绿色债券，募集资金用于投资绿色技术、清洁能源等低碳项目。这样的债券发行不仅能够降低企业的融资成本，还可以吸引更多的投资者参与，推动企业向低碳转型。同时，高碳行业企业可以通过申请绿色贷款来获得资金支持，用于进行节能减排、环保设施建设等低碳转型项目。这种贷款通常具有较低的利率和更灵活的还款方式，有助于降低企业转型的资金压力。此外，国际组织和政府机构设立的气候基金为高碳行业企业提供资金支持，帮助它们进行低碳转型。这些基金通常用于支持清洁技术创新、碳排放减少项目等，为企业提供资金补贴和技术支持，推动企业向更环保和可持续的方向发展。通过企业发行绿色债券，申请绿色贷款等方法，可以将社会资金引入绿色项目中，促进资源的优化配置，此外，企业通过绿色项目来筹集资金，也可以促进企业的技术创新，不断提高生产效率，推动经济可持续发展。

二、产业多元化转型

绿色金融可以通过不断创新其金融产品及工具来促进高碳行业向低碳行业的转型，从而使企业碳排放量减少，促进经济高质量发展。例如，2021年4月，为了更好地贯彻国家碳达峰、碳中和的战略部署，提高债务融资工具服务实体经济的能力和水平，中国银行间市场交易商协会在国内首次创新推出可持续发展挂钩债券，该债券以碳密集行业企业为研究对象，以三项与碳排放紧密相关的重要绩效指标为核心，更加全面地测度公司的节能减排质量，并为企业的低碳转型提供直接融资支持，从而促进企业通过技术升级和产业多元化转型，达到绿色发展的目的。这次的发行充分反映出了市场对碳达峰、碳中和和可持续发展债券的高度认同，它为企业实现低碳转型提供了一种低成本的直接融资支撑，并促使公司实现了行业的多样化转变，提高了行业布局的效率，提高了生产速率，对促进经济可持续发展起到了一定的作用。

此外，中国邮政储蓄银行已于 2021 年 11 月成功支持了晋能煤炭集团的可持续发展信贷业务，金额达 3 亿元。可持续发展挂钩贷款就是将贷款利率按照社会环境和环境绩效指标达成情况进行调整。其中，碳减排、单位能源消耗和环境影响评价等方面的指标可以是单一的，也可以是组合的。如果你的业绩指标达到了更高的水平，那么你的贷款利率就会下降得更多。该项目的实施既能满足晋能控股公司合理的融资需要，又能有效地推动企业的绿色智能转型升级，推动节能减排，为实现碳达峰、碳中和的目标做出贡献。据了解，采用智能综采工作面，采用 5G 网络技术，可实时调节系统参数，100 台放顶煤液压支架仅需要一人操作就能定时降下，大大提高了生产效率，真正达到了绿色、低碳的转变，推动了经济可持续发展。

三、数字化技术支持

绿色金融机构可以为企业提供资金支持，用于数字化技术的研发、采购和实施。这些资金可以帮助企业引入先进的数字化技术，从而提高生产效率，降低能源消耗，并实现绿色转型目标。绿色金融帮助企业引入数字化技术的优势主要体现在以下几点：第一，数字化技术支持下的供应链管理系统可以帮助企业实现供应链的数字化和智能化管理。通过实时监控和数据分析，企业可以优化供应链的运作，降低库存成本，减少生产延误，提高生产效率。第二，数字化技术支持下的智能物流和仓储管理系统可以帮助企业实现物流过程的优化和智能化。通过路线优化、运输跟踪等功能，企业可以降低物流成本，提高物流效率，从而促进经济可持续的发展。第三，通过数字化技术支持，企业可以实现智能制造，即将传感器、机器人、大数据分析等技术应用于生产过程中。这些技术可以提高生产线的自动化程度、生产效率和产品质量，从而促进生产力的提升。例如，通过工业互联网技术，企业可以实现设备之间的实时通信和协作，优化生产计划和资源调配，提高生产效率。而这些优势所在正是以光大银行助力"物流运输"领域绿色转型发展为例的。近年来，光大银行作为满帮集团最主要的物流数字金融合作伙伴，与企业携手共建了物流数字化结算体系，为数百万司机和货主完成数千亿元的线上化运费支付，极大地提升了货运数字化水平。同时，光大银行积极响应满帮集团发起的中国公路货运可持续发展绿色行动，参与建设"绿色物流+"服务体系。目前，联合满帮集团推出的"绿色物流+金融"服务已正式上线，双方基于司机碳账户建立起互认互信的绿色信誉体系。此举将进一步提升货车司机在金融服务领域的体验感、获得感，鼓励更多的货车司机提升节能减碳意识，成为物流运输领域"碳达峰、碳中和"道路上的主力军，创新了运输行业结算新模式，是一种更具有高效能的结算体系，摆脱了以往的较为烦琐的支付程序，大大地提高了结算效率，在一定程度上促进了经济可持续发展。

四、绿色发展理念的激励机制

中央全面深化改革委员会第四次会议强调，"把绿色发展理念贯穿于经济社会发展全过程各方面"。绿色是高质量发展的底色，经济可持续本身就是绿色生产力。坚持走生态优先、绿色发展之路，是立足新发展阶段、贯彻新发展理念、构建新发展格局的必然要求。由此可见，绿色发展理念不仅可以促进经济的高质量的发展，其对于经济可持续发展也具有激励作用。

绿色金融通过激励绿色发展理念，促进经济可持续的发展，其内在机制主要包括以下几个方面：首先，绿色发展理念可以促进市场需求引导。绿色金融可以通过提供低成本、长期性、高效率的融资支持，引导企业和产业向绿色技术和清洁生产方式转型。这种融资支持可以降低企业的转型成本，增加绿色技术的市场竞争力，从而满足消费者对环保产品和服务的需求，形成绿色产品市场的需求引导机制。其次，绿色发展理念通过风险管理与激励机制促进经济可持续发展。绿色金融通过建立环境风险识别、评估和管理机制，对绿色产业和项目进行风险评估，并提供相应的激励措施。例如，通过绿色贷款利率优惠、绿色信贷担保等方式，降低绿色项目的融资成本，提高项目的融资成功率，从而激励企业加大对绿色技术和绿色生产方式的投入。再次，绿色发展理念的政策支持与规范引导在一定程度上可以促进经济可持续发展。政府通过制定绿色金融政策、环保产业扶持政策等措施，引导金融机构和企业加大对绿色产业的支持和投资。同时，政府还可以通过设立绿色产业标准、环境保护法规等手段，规范市场行为，促进企业遵守环保法规，推动绿色金融与经济可持续的融合发展。最后，绿色发展理念推进企业信息披露与透明度的发展。绿色金融可以通过推动企业加强环境信息披露和透明度，提高企业对绿色技术和环保投资的公开度和透明度，增强市场对绿色产业的认知度和信任度。这种信息披露机制有助于减少绿色项目的信息不对称问题，提高绿色投资的效率和透明度，促进绿色产业的发展。综上所述，绿色金融通过激励绿色发展理念，建立市场需求引导、风险管理与激励机制、政策支持与规范引导、信息披露与透明度等内在机制，推动经济可持续发展，促进经济向绿色、低碳、可持续发展转型升级。

五、全球开放合作助推绿色金融与可持续发展融合机制

在绿色金融与可持续发展中，全球开放合作在融合协调、开放创新与法律规则一致性等方面发挥作用。首先，全球开放合作具有融合协调机制。开放合作可以促进不同国家、地区、组织及利益相关者之间的合作，促进各方之间的合作和协调来解决绿色金融和可持续发展面临的挑战和难题。通过共享资源和技术、分享实践经验、进行联合研究等形式开展合作。把全球范围内的专业知识和资源进行整合，避免重复劳动，提升绿色金融与可持续发展在全球各国的实施效率。其次，法律框架及规则的一致性。制定和推广基于绿色可持续发展的政策和法律框架，为全球企业和国际社会创造环境友好型的营商环境。为企业和社会提供稳定的、可预见性，鼓励企业和各界在可持续发展领域投入更多的资源和创新。包括环境法规和标准、经济激励措施、区块链技术、数据分析等，在统一的规则下，利用大数据和人工智能，优化投资决策，为绿色技术和项目提供必要的经济支持，降低其发展的金融障碍，加速绿色创新的市场推广和应用。当然在实施过程中，要充分考虑不同国家、地区所处的发展阶段特定环境，确保政策框架的有效性和可持续性，为企业提供清晰的绿色发展路径，促进全球范围内绿色金融促进可持续发展目标的实现。最后，多边机构要为国际合作提供资金。比如像世界银行、国际货币基金组织（IMF）等多边机构要提供专门的绿色投资资金，支持全球范围内的可持续发展项目。建立跨国合作基金、社会责任投资（SRI）以及吸引私人资本和风险投资，支持全球范围内的环境保护和可持续发展项目。

第四章

全球开放合作在绿色金融促进可持续发展进程中的必要性

可持续发展受到前所未有的挑战，气候风险严重地影响到可持续发展。绿色金融旨在为可持续发展提供资金和动力，只有全球开放合作才能让绿色金融服务可持续发展取得最好的效果。

第一节　气候风险对可持续发展产生的影响

气候变化造成的自然灾害屡见不鲜，引起的物理风险和转型风险频度逐年增加，这已逐渐成为影响世界各国金融稳定、阻碍可持续发展的重要因素。

一、气候风险内涵

根据联合国环境署（UNEP）、气候相关财务信息披露工作组（TCFD）等的研究，气候风险是一种特殊的风险类型，一般是指随着全球变暖等气候变化对自然及经济社会带来的潜在不利影响，涉及自然灾害、人类健康和安全受到威胁以及对社会经济系统带来灾害的不确定性。气候变化已经成为影响人类社会与经济发展的重要风险之一，TCFD 在其 2017 年的研究中将气候风险分为物理风险和转型风险，通过物理风险和转型风险这两种形式，气候变化带来的气候风险被传递到经济金融领域，影响了金融体系的稳定性。根据《中国气候公报》公开资料显示，仅在 2020 年间我国极端气候事件偏多，共有 256 个国家站日最高气温达到极端事件检测标准，全国范围内全年出现 37 次局部性暴雨，长江地区出现了自 1998 年以来最严重的汛情。根据《全球风险指数报告》显示，自 1997 年以来，全球总计发生超过 11000 起极端气候事件，造成 52.4 万人丧失，直接经济损失高达 3.16 万亿美元。

二、气候风险特征

结合伊莱娜·莫拿斯特若罗 2020 年的研究结论，大致可以将气候风险的特征分为以下三种：①不确定性。气候风险来源于气候变化，地球生态系统的多样性和复杂性促使气候变化也具有多样性和复杂性，并且随着全球温室气体排放，全球气温上升，极端气候出现的频率不断上升，但总体出现的频率并不随着某些因素而变化，是一种非线性的趋势，导致气候风险具有高度的不确定性。②前瞻性。气候风险通常会在较长时间内影响金融体系的稳定性，同时结合其后风险的不确定性，使机构和研究学者对于气候风险具有前瞻性，提前预判风险才能更好地进行风险规避和管理。③异质性。不同机构对于风险的识别、预判能力及方式并不相同，会导致机构组织对于风险的识别定性并不相同，以致气候风险以及影响因素差异较大，因此对于气候风险来说具有较大的异质性。

三、气候风险对可持续发展带来的影响

气候变化的不确定性与其连带的自然灾害易造成的直接或间接经济损失，深刻地威胁着人类社会中的个体、金融机构与实体行业，进而动摇着经济可持续发展的根基与支柱。

普遍而言，经济可持续发展可以被定义为一种不降低地球上全人类生活质量的前提下，兼顾社会福利、增长和发展以及环境条件的经济模式。而气候风险会通过对自然环境、人类社会资源造成的破坏，进一步加剧社会不平等，并最终阻碍经济的可持续发展（Durmaz and Bayramoğlu, 2017）。

首先，气候变化引起的各类极端天气事件如飓风、洪水、高温、干旱是最为直观的影响，对自然界与自然资源有着不容置疑的负面作用。例如，降水模式的改变和冰川的加速融化影响着水资源的供给与质量，不仅在供水、粮食安全及水电能源生产等方面构成威胁，也给水资源的预测和管理方面带来挑战。与此同时，从经济角度而言，高温和污染导致的水质恶化也会使工业和家庭面临更高的水资源获取和处理成本。此外，气候变化造成的生物多样性丧失会使自然界中部分生态系统退化，失去一些如授粉、水净化和碳固存等关键职能，间接限制对这些服务赖以生存的农业、渔业和旅游业等各种经济活动，并增加其运营成本。

其次，气候变化会对人类社会资源及生产、经济等活动造成负面影响。一方面，气候变化引发的极端天气事件不仅会增加气候敏感性生产材料的开采与运输成本，也会降低企业生产运营设备、建筑物等资产的使用寿命，进而增加其维修或更新成本；另一方面，气候变化对生产活动的阻碍和延缓也有可能导致供给短缺或停滞，并通过供应链传导和放大对正常的商品交易市场产生冲击。从微观视角考虑，企业被迫将可用资金投入生产资本的恢复而非扩张，既偏离了原有的发展路径也放缓了增长速度，不利于社会经济增长；从宏观视角考虑，商品供给的限制或不稳定容易引起价格提升，催生出通货膨胀风险。例如，欧洲央行在2023年发布的一份报告显示，到2035年，气候变化可能会导致全球通胀率每年增加1个百分点，而粮食价格的涨幅将由于高温减产首当其冲，预计每年上涨3%以上。此外，就人类对气候变化采取的防治措施来看，企业特别是能源业和制造业，由于必须履行约束碳排放的义务，其发展也受到一定制约，并承担了一定的转型风险，使以该类行业为支柱的地区经济发展放缓甚至退步。

最后，气候变化正在以对自然资源、人类经济活动的不平等的影响加剧全球社会不平等现象。从地理位置来看，以太平洋岛国为代表的低海拔及沿海地区相较于其他内陆地区更紧迫地面临气候变化引起的海平面上升危机；而气候移民，即由于气候变化导致居住地区生态环境脆弱，无法维持生计而被迫在本国内迁居的移民现象，也正在全球兴起并颇有扩大的趋势。根据世界银行的报告显示，约有35亿人居住在气候变化敏感地区，约占世界人口总数的35%，且在2050年前，气候变化可能迫使2.16亿人在本国迁移。从发展水平来看，欠发达国家尽管相较发达国家对气候变化负有更低的责任，却被迫面对超出其承受能力的气候变化影响，进而加剧本国内的贫困、饥饿和医疗资源短缺等问题。

第二节　气候风险对金融业产生的影响

早在2015年12月，G20金融稳定委员会（FSB）就已经成立了对于气候变化有关金融资料的披露特别工作小组（TCFD）。它将与气候有关的金融风险分为物理性风险和过渡性风险。物理性的风险主要包括环境和气候相关的各种自然危害，而过渡性的风险则主要包括经济、社会和法制的风险、科学技术的风险、市场和企业信用的风险以及商誉的风险。全球范围内越来越多的国家和决策者正趋于达成共识——气候变化对金融体系的安全和稳定构成了重大风险。鉴于近年来愈加频繁和严峻的极端天气事件，人们终于察觉到气候危机的严重性、破坏性以及早已悄然发生的环境变化，如生物锐减、臭氧层空洞、冰川融化、厄尔尼诺现象加剧等。这些灾害事件或直接或间接地减少经济活动，破坏供应链，损毁有形财产并最终降低了一系列金融资产的价值。由此，保险公司、银行和传统碳密集型企业等其他金融机构都极有可能因保险的公司、融资或宏观政策调控而不得不面对气候变化带来的损失。

一、与气候变化直接相关的物理风险对金融部门的影响

气候变化所引起的物理性危害按照其危害持续的时间可以分为两种：急性和慢性的危害。急性危害主要是表现在作用于极端天气灾害事件，其主要特征之一就是危害突发性和表现性，如洪水、干旱、森林火灾、飓风等；慢性危害主要是由于长期缓慢的大陆性气候变暖引起的温度上涨、降雨量变化、海平面抬高、重金属排放、大气污染、水环境污染、土壤环境污染，其主要特征之一就是危害长期性、隐蔽性。急性和慢性风险会直接或间接导致实物资产的损失，这些损失会传导到金融系统，给金融机构造成难以预料的资产损失，而金融机构又难以用自己的资本吸收，从而造成资产贬值、收缩和金融风险在金融机构的蔓延。

1992 年的安德鲁飓风标志着保险业面临气候变化影响的分水岭，因为气候变化引起的极端天气事件的频发，增加了物理天气风险，进而给保险公司带来索赔金额增加的威胁。1992 年的安德鲁飓风对于受气候变化严重影响的保险行业来说无疑是一个具有历史意义的事件，因为这次保险业的损失高度达到创纪录的210 亿美元，直接导致十几家保险企业和公司的倒闭或者破产以及美国整个房地产保险行业的偿付能力下降。2005 年 8 月底，卡特里娜飓风袭击了美国加利福尼亚州，共造成 1577 名美国人员伤亡，直接造成的经济损失高达 1350 亿美元，是安德鲁飓风的 3 倍。"卡特里娜"共计造成 436 亿美元的财产和保险损失，占当年美国发生灾难性财产和保险损失的 66%。2017 年 8 月，哈维飓风对美国的经济和社会都造成了 1250 亿美元的严重损失，这是美国人类社会历史上第二大自

然灾害，并且也给投资者和保险公司都造成了第二大的损失。国际货币基金组织分析了 1980~2018 年全球自然灾难总损失和保险损失的趋势，得出结论认为，自 1980 年以来，自然灾难保险索赔增加了两倍，保险公司在未来面临更高的自然灾难损失索赔压力。

（一）对银行业的影响

对银行业来说，日益频繁且强烈的水灾、火灾、台风和其他自然灾害造成的财产损失，直接导致受影响的公司和个人的抵押品恶化和信用度降低，从而导致银行资产的损失。例如，美国西部由于全球温度的变暖导致环境条件变得更加干旱，山火频繁且更加猛烈，房屋的价值和其他固定资产受到了严重破坏，不可避免地直接导致了房屋抵押贷款违约率以及银行贷款损失率的上升，甚至这场山火往往是因为对房屋的价值、州政府的旅游业和当地政府的预算造成严重破坏而直接引发了美国的财务局部性财政风险危机。2017 年 10 月和 2018 年 11 月，加州最大的电力供给商太平洋天然气和电力公司分别引发了两场严重的山地火灾，直接导致该公司在 2019 年 1 月申请破产保护，并在 12 月初与山地火灾的受害者达成了 135 亿美元的赔偿协议这个问题。极端气候天气灾害事件的日益突发、频繁和严重具有巨大毁灭性，并且已经连续引发了多起程度堪比 2008 年前的世界性商业金融危机之高的大额抵押商业贷款债务危机和巨大的商业金融风险。

（二）对资本市场的影响

对于资本市场来说，在气候变化引起的物理性风险中遭受损失的公司，会有股票、债券和大宗商品价格下跌的风险。就以前面提到的 2018 年 11 月美国加州发生的独一无二的山火来说，其股票在火灾发生后的五个交易日里经历了自由落体式的下跌，累计跌幅超过 47%，因为投资者担心加州的电力巨头太平洋天然气和电力公司应对火灾的损失负责。此外，历史上还有一个极端的天气事件直接影响到资本市场交易的案例：2012 年 10 月，桑迪飓风在纽约附近登陆，直接导致美国主要股票和期货交易所连续两天关闭，使国际投资者切实地感受到这种极端风暴的威力。对于造成有形资产直接损失的大型企业和农村居民来说，房地产资产的严重恶化、财富损失和抵押物的严重恶化，必然也会直接导致农村居民的预防性积蓄率的增加，消费能力的下降，企业生产的暂时中断，企业生产力和盈利水平的下降，当地资源的短缺和商品价格的上涨，所有这些都会使经济环境恶化，风险最终会传导到金融系统。

（三）对中央银行的影响

对中央银行来说，气候变化对有效追求货币政策目标的影响越来越大。首先，气候变化会影响商品的供应和需求，这反过来又会影响货币政策的主要目标——价格稳定。例如，水灾、旱灾、火灾、台风等气候事件使产量减少，可能推高商品价格；而灾害造成的巨大损失可能降低人们的消费水平，导致需求被动下降。此外，气候变化将影响人们的行为和消费习惯，减少对气候和环境破坏性产品的需求，这又将影响这些产品的价格。例如，人们对破坏环境的能源生产行业（如煤炭）的抵制将影响能源供应和消费模式，而这又将影响能源价格。其次，气候变化对金融稳定的影响越来越明显，许多国家的中央银行和金融监管机构已经意识到，货币政策的制定和调整必须考虑到气候变化。2020 年 1 月，国际清算银行发出警告称，气候变化所带来的系统性金融风险有可能会直接引发下一轮系统性的金融危机。

（四）对保险业的影响

在众多金融机构中，保险公司是最直接暴露于气候变化风险之下的，因为保险行业往往需要承担受气候变化影响的各类险种的赔付，如巨灾保险、农作物保险等。尽管保险公司可以为更高的风险制定更高的保费，但要准确地为新的和不确定的气候风险定价是很困难的。如果保险公司低估了这些风险的价格，则很有可能会在极端天气事件中面临不小的损失，甚至危及公司的生存能力。另外，保险公司定价过高将会阻碍保险提供正常的风险分担功能，进而过度限制经济活动，有碍经济社会发展。

二、气候变化引起的转型风险对金融系统的影响

（一）气候变化引起的社会生产和消费模式的转变

近年来，极端天气事件对人类社会造成了巨大的物质损失。人们已经意识到气候变化带来的风险，并正在采取实际措施保护地球的生态环境。在政府政策、环保法规、科技进步和人们生活消费观念变化的共同作用下，人类社会的生产和消费活动加快了向低碳经济模式的转变。然而，在从旧模式向新模式过渡的过程中，与高碳排放相关的旧产业和领域必然会面临这种转型的风险，遭受巨大的经济损失，并将其风险转嫁给与之相关的金融部门。

在政策法规方面，政府部门将陆续制定和实施减少温室气体排放的制度体系和监管政策，促进整个社会的生产和消费模式向可持续发展和绿色化转变。世界

上已经陆续有 30 多个发达国家地区开始积极实行大气碳税,对大量燃烧化石燃料所可能产生的二氧化碳问题进行碳税征收,主要目的用于碳量降低和有效减少大气二氧化碳的大量排放,以有效适应这种全球性的复杂气候变化。中国尚未征收碳税,但政府自 2013 年以来出台了一系列政策,打击空气污染,污染物排放标准被提高,超标企业将被重罚,甚至被要求停止生产。

在新一代技术发展和进步方面,清洁能源工程技术已取得了很大的进展,清洁能源的成本继续下降,对传统的煤炭行业产生了重大影响。以美国为例,早在 2015 年,美国一些州的风力发电成本就已降至 2 美分/千瓦时,而大规模光伏发电的装机成本也大大降低。在美国,风能和光伏发电已经在价格上与传统发电有很大的竞争力。近年来,中国在对清洁能源的投资和利用上一直保持着世界的领先水平,2019 年的投资额为 834 亿美元,比排名第二和第三的美国和欧洲分别多 279 亿美元和 288 亿美元,目前中国的太阳能发电量占世界的 1/4,风力发电量占世界的 1/3。

在人们生活消费观念的转变方面,在减排政策法规和清洁能源消费成本下降的双重作用下,要求居民个人和社会单位的消费结构逐步向绿色、低碳生活转变,并要求金融机构能够提供应对气候变化的绿色金融产品和服务。

(二)行业和公司在低碳转型的背景下面临转型风险,这将对整个金融业产生深远的影响

市场对气候变化带来的风险已达成共识,在政府应对气候变化政策的引领下,行业和企业、金融机构和家庭都采取对策,减少温室气体排放。这将导致整个社会的生产和消费模式逐渐发生变化,并将不可避免地导致原有生产要素的重新分配,包括大量的资本流动,这又将导致金融系统的资金结构、资产和负债、利润和风险暴露领域的重大变化。资产和负债、利润和风险暴露领域以及金融系统的其他方面将发生根本性变化。这一点体现在监管部门要求上市公司向外界披露因气候变化而造成的风险,并建立碳减排发展战略以应对气候变化。例如,自 2010 年以来,美国证券交易委员会已经明确要求所有上市公司向投资者揭示其由于气候变化而给投资者带来的最低风险。饮料巨头可口可乐公司通过其收益报告提醒投资者,该公司的供应链和盈利能力受到气候变化导致的水资源短缺的制约。港交所于 2019 年 12 月发布了新版《环境、社会及管治指引》,要求上市公司自 2020 年 7 月 1 日起披露对发行人财务年度报告有重大影响的气候相关信息,并解释为应对该信息所采取的策略。资本市场投资的"去碳化"现象

越来越明显。社会经济向低碳的快速转型导致人们对化石燃料资产的盈利能力持悲观态度，高碳行业和相关资产的市场出现抛售。

不符合碳排放标准的传统化石燃料资产的质量趋于恶化。随着各国颁布减少碳排放的新政策和法规，整个社会向低碳生产和消费模式过渡，将导致对化石燃料的需求持续下降，导致大量石油、天然气和煤炭资产的价格下跌，并在金融市场产生多米诺骨牌效应。如果转型过快，这些资产价格的崩溃甚至可能引发下一轮金融危机。据估计，转型将使化石燃料行业直接损失 1 万~4 万亿美元，如果考虑到受影响的地区，将高达 20 万亿美元。

金融机构在资产投资方面面临着来自监管机构、资产质量、投资者和非政府组织的多重压力，而为化石燃料部门融资的压力继续增长。在政策层面，日益严格的环境和碳减排政策增加了金融机构的投资政策风险。在投资者压力层面，气候变化风险已经成为投资者衡量金融机构潜在增长前景的重要指标，许多金融机构将感受到来自投资者对其投资行为越来越大的压力。他们开始寻找影响金融机构投资行为的方法和手段。在资产质量方面，投资于煤炭、石油、天然气和水泥等碳密集型行业的金融机构的安全性受到直接威胁，因为这些行业的公司资产面临重大减值。例如，法国银行曾经就气候变化对金融业的影响进行过深入研究，发现法国银行和保险业在 2017 年对于碳密集度最高部门的投资中存在 8620 亿欧元的转型风险。

在多重压力下，金融机构增加了对高污染和温室气体密集型产业的撤资。法国巴黎银行已经设定了 2030 年退出煤炭融资的最后期限；日本国际合作银行和日本三大商业银行已经宣布他们将不再向煤炭生产部门提供融资。在世界知名的煤矿和能源公司，如英美资源公司、康科公司、AGL 公司和淡水河谷公司被金融巨头摩根、渣打和贝莱德列入资助黑名单后，世界上最大的挪威主权财富基金也宣布决定从其金融机构撤资。2020 年欧盟煤炭进口量下降至 30 年来的最低水平，暴跌 2/3。其中英国国家电网数据显示，从 4 月 11 日至 5 月 15 日，国家电网的煤炭使用量为零。美国煤炭消费 2019 年首次低于可再生能源，美国能源信息署预测 2020 年煤炭消费总量将下降 26%，煤电的市场份额将下降到 18%，并在未来 10 年进一步下降到 1/10。

第三节　绿色金融促进可持续发展 为什么离不开全球开放合作

绿色金融对可持续发展的促进效应离不开国际合作，具体可以从以下几个方面分析。

一、绿色金融的未来发展依赖于全球市场规模

随着环境与资源问题在全球范围内的关注度升温，世界各国对绿色金融的市场需求也日趋增长，陆续发行各类绿色债券和金融产品，亟须一个扩大化的绿色金融市场规模。通过多边机构资金以及国际合作下的政策支持，能为未来绿色金融的发展提供坚实的信用担保与资金支持。在全球合作的开放市场环境下，绿色金融市场得以扩大，从而进一步消除可持续发展的融资阻碍。世界银行集团作为发展中国家气候行动中最大的多边融资机构，在其官方网站发布声明表示，"在下一财政年度（2024 年 7 月 1 日至 2025 年 6 月 30 日）的融资总额中，用于与应对气候变化相关项目的额度将提高至 45%。按照提高后的比例，在该财政年度将有超过 400 亿美元投入应对气候变化领域，比之前多约 90 亿美元"。声明指出，"这些资金将用于减缓气候变化，帮助遭受气候变化冲击的国家，提高受气候变化影响最严重人群的抵御能力和适应能力，以及保护生态系统和生物多样性"。另一方面，依赖于国际合作的金融环境，绿色金融的未来投资产品选择也将更加丰富，从而吸引更多的潜在投资者，切实推动可持续发展战略。

二、国际合作创造信息互通和经验共享的绿色金融发展环境

绿色金融促进可持续发展，离不开强有力的信用与监管保障，这便需要足够的信息披露和互通机制。通过加强国际金融合作，实施政策协调，能够建立起强有效的信息互联互通机制，从而大幅提高金融效率、降低交易成本，营造健康高效的绿色金融环境。目前，人工智能和区块链技术正迅猛发展，在国际金融合作中具有举足轻重的作用。作为多中心化技术系统之一的区块链技术，能够为深化国际金融合作提供潜在技术支撑，从而构建互惠共赢的国际金融信息互联体系，

为拓宽绿色金融数据共享路径，为经济可持续发展提供有力支撑。

此外，绿色金融作为金融领域的新兴板块，开展国际合作能够有效拓展经验共享渠道，实现国际互惠互利。通过推动国际绿色金融发展的经验交流，激励绿色金融不断创新，能够充分发挥绿色金融内在的普惠效应，促进社会福利的增长，为可持续发展添砖铺路。

三、绿色金融转型发展事关人类社会命运共同体

可持续发展是一个全球性的课题，事关人类社会命运共同体。而在世界部分地区，如阿拉伯地区，有些国家受制于特殊的气候与环境条件、亦或受制于自身发展计划之缺陷，又或者是受制于国内外的多种掣肘因素，其绿色经济的转型大多面临较严峻的挑战。在国际化紧密联系的当下，加强区域间经济金融合作，发挥大国担当，才能为双方创造共同的协同发展效应，实现全球经济可持续发展的广阔格局。以中国绿色"一带一路"的发展建设为例，经过多年的努力与实践，绿色人类命运共同体的理念在"一带一路"周边国家中越发引起反响，通过大国倡议，建设开放、包容、互助的国际绿色金融体系，越来越多的国家逐渐开始走向绿色能源转型，可持续发展的道路在全世界蔓延，绿色金融的普惠性和社会效益得以充分施展。

绿色金融的发展是全球性的课题，也是全人类社会可持续发展的课题。在国际金融、贸易紧密联系的当下，开放包容的国际合作将成为绿色金融蓬勃发展的良好土壤。各国应充分利用国际市场的规模优势，以开放、互惠的视野积极合作，勇于担当国际责任，激发绿色金融的深层潜力，创造人类经济社会可持续发展的美好前景。

第四节　我国绿色金融促进可持续发展的全球合作

自党的十八大召开以来，我国生态文明建设步伐稳健，绿色发展战略日益深化，显著推动了中国绿色金融体系的飞跃式发展。其中，拓宽绿色金融国际合作疆域构成了我国绿色金融政策架构的核心支柱之一。从《构建绿色金融体系指导蓝图》到《"一带一路"绿色发展行动指南》等纲领性文件，均明确强调并细化

了加强绿色金融国际合作的具体举措。

作为全球绿色金融领域的领军者之一，中国不遗余力地深耕绿色金融这一宏大议题，在全球合作方面取得了不菲的成绩：依托 G20 峰会平台及共建"一带一路"倡议等国际合作机制，引领绿色金融领域的对话与合作，成功创设并推动 G20 绿色金融研究小组转型为常态化的 G20 可持续金融工作组（G20 SFWG）；在共建"一带一路"倡议实施过程中，中国政府持续提升海外项目的环保标准，既助力沿线国家经济发展、就业增长与民生改善，又主动担当起保护生物多样性和生态环境的责任，将绿色理念深深融入共建"一带一路"的每一个环节。

同时，中国还积极在国际绿色金融的舞台上发挥关键作用，深度参与并影响主流绿色金融平台与网络的构建与发展。2012 年由新兴市场金融监管机构以及银行业协会等共同创立可持续银行网络（SBN），中国便是创始成员之一，各机构携手共同推动全球可持续金融发展的进程。随后 2017 年中央银行与监管机构绿色金融体系网络（NGFS）成立，中国人民银行同样是其中创始成员之一，NGFS 的成立旨在强化金融对环境与气候变化的应对能力，引导资金流向绿色和可持续发展领域。2019 年中国再一次以创始成员国的身份加入欧盟主导的可持续金融国际平台 IPSF，以进一步结合各国先进力量促进私人部门绿色投资的全球流动。此外，中国人民银行与欧盟委员会相关部门合作完成的《可持续金融共同分类目录报告——应对气候变化》，2024 年 6 月发布《中华人民共和国生态环境部和欧盟委员会关于加强碳排放权交易合作的谅解备忘录》，为中欧绿色金融标准的对接与协同奠定了坚实基础，开启两个全球最大的碳排放权交易市场之间的合作，展现了中国在推动全球绿色金融标准统一方面的积极贡献。

一、推动金融高水平开放提升国际影响力

在 2023 年度的中央金融工作高层论坛上，高质量发展被明确界定为构筑社会主义现代化国家宏伟蓝图的基石性任务，强调金融体系需深度融入并高效服务于经济社会的全面发展进步，会议核心聚焦于加速金融领域的深层次开放，旨在筑牢国家金融安全与经济稳定的防线。这一战略导向强调"双向开放"的均衡性，既要积极"引进来"——通过深化金融体制的制度性开放，为外资金融机构及长期资本提供更加便捷、透明的市场准入环境，激发其在中国市场的活力与潜力；又要坚定"走出去"——鼓励国内金融机构拓展海外业务，参与国际竞争与合作，以此促进金融资源的全球优化配置。同时，该会议还着重提出，要进一步提升跨境投融资的便利化程度，构建更加开放、包容、高效的金融生态环境，以吸引更多的优质外资参与国内经济建设，共同推动中国经济的持续繁荣与高质量发展。

这进一步阐明了我国金融市场坚持对外开放的决心，当前绿色低碳转型已成为全球共识，绿色金融市场应抓住机遇，持续推动双向开放，对标国际金融市场的高标准，持续夯实完善绿色投资领域的监管政策，推动交易实体及产品多样化创新以活跃市场流动性，同时重视进一步增强境外机构参与中国金融市场的便利性和规模，通过建立国际机构积极参与的投融资平台，为中国参与境外投资创造更多条件，促进金融市场及资本市场的健康发展。

二、积极探索全球绿色金融标准"共同语言"

促进我国绿色金融标准体系与国际规范相融合，不仅是我国绿色金融领域迈向国际化的关键桥梁，也是提升我国在全球绿色金融领域影响力与话语权的重要策略。旨在深化绿色投融资的国际合作层次，通过减少跨境绿色交易中的认证障碍与成本，为吸引更多国际资本注入我国碳达峰、碳中和目标的实现提供坚实的支撑。既奠定了国际合作与交流的坚实基础，也预示着我国绿色金融发展将在全球舞台上发挥日益显著的作用，引领绿色经济新时代的潮流。

首先，在与国际相关标准对接的过程中，应立足我国国情及实际需要，在此基础上重视吸收借鉴国际先进经验，推动中外绿色金融标准接轨，为吸引国际资本参与我国对外开放与高质量发展创造条件。其次，充分发挥 G20、IPSF、GIP 等多边国际合作平台作用，围绕绿色国际标准建设和完善等议题展开探讨，探索出台类似《可持续金融共同分类目录》的其他共同分类目录。此外，积极参与国际标准制定，除由政府有关部门牵头参与制定的国际标准外，各研究机构、金融机构、企业等也应积极参与由国际组织、行业协会等牵头标准编制工作中，力争在相关标准、倡议的制定和应用中贡献"中国力量"，提升中国在标准制定中的国际话语权和市场影响力。

三、强化绿色贸易融资助力中国对外开放战略

绿色贸易融资将传统贸易融资手段和绿色金融工具相结合，通过引导资金"绿色化配置"，有助于促进绿色产业发展、加快发展方式绿色转型。中国大力推动绿色贸易融资，既有利于促进国内社会经济绿色低碳转型，也可向国际社会展示我国坚持可持续发展战略的决心，成为展现中国对外开放战略的重要名片。

自中国"双碳"目标提出以来，绿色贸易融资业务迎来了新的拓展风口，银行等金融机构在促进绿色贸易融资的金融工具创新与应用中不断尝试并取得突破。未来，一是需进一步通过借鉴已有的国际先进的项目融资环境与社会风险管理工具和行业基准，制定统一完善的绿色贸易融资标准与评价体系，为金融机构与绿色贸易发展企业提供更多可依据的参考标准；二是建立和完善绿色贸易融资风险防范的制度框架，制定绿色贸易融资风险防范机制，健全问责制度，制定投融资风险考核机制，加强绿色贸易融资发展监管；三是积极创新绿色贸易融资工具，通过政银合作，制定一套科学、有效、便捷的绿色贸易融资贴息计划，降低融资成本，提高金融机构绿色投资的回报率，同时拓宽已经较为成熟的绿色金融工具在绿色贸易融资上的运用，促进绿色金融工具与"一带一路"共建国家和地区基础设施的绿色贸易融资的融合，在国际平台建立绿色、低碳、循环、可持续的新型合作模式。

四、拓宽现有合作机制下的绿色金融合作

共建"一带一路"倡议提出 10 年来取得了丰硕成果。未来，绿色金融将在政策体系、伙伴关系、务实合作等多方面继续助力高质量共建"一带一路"行稳致远。一是可持续推动中国能源转型的治理经验、知识和模式"走出去"，助力深化与共建国家在可再生能源、绿氢、新能源矿产等重点领域市场规划与顶层设计的合作；二是通过人文交流、联合研究、平台建设等合作形式，加快共建国家绿色产品技术创新，提升环保科技水平，加强全球绿色能力共建；三是继续推动共建"一带一路"各类绿色产业的标准对接，提升海外绿色项目的 ESG 风险管理水平，加强与当地社区的良性互动，持续构建共建"一带一路"话语权体系，制定以"中国制造"为核心的绿色产业合作的标准规则互认体系。

在共建"一带一路"倡议的坚实基础上，中国的宝贵而丰富的实践经验对其他发展中国家而言无疑是参考范例与启示，具备高度的可借鉴性与推广价值。通过这样的国际合作网络，中国不仅能够分享其绿色金融的成功案例与策略，还能携手其他伙伴国共同探索绿色金融的新模式、新路径，共同推动全球绿色经济的可持续发展。

同时，在此基础上，中国可继续在尊重国家间经济社会发展水平差异的基础上，与经济发展水平相似、地域相近的其他国家一起加强绿色金融合作与能力共建，缩小区域间绿色金融标准的差异，推动国际相关标准的制定，彰显中国负责任大国担当。

　　经济全球化是当今世界发展的必然趋势，各国之间的互联互通和交流合作也越发重要。中国将矢志不渝地深化高水平的对外开放进程，秉持经济全球化的正面导向，致力于促进开放型世界经济的构建与发展，同时积极拓宽与各国利益交汇的广度和深度，以寻求更广泛的合作共赢空间。在此背景下，绿色金融理念可成为国际合作的重要切入点和达成"多边共识"的重要抓手。未来，中国将进一步以绿色金融为抓手，构建国际合作重要桥梁，携手共建人类命运共同体，向经济全球化正确方向坚定不移地迈进。

第五章

欧美国家绿色金融促进可持续发展的国际经验及启示

本章以欧洲央行和英国、美国、法国等欧美国家为主，并辅以德国、瑞典、俄罗斯等其他国家，通过探讨其面对气候风险的具体做法如绿色货币政策组合、气候风险评估等，总结其绿色金融促进可持续发展的先进国际经验及启示，体现了政策引导、风险管理与国际合作的重要性。

第一节　欧美主要国家绿色金融促进可持续发展的做法

全球范围内欧美发达国家率先开展对绿色金融的探索与实践，并已形成了一套较为完善的架构与准则，本节以欧美主要发达国家为代表展开研究，分析其在绿色金融领域的先进措施与发展，并结合我国发展实际总结其绿色金融促进可持续发展的经验对我国的启示。

一、英国

（一）英国央行（英格兰银行）

1. 采取措施支持经济向净零排放有序过渡

英格兰银行是第一个提出绿色货币政策组合的央行，希望在实现通胀目标的前提下，支持英国经济到 2050 年向净零排放过渡。英格兰银行承诺减少自身实际排放量，包括通过尽可能确保金融业务和实体业务的碳排放量达到标准，如持有的资产组合、建筑物以及钞票印刷的排放等符合低碳要求，以此发挥表率作用。

另外，英格兰银行货币政策委员会还提出实施绿色公司债券购买计划，希望以此激励债券发行人支持低碳转型。这一计划主要包括以下四个措施：第一，设置债券购买标的时考虑碳排放，通过直接购买绿色债券等措施为绿色生产经营活动提供资金。第二，严格控制参与违背净零排放目标的活动，有选择地排除不符合要求的发行方。第三，探索方法与指标，有意识地倾向于购买环境友好型发行人发行的债券。第四，随着时间的推移收紧标准，逐步卖出不符合要求的债券。

2. 评估气候变化风险

2021 年 6 月，英格兰银行公布的测试结果表明，第一，若提前采取行动使净零排放目标有序实现，对 GDP 增长的总体影响不大。第二，若延迟采取行动将使 GDP 急剧下降，伴随金融市场风险溢价上升。第三，若不采取行动将使 GDP 增长永久降低，宏观经济的不确定性将大大增加。

此外，英格兰银行于 2021 年 6 月发布了气候双年探索情景（CBES），使用早期、晚期和不采取额外行动的三种情景来探索气候变化的两个主要风险：实现净零排放所需的重大经济结构性变化带来的风险——"转型风险"和由全球气温升高引起的风险——"物理风险"。这是英格兰银行首次同时测试银行和保险公司，旨在捕捉它们之间的相互作用，了解金融系统体系中的气候风险。

3. 鼓励有效披露气候的相关风险信息

英格兰银行将气候披露视为有效管理气候和相关风险最重要的基石，认为气候风险披露是推动 2050 年实现净零排放承诺的重要部分。2021 年 6 月，英格兰银行发布的气候相关风险披露报告指出，计划于 2021 年底前实现设定的气候相关监管计划，各金融机构关于气候风险的披露符合 TCFD 建议，先于大多数上市公司。计划至 2025 年实现金融机构符合 TCFD 的强制性气候相关信息披露，深化保险行业和银行领域的气候应对措施。

4. 积极创设气候金融风险论坛

2019 年 3 月，英格兰银行联合英国金融行为监管局创建气候金融风险论坛（CFRF），论坛的成员来自各行各业，包括银行、保险、资产管理机构等。这有助于增进金融机构对气候变化引发金融风险的理解，为金融机构分析和披露气候变化风险开辟新途径。论坛建立了四个工作组，分别针对风险管理、情景分析、信息披露和技术创新四个具体领域，制定具体行动指南。该论坛每年召开三次会议，2021 年 7 月召开了第七次会议，讨论了每个工作组的工作进展。

（二）英国银行业

1. 将气候金融风险纳入风险管理体系

英国商业银行在英格兰银行的带领下，将气候风险纳入风险管理体系，针对气候金融风险采取一系列措施，如进行气候金融风险分析和评估、设计绿色金融产品等。

2. 发行气候相关的绿色债券

英国商业银行关于气候金融产品主要是气候相关的绿色债券。如英国汇丰银行 2015 年开始发行的绿色债券，用于资助适应气候变化领域的项目，包括积极向气候友好转型的企业和零碳足迹的行业。

3. 披露具有气候金融风险部分的 ESG 报告

英国商业银行响应 TCFD 号召，披露 ESG 报告以及气候财务报告，在 ESG 报告中将气候金融风险作为 "E" 中的一个重要部分单独进行具体披露。

（三）英国保险业

1. 将气候金融风险纳入新的 ESG 战略框架

英国保险业作为金融业中重要的组成部分，将气候金融风险纳入新的 ESG 框架，在长期目标中加入脱碳投资组合和气候风险转型。如英国保诚保险计划到 2025 年，所有股东及保单持有人资产的碳排放减少 25%，撤出对来自煤炭的收入超过 30% 企业的所有投资，于 2021 年底前完全剥离有关权益，并于 2022 年底前撤出相关固定收益资产投资，与占本集团资产组合碳排放 65% 的公司接洽，致力加快向低碳经济转型。

2. 披露气候金融风险相关报告

英国保险业响应 TCFD 号召，对气候相关的财务披露，并对气候金融风险进行评估，提出管理对策。表 5-1 列出了保诚保险面临的主要气候风险。接下来的部分提供了为评估、管理和减轻这些风险而进行活动的进一步细节。

表 5-1　保诚保险面临的主要气候风险和应对措施

风险名称	该风险带来的影响	控制该风险的措施
资产管理风险	在碳密集型和碳依赖行业的资产有财务风险，这些行业可能无法适应、创新或转向低碳商业模式。这些资产面临税收、监管或需求减少的风险，导致减值或降级。自然气候影响也会降低所持资产的价值	制定衡量与气候相关的转型风险在资产科目中可能产生的财务影响的指标。使用情景分析来模拟暴露假设不同的路径和不同的温度的场景

风险名称	该风险带来的影响	控制该风险的措施
保险业务风险	由于气候变化与其他环境、人口和社会变化的复杂相互作用，很难单独可靠地估计气候变化对个人死亡率或发病率的影响	定性评估气候风险对保险责任的潜在影响
数据与模型限制风险	评估和量化气候风险财务影响的方法在该行业和集团内部不断变化。由于数据和资产和负债模型方面的限制，更难以准确评估对集团的财务影响，特别是在长期	参与行业组织并与数据和风险建模提供者合作，以帮助改善气候数据质量和风险建模工具
法律变化风险	所有市场与气候相关的新法规的速度和数量可能带来合规和运营方面的挑战，可能需要进行多方协调	法规变更团队到位，以协助业务主动适应和遵守法规的发展。与决策者和非政府组织进行建设性接触
操作弹性风险	物理风险事件对操作的影响挑战运营弹性，包括影响对第三方和客户的服务	定期更新和测试灾后恢复计划和关键要素事件过程的过程。使用数据源进行场景分析（包括政府间气候变化专门委员会的数据），以确定物理风险的额外脆弱性

资料来源：Prudential plc ESG Report 2020。

3. 对气候金融风险展开压力测试

保险集团的资产管理关乎社会民生，一些大型保险公司对气候金融风险开展了压力测试。保诚保险在 2020 年期间，根据 PRA 保险压力测试中提出的三种情景进行了压力测试：有序过渡（温度上升保持在 2℃ 以下），符合《巴黎协定》；无序过渡（气温上升保持在 2℃ 以下，但政策不及时）；以及未能达到《巴黎协定》（具体来说，在没有过渡和当前政策趋势继续的情况下，气温升幅超过 4℃）。压力测试范围包括集团的整个资产组合，测试内容包括物理风险和转换风险对所选情景资产组合的影响。研究了气候变化对保险责任的影响。这些压力测试为讨论如何评估保险集团的业务目标和战略提供了信息，并进一步深入了解了未来压力建模所需的能力和数据。这些分析还通过使用专业供应商或开放解决方案提供的工具来补充替代的场景测试方法。许多保险公司正继续探索和发展其情景分析方法，包括调查保险资本模型的使用，并最终将复杂的气候情景分析过程正式化，作为集团风险管理框架的一部分。

（四）其他金融机构

1. 进行气候金融风险披露

同英国的银行业、保险业相同，证券和资产管理公司等其他金融机构也配合

TCFD 进行了气候金融风险的相关披露。这种气候相关财务披露促使金融机构更合理可靠地分析气候金融风险，以及制定应对对策。

2. 进行气候金融风险的识别和评估

在 TCFD 的建议下，许多金融机构开展了气候金融风险的识别与评估工作。如伦敦证券交易所（LSEG）设置气候风险小组，进行了中期和长期（2035 年和 2050 年）的情景分析和量化建模，以及它们如何影响运营和市场风险。目标是加强金融机构对当前和未来物理风险的抵御能力、应对转型风险和机遇的能力。

3. 进行系统性气候金融风险管理

在独立外部咨询机构的协助和支持下，将气候金融风险纳入气候风险系统，设立可持续发展委员会，风险职能部门、运营部门等部门积极配合。

二、美国

（一）美国央行（美联储）

1. 成立气候监管委员会

2020 年末，美联储披露了监管报告，并在其中讨论了由气候引起的微观金融审慎风险，提出监管者应当更好地认识、计量和控制这类风险。2021 年初，美联储成立气候监管委员会（SCC），提高气候金融风险在金融风险管理体系中的地位，将气候金融风险纳入金融监管框架，推动金融机构了解、识别和评估气候金融风险，有助于更好地控制气候变化对金融市场带来的风险。目前，SCC 已经与众多金融监管机构和行业组织进行对接，以了解不同类型公司和地区的风险差异、不同规模银行的运作方式，以及它们为气候金融风险所做的准备这些微观审慎工作确保了金融机构的安全和稳健。

2. 建立金融稳定气候委员会

2020 年末，美联储发布《金融稳定报告》，并在其中首次分析气候变化可能给金融稳定带来风险。2021 年 3 月，联邦储备委员会（FRB）宣布成立了金融稳定气候委员会（FSCC），以识别、评估和解决与气候相关的金融稳定风险。FSCC 将气候变化纳入常规金融稳定框架，从宏观审慎角度考虑整个金融体系可能出现的复杂变化，以提高金融体系对气候相关金融风险的抵御能力。通过微观审慎和宏观审慎管理，不仅有助于单个金融机构衡量和管理其面临的气候相关金融风险，也可以帮助市场识别并对风险合理定价，从而在更大范围内维持金融稳定。

（二）美国银行业

1. 将气候金融风险纳入风险管理框架

设立气候转型委员会，负责确定气候风险转型总方向；由高管成立气候项目小组，负责具体目标设计并制订实现目标的行动计划；各个部门制定实施标准并采取行动，以加速向低碳经济转型。如美国花旗银行制订了1000亿美元的环境融资目标。

通过《巴黎协定》资本转型评估和碳金融伙伴关系，将气候风险纳入信用评估流程与相关发展分析框架，将气候风险高的贷款组合纳入《巴黎协定》继续定义评估工具和方法，将气候金融风险纳入信用评估流程制定关键的气候风险指标，并组织各级执行气候风险控制。

2. 发行创新型气候风险相关绿色金融产品

为了应对气候金融风险，美国商业银行发行了相关债券，为气候友好企业发放绿色贷款。可持续性挂钩债券和贷款，也被称为KPI挂钩工具，要求发行人致力于具体的可持续性目标，如温室气体减排或其他关键绩效指标。如2020年花旗银行成为NRG能源公司9亿美元可持续关联债券的活跃登记银行，这是北美首次发行此类债券，该债券将有吸引力的融资与实现该公司的目标联系起来，将按照到2025年底温室气体绝对排放3170万公吨二氧化碳当量的目标来衡量，或相当于一年内减少680万辆乘用车。

3. 与客户及其他金融机构进行对话

美国商业银行积极展开与客户、资本市场咨询、其他金融界机构展开可持续性发展和环境保护对话，其中包括气候金融风险管理。如花旗银行积极与客户公司高管和董事会沟通通过可持续性视角进行融资对话，并了解行业转型的风险和机遇等可持续性发展看法。

4. 进行气候风险披露

美国有12家商业银行支持了TCFD，包括花旗银行、联合银行、美国银行、纽约梅隆银行、美国五三银行、国际金融公司（IFC）、摩根大通、摩根士丹利、PNC服务银行、富国银行、道富银行等，就气候相关的财务信息进行披露，以了解潜在的气候相关财务风险，帮助银行向低碳经济转型。

（三）美国保险业

1. 限制对碳足迹密集度高的能源承保

美国大约15%的保险公司制定了相关政策来限制对焦油砂、页岩油或北极石油等一些碳足迹密集度高的能源承保，例如，美国国卫保险（AXA）正在放弃为德国能源巨头德国莱茵集团（RWE）作保，因为 RWE 的煤炭业务规模太大，而且减碳行动太慢，无法减少其碳足迹。

2. 将气候金融风险纳入风险管理体系

美国许多保险公司将气候金融风险考虑纳入了金融风险管理体系，建立问责制度，识别和管理气候风险，包括风险识别、风险评估、风险控制、风险监控和报告。由高管和董事会识别、衡量、管理和监控重大风险，包括气候变化带来的风险，董事会定期听取首席风险官关于气候变化风险的意见。例如，美国好事达保险在综合企业风险和回报管理（ERRM）计划中加入气候风险，应用风险回报原则、建模和分析、透明的管理对话来了解公司的最高优先级风险。

3. 建立气候金融风险评估模型

美国保险业的各个公司力争建立更精确的金融风险评估模型。如好事达保险采用了灾难性模型，并使用 AIR 软件专门用于考虑海洋表面温度的飓风模型建模。好事达的费率制定评估通常依赖于 20~25 年的历史回顾性视图，并预测未来 1~3 年中，这取决于产品是基于汽车的还是基于房地产的。通过各种灾难情景来预测业务连续性、弹性和偿付能力。灾难建模和分析团队与投资团队合作，模拟考虑购买的抵押贷款和房地产投资组合。

4. 建立合作伙伴关系

更频繁和恶劣的天气事件会对保险公司的客户、社区和经济产生直接和创伤性的影响。保险公司与行业领导者建立长期的合作伙伴关系，赞助相关研究，以提高对气候金融风险的弹性，以便减少客户损失并降低保险成本。例如，好事达是商业与家庭安全保险协会（IBHS）的积极成员和财务支持者。IBHS 提供顶级的科学研究，为保险行业提供信息。为了减少未来的损失，IBHS 分析了现有的标准，并确定了改进这些标准的方法。此外，好事达基金会与代理商、当地和国家非营利组织合作，通过提供应急工具包和其他工具，为社会应对灾难做好准备。

5. 进行气候风险披露

美国保险业主要通过 ESG 报告进行气候金融风险披露，公司官网往往具备可持续发展介绍，其中包括气候相关战略和管理。一些保险机构支持了 TCFD，如美国国际集团（AIG）、保险经纪商威达信集团、保德信金融集团有限公司等，每年进行气候相关财务披露。

（四）美国其他金融机构

1. 将气候金融风险纳入风险管理体系

气候金融风险对证券、基金、资产管理等影响重大，因此众多金融机构都将气候因素纳入所有业务，制定气候管理战略，投资有助于气候影响新技术公司以及积极向低碳活动过渡的公司。

2. 投资于气候相关股票基金

金融管理机构涉及资产管理，在资产的投资管理方面防范气候金融风险非常重要。美国其他金融机构在固定收益领域，除了投资已认证的绿色债券，还要关注那些拥有更广泛、更长远的脱碳战略的公司。

3. 进行气候风险披露

美国众多资产管理公司等除银行、保险外的金融机构支持 TCFD，每年进行气候风险财务披露，如阿卡迪亚资产管理有限责任公司、美国世纪投资等。一些气候风险的管理相关信息在 ESG 报告中也有所体现。

三、法国

（一）法国银行业

1. 严格把控对高碳行业的投融资

对法国银行业的实践研究表明，企业 ESG 的表现与绩效往往呈正相关关系，因此，法国银行业的 ESG 部门被赋予了越来越大的权力，不仅有权评估高风险客户的反应能力，在客户达不到要求时，还可以要求中止客户关系或对现有的业务施加限制。如巴黎银行提出在 2015 年大幅提高煤炭行业的投融资标准，计划在 2030 年在欧盟国家停止对煤动力行业的融资，于 2040 年停止在世界其他地区的相关融资；在 2018 年其资助的电力公司的能源组合中，煤炭份额首次下降至 20%以下；2017 年 10 月，巴黎银行成为第一个宣布停止为焦油砂项目以及页岩油气项目融资的大型国际银行。

在著名的赤道原则应用方面，法国各大银行均在其融资活动中进行了推广。迄今为止，已有 37 个国家的近百个金融机构签署了《赤道原则》，其中，包括法国兴业银行、巴黎银行以及法国邮政银行等法国的主流大银行。

2. 发行气候相关绿色债券

法国商业银行气候风险相关金融产品主要是绿色债券。截至 2020 年 12 月底，参与法国巴黎银行绿色债券发行的绿色资产为 67.3 亿元，支持 36.2 亿元绿色债券发行，所得款项全部用于资助现有的可再生能源、清洁交通、绿色建筑、水管理和能源效率项目，其中 26% 的项目仍在建设中。法国兴业银行于 2019 年发行气候金融债券，用于可再生资源、绿色建筑、低碳经济等领域。

3. 将气候金融风险纳入风险管理体系

气候相关风险已纳入法国各个商业银行的风险管理体系，主要有转型风险和物理风险这两类风险。前者与气候变化导致的商业环境变化相关，后者是气候变化对活动的直接后果，如极端天气事件或气温升高。银行的最高管理机构负责监督气候相关问题，通过管理层、业务线和多个支持部门（如公司参与部、企业社会责任职能部门和风险职能部门）的参与，气候风险管理已融入银行集团的所有流程和活动中。在风险识别过程、风险预测练习、国家和主权风险评估以及基于情景的分析系统中，与气候相关的风险因素已得到显著改善。

4. 进行气候金融风险评估

法国银行业在法国央行和金融监管机构的引导下进行气候风险评估，包括碳足迹的测量、碳定价、情景分析等。从测量碳足迹的角度来看，P9XCA 目前在法国银行业被广泛使用。P9XCA 是一种测量气候变化影响的工具，由巴黎第九大学在 Credit Agricole 的倡议下开发的。法国巴黎银行使用 PACTA ＊ 方法来衡量其信贷组合与碳中和情景的一致性。该方法考虑了集团客户的转型战略，以预测其活动的演变，并将其与符合巴黎协定目标的公认气候情景进行比较，特别是国际能源署（IEA）的目标。从碳定价问题来说，多数法国银行依据联合国环境规划署的评估系统进行分析，但是这种方法在很大程度上依赖专家的判断，可能会远低于某些情况下的适当审慎标准。除此之外，法国银行业还广泛运用情景分析法评估信贷组合中的过渡风险，以法国兴业银行为例，从确定气候情景、评估各个情景对借款人的影响以及评估各个情景对投资组合的影响三个环节中分别列举了目标和举措。

5. 进行气候风险披露

法国共有五家商业银行支持 TCFD，分别是法国巴黎银行、农业信贷银行等，进行气候相关财务信息的披露。其他商业银行虽然没有加入 TCFD，但在年度 ESG 报告和公司官网中均有气候金融风险管理相关披露。

（二）法国保险业

1. 将气候金融风险纳入风险管理体系

近年来的恶劣天气导致各个金融机构投资组合的收益受到了较大影响，为了保证保险资金的收益，保险公司必须考虑将气候金融风险纳入风险管理体系。例如，法国国家人寿保险公司（CNP）意识到减少气候变化影响的迫切需要，于2019年成立了气候风险委员会，包括总秘书处、风险部、投资部、技术部和企业社会责任部。该委员会每季度召开一次会议，审核制定气候风险管理路径，管理各业务的气候风险。

2. 分类分析气候金融风险并进行管理

保险集团所面临的与气候变化影响相关的金融风险可以从以下三个方面进行分析：投资业务、保险业务、内部流程。这些风险可能有几种不同的形式：即由气候现象直接造成的损害所造成的物理风险、实施低碳商业模式所带来的转型风险。这主要与监管风险、技术风险、市场风险、责任风险和声誉风险有关。以CNP采用的过渡风险管理方法为例，如表5-2所示。

表5-2　CNP采用的过渡风险管理方法

方法	作用
直接计算投资组合的碳足迹持有股票和公司债券	用来突出最易受转型风险影响的公司，即那些拥有碳密集业务的企业
直接计算投资组合的碳足迹举行的性质	避免了物业翻新时温室气体的排放
对股票和公司债券进行审计投资组合与限制全球一致的2℃变暖目标	基于"超过2℃"场景（B2DS）对应50%的限制机会平均气温上升到1.75℃以及不同能源（煤、天然气、可再生能源、石油）分析了化石燃料、汽车、水泥、钢铁、航空、海运和电力五个行业的情况，以便确认各个行业的气候风险
持续进行前瞻性分析测试	测量金融组合的温度（两种方法测试2018~2020年）和衡量财务气候风险对公司投资组合持有价值的影响，以减少投资组合的风险

资料来源：2020 CSR Report of CNP Assurances。

3. 进行气候相关信息披露

目前法国保险业仅有两家公司加入了 TCFD，分别是昆士兰保险集团（QBE）和 SCOR 保险公司，进行气候相关财务信息的披露。其他保险机构虽然没有加入 TCFD，但在年度 ESG 报告和公司官网中均有气候金融风险管理相关披露。

（三）法国其他金融机构

1. 以实现所有投资组合的净零排放为目标

净零目标不仅包括范围一和范围二所涵盖的运营相关的直接和间接碳排放，

更重要的是实现所有投资组合的净零排放。例如，法国巴黎资产管理公司提出的净零目标是所有投资的碳排放与巴黎协定的要求一致，也就是将全球气候升温控制在2℃以内，并努力实现1.5℃目标。这意味着需要去测量投资组合的碳排放对全球气候升温造成的影响，并对投资进行相应管理。

2. 衡量全球温度对投资组合的影响

为了实现净零目标，投资者需要做出全方位的努力。法国巴黎资产管理公司在方法框架方面，正在开发衡量全球温度对投资组合的影响的分析方法和工具，以提供更准确和更透明的分析和计算。在投资方面，分析师需要衡量所有主动基金的碳强度，对所有主动基金进行ESG整合并给出ESG评分，如此一来ESG风险就能够被纳入整个投资流程之中。

3. 扩大投资人影响

金融机构作为资产投资人，通过尽责管理来扩大投资人的影响，如提出股东提案，行使投票表决权，参加气候行动100+等投资者倡议与其他投资人一起开展对被投公司的合作参与，督促被投公司管理气候相关风险。

四、意大利

（一）意大利央行（意大利银行）

1. 使用NGFS方法分析气候金融风险

意大利银行推广各个金融机构使用NGFS法分析气候金融风险，分为三种情况：第一种情况（有序）假定立即采取缓解政策，并迅速向气候中立性过渡。根据《巴黎协定》，全球气温的上升仍保持在2℃以下。第二种情况（无序）评估计划外和后期的行动，然后必须加速，以达到将温度升高保持在2℃以下的目标。第三种情况（热屋世界）没有采取新的政策，碳排放及其浓度增加，以接近与工业前的水平相比，温度升高超过3.5℃的值。

2. 对气候金融风险过渡情景分析和压力测试

过渡情景对电力发挥了重要作用，特别是太阳能，到21世纪末，太阳能预计将比2020年的数字高出15~17倍。人均GDP在热屋世界环境中最高，在无序环境中最低。有序方案是其他国家之间的妥协，因为GDP增长较低。这些信息特别是关于碳定价，可用于实际气候压力测试。在中长期范围内进行气候压力测试可以帮助央行和监管当局更好地理解气候变化对金融稳定的影响。

3. 制定金融交易标准

为了防范与货币政策操作相关的风险，欧洲金融体系已经为交易对手方和质押抵押品的要求（根据信用评级、持续期限和扣减）制定了标准。在第一种情况下，为银行系统再融资的操作和资产购买计划可以重新校准，以由银行和公司促进与气候相关的转型。在第二种情况下（保护模式），央行可以限制自己通过其融资措施和购买证券的投资组合来减少其面临的气候风险。在这两种情况下，确定气候风险的来源和测量其尺寸都是至关重要的，以便能够通过调整这些工具来管理它们。

（二）意大利银行业

1. 将气候风险管理纳入风险管理框架

意大利的商业银行受欧洲金融业影响，关注气候金融风险并将气候风险管理纳入风险管理框架。气候风险管理活动主要包括识别、评估和衡量此类风险以及实施、开发和监控全公司风险管理框架，包括风险文化、风险偏好和信用额度。

2. 进行具体气候金融风险分析

各个银行采用了不同的气候金融风险分析方法，对气候金融风险进行评估，给出气候金融风险管理的具体参考，如意大利联合圣保罗银行在风险偏好框架（RAF）中，集团引入了气候风险的具体参考，致力于将其融入现有风险管理框架，特别是信用风险和声誉风险。对气候金融风险的潜在影响、相关时间范围（短期、中期、长期）以及针对观察到的每个潜在风险采取的缓解和适应行动每年都会参照间接风险和直接风险进行确定。

3. 对气候金融风险进行披露

意大利银行业对气候相关风险进行的披露，主要体现在 ESG 报告以及公司官网中，仅有两家商业银行支持 TCFD，进行气候相关财务数据披露，其中包括意大利联合圣保罗银行以及意大利联合信贷银行。

（三）意大利保险业

1. 将环境和气候因素纳入保险承保和投资策略

意大利保险业将保险资产更多地支持碳足迹为零的企业，以意大利忠利保险为例，忠利保险计划到 2025 年，将与集团投资组合中至少 20 家碳密集型公司合作，以推动气候转型。直接投资组合的逐步脱碳，以便到 2050 年实现气候中和，符合《巴黎协定》的目标和净零资产所有者联盟的承诺；2019~2025 年目标要求减少企业投资组合的碳排放（公司债券、上市股票）提高 25%，并使房地产投资组合符合将全球变暖限制在 1.5℃ 的脱碳途径；不再对煤炭和焦油砂行业相关业务进行新投资，并撤销对这些行业的剩余风险敞口的投资，最终目标是到 2020 年和 2040 年降低动力煤活动的最低成本，以便到 2030 年在 OECD 国家实现零气候风险以及到 2038 年实现世界零气候风险。

2. 与利益相关者进行气候相关对话

利益相关者包括其他金融机构、金融监管机构以及客户，与金融机构、金融监管机构之间进行气候相关对话可以互相借鉴和学习气候金融风险管理方法，与客户进行气候相关对话可以加强公众对环境和气候风险的认识，对企业进行气候友好转型起到了正向作用。

3. 对气候金融风险进行披露

意大利银行业对气候相关风险进行披露，通过公开报告推动参与活动进度并提高气候战略实施的透明度。主要体现在 ESG 报告以及公司官网中，仅有两个商业银行支持 TCFD，进行气候相关财务数据披露。

（四）意大利其他金融机构

1. 将气候金融风险纳入风险管理体系

意大利其他金融机构在战略目标中加入了气候风险管理目标，将气候金融风险纳入了金融风险管理体系，如意大利证券交易所将气候变化的风险和机遇充分考虑到识别、评估和管理的过程中，并集成到 ERM 模型中。识别与金融机构流程相关的风险事件和可能影响机构目标实现的外部风险因素，由员工和业务经理负责实施旨在进行有效风险监控的计划，具体分析各公司的经营流程和公司战略计划。根据新的业务发展领域日益重要的情况，定期审查已完成的活动，以确保适当监测风险。

根据事件发生的概率和负面影响（风险）或正面影响（机会）对每个事件进行评估和优先次序。概率是根据 1（遥远）到 4（极有可能）的范围来确定的；影响也以 1（低）至 4（显著）的等级衡量，根据定性（工业/商业资产、声誉、法律、市场、健康和安全和环境）或定量（经济、金融）维度进行评估的。风险的优先级是风险所有者（直接向首席执行官报告）和风险专家表达的概率和影响评估的组合，分为 4 个级别（低、中、高和关键风险；低、公平、好和优秀，为机会）。接下来是事件管理战略的定义（监测和管理、缓解、转移）和确定具体行动或干预措施。

2. 进行气候金融风险相关信息披露

根据与风险与机会相关的管理干预和行动的进展和风险指标的趋势，监测个别风险和机会或整体风险组合的演变活动，定期报告风险识别结果、评估和监控活动。定期报告的目的是将气候金融风险相关提供给高管和利益相关方，以更好地进行气候金融风险的控制和管理。

五、加拿大

（一）加拿大央行（加拿大银行）

1. 使用并鼓励各金融机构使用情景分析方法对气候进行压力测试

加拿大央行鼓励各个金融机构使用情景分析方法对气候进行压力测试，并提供情景分析方向。加拿大央行将气候风险情景分为四类：照常营业、国家自主贡献（NDC）、2℃（一致）、2℃（延迟）。

2. 对比其他央行的气候压力测试模型

加拿大央行通过对比其他央行在进行气候压力测试上的做法，如法国央行、荷兰央行、英国央行，评估了系统的整体脆弱性，以总结出适合本国的压力测试模型（见表5-3）。

表 5-3　法国、荷兰、英国央行气候压力测试部分变量对比

评估变量	BdF/ACPR	DNB	BoE/PRA[①]
行业变量	无	无	有
转型风险冲击	碳价格和全要素生产率的上升会冲击	碳价格上涨、技术冲击	提高碳价格，规范建筑和内燃机汽车的能效政策
宏观变量	IAM 决定碳价格路径。Ni-GEM 使用价格来确定 GDP 的影响	NiGEM，一种多国宏观经济模式	IAM 决定碳价格路径。然后在 NiGEM 中使用价格来确定 GDP 的影响
行业细分	静态多国多部门模型评估了碳价格和生产率冲击对 55 个 WIOD 部门的影响	通过基于 56 个行业内 CO_2 排放的因素确定行业脆弱性	通过基于嵌入二氧化碳排放和物理风险暴露的因素确定部门脆弱性
金融风险	确定 PDs 的 BdF 评级模型；股票市场估值的变化是基于对碳价格变化和信贷价差的计算弹性	使用自上而下的方法计算金融机构的损失，基于风险敞口的损失，并根据行业分类计算贷款损失	由金融机构建模，但英国央行提供了一些参考收益率曲线

资料来源：FSI Insights on policy implementation No 34。

---

① BdF 为法国银行；ACPR 为法国审慎监管局；DNB 为荷兰银行；BoE 为英格兰银行；PRA 为审慎监管局。

3. 逐渐推广气候风险披露

无论是在加拿大还是在全球，金融机构的气候变化情景分析都处于起步阶段。中央银行和监管机构越来越多地提供工具，如气候相关金融信息披露工作组（TCFD）的披露标准等。这种自上而下的压力与投资者不断增加的自下而上的压力相互补充，促进气候风险相关的披露。与其他投资方法相比，基于 ESG 的投资已被证明在 COVID-19 大流行期间具有很强的弹性，机遇情景分析的结果会逐渐成为机构预期的一部分与传统绩效指标一起披露。

（二）加拿大商业银行

1. 将气候金融风险纳入风险管理体系

商业银行在风险管理体系中考虑气候金融风险，制定气候金融风险战略，从风险评估、风险控制等方面系统性地进行管理。例如，加拿大皇家银行投资团队将与客户相关的气候风险考虑到投资过程中，对投资团队进行气候风险培训；通过使用高级数据和工具，包括气候情景分析，来评估产品和投资组合层面的气候风险和机会；测量和管理投资组合的气候指标，并在适当时建立基于气候的目标。

2. 对投资组合进行碳足迹研究

为了最大化风险调整后的回报，需要能够在投资组合、资产和发行人水平上衡量气候变化对财务的影响。然而，量化气候影响的指标、模型和方法相对较新，往往关注一个单一的参数，如温室气体排放。需要更多的工作：提高数据质量和覆盖范围，建立气候指标，提供更全面的气候风险和机会，并建立稳健的评估方法和模型。

3. 投资组合的气候情景分析

气候情景分析是一种以前瞻性视角评估气候变化影响的工具。这可以帮助银行制定投资策略、投资组合构建和资产配置。例如，加拿大皇家银行致力于扩大和加强气候情景分析的范围，以包括一系列投资组合中的过渡和物理风险情景。通过应用一系列情景，包括 2℃ 情景，评估与气候变化相关的各种风险和机会。从 2019 年开始，加拿大开始使用地理空间分析和位置智能来评估美国和加拿大在今天和未来气候情景下暴露的物理风险。

4. 披露气候相关金融风险

披露气候变化的相关金融风险，有助于银行应对气候金融风险，并且能对客户进行气候转型产生积极影响。加拿大有 7 家商业银行支持 TCFD，包括蒙特利尔银行、加拿大帝国商业银行（CIBC）、加拿大国家银行、加拿大皇家银行、加拿大丰业银行、道明银行、温市信贷。

（三）加拿大保险业

1. 将气候风险管理纳入风险管理体系

加拿大保险业已经把气候风险管理纳入风险管理框架、治理和支持过程。把气候相关风险整合到投资组合的风险管理过程中，以更好地应对与气候变化相关的金融风险。例如，加拿大永明保险减少在碳密集型产业的投资以降低投资组合的气候风险。

2. 从不同的角度进行气候风险评估

气候金融风险包括物理风险和转型风险，其中物理风险包括急性和慢性物理风险，转型风险包括监管、法律、技术、市场和声誉或消费者偏好相关风险。立足于不同的行业、地区，对这些风险进行评估，以得到更恰当、更准确的气候风险评估结果。例如，加拿大永明保险评估各种与气候变化相关的影响对办公地点和投资物业的潜在影响，其中包括暴风雨和山洪暴发，并且每年更新连续性业务计划，以应对当前正在发展的气候风险。

3. 对气候金融风险进行披露

加拿大保险业共有 6 家公司支持 TCFD，包括永明保险等，进行气候相关财务信息的披露，同时进行企业 ESG 年度披露，达到社会监督和自我改进的效果。此外，一些保险公司加入了气候行动 100+，倡导气候变化信息披露。

（四）加拿大其他金融机构

1. 将气候风险考虑进投资组合的选择

金融机构在缓解气候危机方面可以通过调整业务和投资组合来影响利益相关方，如减少对碳密集以及温室气体排放量高企业的投资，引导企业向低碳和零碳转型，促进全社会低碳经济转型。

2. 披露气候相关金融风险

除了银行机构与保险机构，加拿大还有众多金融机构支持 TCFD，进行年度气候相关财务信息披露，同时在企业 ESG 年度报告中披露气候相关风险管理内容，这些机构的气候相关信息披露促进了碳密集行业的转型。

六、欧洲央行

(一) 将绿色资产纳入量化宽松购买标的

欧洲央行支持绿色企业债券发行，增加支持低碳转型资金投入，以达到在绿色金融方面量化宽松的目的。主要行动包括减持含碳资产，增加绿色债券，支持可持续产品的创新和市场发展。2020 年，欧洲央行将自有基金投资组合中的绿色债券份额提高至 3.5%，总市值达 208 亿欧元，并且计划未来将进一步增持。

2021 年初，欧洲央行在信贷合格抵押品评估中加入可持续发展目标，并将相关的信贷合格抵押品纳入货币政策购买标的。在 2021 年布鲁塞尔经济论坛上，欧洲央行指出，将绿色投入目标设定为到 2030 年每年投入约 3300 亿欧元。

(二) 采取行动评估气候风险

欧洲系统性风险委员会（ESRB）对气候变化金融风险进行检测，并将结果提供给欧洲央行。同时，欧洲央行建议监管机构在压力测试模型中加入气候变化因素。2021 年，欧洲央行对欧元区企业和金融监管机构进行了压力测试，评估气候变化对这些企业和银行在长达 30 年内的影响，旨在帮助相关机构和监管机构认知气候的量化风险，尽早采取措施应对。分析表明，欧元区在电力、加工和运输方面的碳排放量最高，这些部门的投资基金和养老基金更容易受到气候风险的影响。

(三) 将气候变化纳入监管框架

2020 年底，欧洲央行与欧盟相关机构共同起草了第一份关于全球金融体系气候和环境风险的主要官方文件，并向社会征求意见。该指南强制要求受欧洲央行直接监管的重要银行将气候金融风险纳入金融风险管理体系，为银行机构提供了前瞻性和系统性的方法来管理气候相关风险，要求商业银行披露气候相关风险并进行一定的管理。

(四) 将气候变化纳入货币政策框架

2020 年初，欧洲央行宣布将环保问题纳入货币政策战略。2021 年 7 月，欧洲央行表示将在满足价格稳定目标和考虑气候变化对资源有效配置影响的基础上，提升其在现有气候变化的宏观经济建模、统计和货币政策方面的能力，同时在信息披露、风险评估、抵押品框架与资产购买等领域，按照气候因素予以区别对待。

第二节　欧美其他国家绿色金融促进可持续发展的主要做法

在欧美地区绿色金融的发展过程中，除实力强劲、发展迅速的主要国家及地区之外，如瑞典、荷兰等其他国家对绿色金融的探索与贡献也不容忽视。本节通过分析欧美地区其他国家绿色金融促进可持续发展的实践积累，填充欧美地区绿色金融体系画像，更全面地吸收借鉴欧美地区的国际经验。

一、德国

（一）德国央行

1. 开展气候压力测试

气候压力测试的目的是评估测算气候风险对金融机构、宏观经济的冲击。德意志联邦银行开展前瞻性情景分析，采取 NGFS 气候情景分析方法，评估了系统的整体脆弱性，以总结出适合本国的压力测试模型。

2. 积极参与国际主流绿色金融倡议

德国作为成员国加入了可持续国际金融平台，德意志联邦银行作为央行参与了绿色金融系统网络，除国际组织的加入和合作外，德国联邦财政部、德国联邦金融监管局（BaFin）和德意志联邦银行（德国央行）将加强全球层面的对话，寻求以更有影响力的方式开展绿色金融领域的多方国际合作。

3. 披露与可持续相关投资和企业环境风险信息的透明度

对于欧盟层面的透明度要求，德国努力使得国内环境信息披露方面的政策（如非财务报告信息披露条例）和欧盟层面上可持续公司治理的条例相协调。德国将倡导制定融合当前法规和新法规的要求，以避免重复或相互冲突的报告要求给公司带来负担。基于以上做法，德国希望基于欧盟标准推动制定统一的可持续发展报告全球标准，并基于双重实质性方法涵盖可持续发展的所有方面，推动非财务报告的发展，使得欧洲成为全球环境信息披露方面的"引擎"。

（二）德国银行业

1. 为绿色项目提供投融资

在德国政府的支持下，德意志银行运用资本市场推出了特定的金融产品，支持企业开展环保方面的计划，并提供利息较低的贷款服务。举例来说，对于环保型建筑项目，该银行实施了一种利率减免的贷款服务，对于那些在节能环保性能上表现突出的项目，将在长达 10 年的时间内，享受低于 1% 的贷款利率优待，而利息上的差额则是由国家政府来予以补偿的。

德国复兴信贷银行是德国影响力最大的国家政策银行，并且它还是最初推出绿色理财服务的金融机构之一。这家银行自 2003 年起便积极参与了碳排放权的交易市场。到了 2017 年，其在全球范围内的放贷额度达到了超乎 790 亿欧元的规模，而在这笔庞大的贷款中，有一半资金用于支持环境保护和绿色金融事业的发展。到了 2018 年，德国复兴信贷银行还为德国各地的中小型企业集体提供了高达 100 亿欧元的资金，专门用来资助其环境保护项目。其中典型的德国复兴贷款伊佩克斯银行则可为环境保护、气候行动和资源保护做出积极贡献的融资提供绿色贷款。

2. 披露具有气候金融风险部分的 ESG 报告

近期，德国的银行部门日益关注于揭露气候相关的风险数据。自 2017 年起，德意志银行便启动了关于气候风险信息的公开工作，并持续优化其资产配置，中止了对新建和扩建的煤炭电力项目的资金支持，并承诺将在 2050 年前达成自身及其资产组合的碳中和目标。

在践行 TCFD 准则的基础上，德意志银行在其非财务报告中披露气候风险信息。2022 年的该报告还特别公开了所有高碳排放资产群的具体排放数据。此外，作为欧盟的领先银行机构之一，德意志银行积极参与欧盟关于气候风险的政策构建工作，并利用自身的影响力倡导企业公布自己的碳排放信息，协助它们拟定降碳策略。

3. 将气候金融风险纳入风险管理体系

德国银行业在金融风险管理整体框架中加入气候风险因素，提高整个金融体系应对气候变化风险时的韧性。德意志银行遵循 TCFD 准则，并依此公布其年度 TCFD 报告，其中揭示了与气候相关风险的详细信息，包含公司治理、企业战略、风险管控以及相关指数和目标等方面。

德意志银行在应对风险时终止了对某些高碳排放行业的资金支持，并针对部分公司设立了以减排成效为依据的分阶段贷款政策。对于煤炭电力占比或发电量占比超过一半的企业，该银行要求它们提出能源结构转型方案。对于未能制订转型计划的高排放公司，银行计划逐渐收回投资。

4. 采取行动评估气候风险

德国的商业银行开展气候风险评估时间较早，德意志银行目前正在制定一套专门针对公司内部的气候风险评估体系，该体系将考虑不同产业和地域的特定气候风险。这一风险分析工具包含了对未来一段长达 15 年时间全球升温趋势及相关政策环境的预测。此外，其评估也将涉及所有高排放行业。利用这套气候风险分析工具，德意志银行可以有效识别与管理自己面对的气候相关金融风险，并据此调整各业务部门的贷款政策，进而支持企业进行更广泛的减排操作。

在 ESG 领域，德意志银行为客户提供顾问咨询，为其了解分析所面临的 ESG 可持续性领域的法规、分类和规则，制定 ESG 相关转型计划，以及在转型过程中提供相应的资金。如德国工业传感器制造商倍加福（Pepperl+Fuchs）在越南建立了一家新的环保制造工厂用于生产传感器、信号传输设备和印刷电路板组件，且该工厂获得了 LEED 金牌认证。德意志银行为其提供了 1500 万美元的绿色贷款与咨询服务，以帮助倍加福实现绿色建筑标准，同时提高了其工厂自动化技术的生产能力。

5. 发行和承销气候相关的绿色债券

截至 2019 年 5 月，德国复兴银行在发行环境友好型债务工具方面累计达到 30 亿欧元，成为该国此类金融产品发行最多的机构。2016 年，德国 BerlinHyp 银行已经在全球范围内率先发行了首个绿色资产支持证券。这种金融产品让银行和其他金融机构能够以环境保护项目作为质押物，筹措资金并将其贷给住宅建设和都市环保工程等领域。持有这种绿色证券的投资人具有双重优先追索权。换句话说，即债券发行人承担还本付息的第一责任，当发行人破产无力清偿时，债券持有人拥有担保资产的优先处置权。不同于普通无担保的绿色债券，绿色资产担保债券的信用评级更高，因而借款成本更低。另外，为了推动绿色金融产品的创新，2020 年 9 月，德国发布了首只绿色联邦债券工具，由包括巴克莱、德意志银行和摩根大通在内的金融机构共同负责发售与承销。

（三）德国保险业

1. 不断开发绿色保险产品

德国在环境责任保险方面拥有悠久的发展历史环境。早在 1965 年，就有因为环境损害造成的人身伤害和财产损失的民事责任索赔提供保障的保险产品。德国绿色保险市场上具有较为完整且成熟的产品，包括前期对环境风险的分析、风险转移措施和风险与损失预防等产品和服务，如 HDI 提供的环境损失保险和 Ver-sWiki 的环境责任险。

2. 将环境和气候因素纳入保险承保和投资策略

德国保险公司已承诺到 2050 年实现气候中性投资组合，包括以促进经济转型的可再生能源和其他清洁技术工厂的保险，应对极端天气事件的自然灾害损失保险和气候风险保险。德国保险公司不再愿意承保那些会阻碍可持续发展的商业或工业风险。许多保险公司已经承诺采取自愿举措实现保险行业的减排，如到 2025 年，德国保险公司的办公楼和基础设施将实现二氧化碳中和。

3. 采取强制保险制度的强保障

德国的强制责任保险制度非常完备。环境威胁主要来源于这些投保领域，尤其是指污染严重及环境风险较高的公司或机构。尽管其所投保业务在总体中所占份额不大，但是实行了强制的环境责任险后，在降低风险和赔付损失时均能起到至关重要的影响。强制责任保险制度最大限度地防止企业为了自身发展而伤害生态环境，它要求国内工商企业为生态环境担保，主要担保方式是资金保障。当前，诸多国家感受到德国的启迪，相继模仿德国采取的强制环境责任险策略，以确保实现气候平衡，并促进生态经济的增长。

（四）德国其他金融机构

1. 对气候金融风险进行披露

德国其他金融机构也开始披露与气候相关的财务报告，并对气候金融风险进行评估，提出管理对策。自 2001 年起，德国共有 30 家涵盖银行、储蓄机构及保险企业的金融机构效仿工业领域的策略，持续性地发布环境报告书，公布有关环境方面的数据和信息。

2. 将可持续因素与 ESG 标准纳入投资决策

德国将可持续性因素与 ESG 标准纳入德国"未来基金"（为支持初创企业设立的）的投资决策，支持环境与社会领域的创新企业可以得到"未来基金"及其融资伙伴提供的额外资金。

3. 开发创新型绿色产品

德国股票交易场所在绿色债务指标及其配套的 ETF 产品方面推陈出新，增加了投资者面向全球绿色资金的理财选项，促进了绿色债务市场的资金周转效率。

而德国 Solactive 指数机构在 2014 年首次推出了全球绿色债权指数——Solactive 绿债指数。

二、瑞典

（一）瑞典央行

1. 以绿色和可持续资产为投资标的

2019 年，瑞典中央银行宣布其风险和投资立场将考虑到可持续发展的要素，气候变化考量将被纳入其经营策略。这包括选择以环保为导向的资产作为外汇储量的一部分投资，如投资到绿色债券。同时，瑞典银行也会依据各国应对气候变化和推动可持续发展的态度对其外汇储备进行筛查，排除那些气候可持续风险较高的资产。例如，瑞典中央银行已决定出售那些高度依赖化石能源的地区，如昆士兰、西澳大利亚及加拿大阿尔伯塔省的债券。

自此以后，瑞典金融当局持续提升了中央银行资产采购方案中可持续发展准则的地位，率先在全球范围内将环保和可持续性资产定位为投资重点。瑞典中央银行也为了对抗气候变化及其对金融系统可能造成的持续性风险，调整其资产投资策略，仅选购那些出自符合国际可持续性标准和原则的发债主体所发行的债券，如短期政府债券、拥有绿色标签的国家及地方政府债券等。瑞典中央银行还计划核算和公开自己投资的企业债券组合的碳排放量，并通过此项行动，鼓励企业主动对外发布其温室气体排放量的信息。

2. 调整货币政策与气候问题接轨

瑞典中央银行认为气候变化与货币政策之间存在日益增强的相关性。一边，恶劣气象频发引起商品市场价格激增、农作物遭受损害、基本建设遭受破坏等，给整体经济带来了直接且巨大的财经损失；而另一边，气候变化所产生的金融风险可能会导致借贷利率之间的差异加大、风险防范性储蓄增多，乃至在某些极端状况促成金融灾难，从而对经济总体产生冲击。2020 年底，瑞典中央银行宣布了一项新的与气候相关的排斥政策。

（二）瑞典银行业

1. 发行新型可持续金融产品以实现净零目标

在碳中和的全球背景下，瑞典推出了全新的可持续性金融工具——绿色股票。这种股票聚焦于节能降耗及碳减排过渡议题。与 ESG（环境、社会和公司治理）投资相比，后者包含的领域广泛、评定复杂及价值观判断众多，而绿色股票则向投资者开辟了一条新路径。具有更加公正和明确的评估机制的绿色股票，完全迎合了对气候改变所带来的风险与机遇保持关注的股权投资人需求。自 2020 年瑞典发行首批绿色股票以来，绿色金融市场便增加了一种可以与绿色债券肩并肩的核心绿色金融资产类别。

另外，为了进一步应对气候变化，瑞典银行为贷款组合制定了 2030 年脱碳目标，这些目标是瑞典银行对基于科学的目标倡议和净零银行联盟承诺的一部分。

2. 利用自身信息优势为客户提供相关服务

在绿色股权发展的过程中，银行业可以利用自身的信息优势和融资中介的身份，以及在对公司绿色发展评估过程中积攒的独特的知识经验优势，来为企业绿色发展提供相关的咨询和融资服务。这不仅可以成为银行业的新增中间业务，增加银行业自身的经营效益，还可以帮助企业加速进入低碳行列，促进绿色金融的发展。

瑞典的金融机构在推出绿色债券的过程中，也对若干企业开展了关于绿色投资项目的策划指导，帮助它们构建了绿色投资体系，并且进一步在市场上宣扬绿色投资的理念。

3. 承销绿色债券

除发行创新型的金融产品外，常见的绿色债券也是瑞典银行业比较熟悉的一项绿色金融业务。2009 年，北欧斯安银行总部设在瑞典，作为独家承销商，负责了世界银行首发的标准化绿色债券的发售事宜。

（三）瑞典保险业

1. 强制环境污染责任保险

瑞典属于实施环境强制责任险的国家行列，并且对环境保护的关注程度极高，这也导致了该国建立了一套相对完善的环境破坏补偿体系。在瑞典的《环境保护法》及《环境损害赔偿法》中，关于环境损害补偿的适用条件、责任主体和补偿范围均有详尽的条文设定，这一做法还推动了其保险行业在环保方面取得显著的进步。

2. 将气候和环境因素融入自身投资策略

瑞典保险业既是瑞典经济的重要组成部分，也是全球保险业的重要参与者之一，它的发展对整个金融体系至关重要。以瑞典最大的保障公司 Folksam 为例，这家企业集团正计划扩大其赞助环境和社会效益计划的贷款投资范围。他们积极参与到绿色资本市场的举动，不仅能够直接有益于客户，帮助他们的投资在环境维护与节能减排的项目上产生正面效果，而且能确保其客户获得稳定的投资收益。在 2019 年 3 月，Folksam 集团通过世界银行集团下属的国际复兴开发银行发行了总额为 3 亿美元的"可持续发展债券"，募集到的资金将被用于对抗全球食物浪费问题。

3. 积极参与国际合作

2019 年 9 月，德国 Allianz 保险集团、法国 Caisse des Dpots 存款基金、加拿大 CDPQ 魁北克养老基金、丹麦 PensionDenmark 养老基金、瑞典 Folksam 保险集团以及瑞士 Swiss Re 再保险企业六方共同倡议并于联合国气候峰会期间创立了资产所有者净零排放联盟。联盟设立的目标是在 2050 年之前达成温室气体排放量为零，已吸引了 35 位资产所有者加入，并管理着约为 5.6 万亿美元的资产规模。

（四）其他金融机构

1. 发行绿色债券

瑞典在金融行业内部大力推动绿色金融发展，并已在此领域取得了引领的成效。自 Vasakronan 公司于 2013 年 11 月首次成功地发行企业级绿色债券之后，全球范围内发行这类债券的数量急剧增加。根据 CBI 提供的数据，截至 2019 年，世界范围内的绿色债券累计发行量达到了 2910 亿美元，相较于 2012 年仅有的 30 亿美元，其增长了将近 96 倍。

2. 披露气候金融风险相关报告

瑞典越来越多的养老基金和主权财富基金开始对基金的碳排放进行测算，并在年度报告中披露和跟踪碳排放情况变化。在此基础上，"碳中和"已成为越来越多机构投资者的长期规划目标。截至 2021 年 3 月，全世界有 22 位资产持有者通过气候变化机构投资者小组做出承诺，宣布至 2050 年将实现投资组合的净碳排放为零的目标，此举涉及的资产总值高达 1.2 万亿美金。瑞典养老储备基金 AP4 甚至明确提出，计划于 2040 年实现净零碳排放（碳中和）。

三、俄罗斯

（一）俄罗斯央行

1. 使用 NGFS 方法分析气候金融风险

俄罗斯银行（央行）在 2019 年加入央行绿色金融网络（NGFS）以改进俄罗

斯银行对气候风险的分析，并根据国际上的一些可借鉴的实践研究扩大可持续发展和责任投资的工具。

2. 鼓励有效披露气候相关风险信息

俄罗斯中央银行持续优化金融实体的环保信息公开标准，倡导本国上市企业披露关于环境、社会责任以及企业管理（ESG）方面的详细数据，并建议企业与金融机构加大对此类信息公布的重视。2020年7月，俄罗斯中央银行制定了《关于实施社会责任投资原则的建议》，鼓励投资者考虑环境、社会和公司治理因素的影响。2021年7月，俄罗斯中央银行发布了《关于上市公司披露与其活动有关的非财务信息的建议》，鼓励企业在年度报告中披露非财务信息，指出公司可根据信息披露的目的、业务性质和规模自主确定非财务信息披露的内容、范围和格式，并做出更多的方法说明。2021年12月，俄罗斯中央银行发布《关于上市公司董事会考虑环境、社会、公司治理因素和可持续发展问题的建议》信息函，建议董事会明确该因素和可持续发展问题对公司的重要性，并考虑其具体目标和要求。

3. 气候金融风险纳入系统性风险管理

在当今环保理念盛行的趋势下，俄罗斯联邦中央银行和财政部目前已经在评估气候变化以及国外各绿色项目的实施给本国金融市场带来的系统性风险，为本国首次发行"绿色债券"做准备。并且，莫斯科市也宣布正在考虑发行绿色债券，所获得的所有融资额都将投资于生态项目。

（二）俄罗斯银行业

1. 积极寻求ESG转型

自2020年以来，俄罗斯各银行一直积极进行环境、社会和公司治理转型，力求减少经济活动对环境的负面影响，为客户创造绿色金融产品。2021年，俄罗斯大型银行和外国银行的俄罗斯分行纷纷寻求进入环境、社会和公司治理以及可持续发展咨询服务市场，成立咨询中心，为客户提供相关咨询服务。除银行外，专门的咨询机构也不断在俄涌现。

2. 发展绿色信贷以优化ESG战略管理

绿色信贷专门为新立项或正在进行的绿色项目及促进环境优化的项目提供资金支持。发展绿色信贷有助于提升银行的社会和环境风险管理，优化信贷结构，创新银行服务业务，推动经济增长模式向可持续发展转变。在俄罗斯银行业市场中，绿色贷款主要由外国银行的分支机构发放，如荷兰国际集团在俄子公司和法国外贸银行（Natixis）一起与俄罗斯铝业联合公司（RUSAI）进行了出口前银团融资交易和簿记管理，交易条款与可持续发展指标挂钩，为利用水电生产的低碳足迹铝的销售增长提供信贷资金。

（三）俄罗斯其他金融机构

1. 进行气候金融风险的识别和评估

在俄罗斯绿色保险发展的早期阶段，由于缺乏对环境影响记录的工业事故的必要统计数据，以及该国的经济和地理特征，俄罗斯并未简单复制外国经验，而是制定了大量适用于环境保险目的的环境风险和经济损害评估的程序和指南。俄罗斯颁布的国家评价标准为组织制定、实施和支持环境管理的功能或改进提供了实用指南，为绿色保险涉及的环境风险识别、预测和控制等产品设计环节提供了国家性的依据。

2. 开展金融业务支持绿色实体项目

俄罗斯的绿色债券的发展从 2018 年开始，且主要在莫斯科交易所发行，其用于投资可持续垃圾收集和处理。截至 2020 年，俄罗斯累计绿色债券发行量为 10 亿美元。2018 年 9 月 1 日，当莫斯科交易所启动发行绿色债券时，约 50 家来自不同行业的公司（能源、冶金、建筑、石化工业、住房和公用事业服务等）拟发行绿色债券。而这些债券在莫斯科交易所交易流通有 420 多期，价值 6.5 万亿卢布，计划发行绿色债券有 37 期，价值 1.3 万亿卢布。

俄罗斯绿色贷款的使用以贷款形式支持的发展基金和一些银行的市场实践为主。IDF 俄罗斯工业发展基金为开发新的高科技提供贷款，用于实施符合能降低环境负面影响和节约资源、能源等情形的工业技术项目。在市场上，俄罗斯的 VTB 银行还为 Atomstroykompleks 批准了 25.5 亿卢布的 10 年信用额度。该贷款的目的是在斯维尔德洛夫斯克地区建设一座无废物生产的水泥厂，其计划每年提供约 460000 吨的清洁生产材料。

3. 披露具有气候金融风险部分的 ESG 报告

莫斯科交易所为推动绿色债券的发展做了许多努力，包括增加市场的透明性，提供境外投资者的投资渠道，鼓励披露企业环境信息等。除此之外，俄罗斯证券所和俄罗斯工业家企业家联盟根据相关企业 ESG 活动每日发布可持续发展指数"责任和透明度"和"可持续发展向量"的计算结果。

4. 参与国际绿色金融平台和倡议

莫斯科交易所扩大了与主要国际组织、交易所和金融机构的合作。MOEX 在

2019 年加入了可持续交易所倡议（SSE initiative），表达了俄罗斯在市场推广可持续性原则、促进投资者和发行人之间的对话以及在负责任的商业领域开展最佳实践的意图。

四、荷兰

（一）荷兰中央银行

1. 开展气候压力测试

荷兰中央银行领先全球，率先实施了自上而下的气候压力测试，自上而下的气候风险压力测试是指中央银行和监管部门对机构开展的测试。

在 2018 年进行的荷兰压力测试中，引入了两个新增的气候变化模拟情景，它们是政策干预（即意外征收 100 美元/吨的碳税）以及快速能源转型（涉及可再生能源的迅猛增长、化石燃料的过时淘汰以及资产存量核销）。这两大情景的经济分析观点包括它们对经济行业、物价波动、股市行情以及借贷利率的影响，旨在对气候相关风险的作用进行鉴定。测试结果表明，荷兰的保险行业在资产上可能遭受高达 11% 的损失，银行业的资产损失则可能达到 3%，同时，银行普通股一级资本率将可能降低大约 4 个百分点。这些冲击波及各个行业，进而对金融部门的企业信贷、债券和股票价格产生影响。

2. 将环境因素纳入投融资策略中

荷兰中央银行在 2019 年 3 月推行的管理机制中融入了《企业社会责任守则》，承诺核查其投资范畴与潜在投资伙伴的环境友好程度，遵循 ESG 准则来执行整个投资流程，并且在管理外汇储备投资时也将兼顾环境保护要素，旨在从各方面推进绿色金融的进步。

（二）荷兰银行业

1. 将经济效益同可持续性相融合

荷兰的银行业在运用专业领域知识的基础上，协调经济利益与环境及社会效益，通过结合可持续金融策略，促进银行业务的可持续发展。例如，荷兰合作银行已为众多环境友好型项目筹集资金达到 190 亿欧元，其中能源领域的投资额为 49 亿欧元，并且其中的 76% 用于推进可再生能源领域，特别是风力及太阳能项目的发展。除此以外，荷兰合作银行还通过降低自身运营项目产生的碳排量来促进可持续发展。

2. 将气候风险纳入风险管理体系

荷兰银行业为精准衡量与审视环境变化带来的财务风险，成立了一支致力于可持续性数据分析的专业团队，以及一个跨领域的复合型团队，把气候变化诱发的财政风险并入其风险控制体系。自那以后，在金融构架内对投资方案做决策时，必须对方案的生态与社会效益进行周密审视，运用其影响力确保方案在生态保护和社会协调进步方面起到正面促进作用。例如，在处理投资事项时，荷兰银行着重强化了对按揭房产的实物评估与风险掌控，确保投资组合与《巴黎协议》旨在达成的目标保持一致，并通过持续监控信贷组合的碳排放强度，把气候变动风险融入其风险管控程序中。

3. 进行具体气候金融风险分析

各个银行采用了不同的气候金融风险分析方法，对气候金融风险进行评估，给出气候金融风险管理的具体参考。例如，荷兰合作银行开展的气候风险压力测试分为转型风险压力测试和物理风险压力测试。在进行转型风险的压力评估时，荷兰合作银行加入了对碳排放征税的模拟，并对其全球借贷资产组合进行了两次宏观经济压力测试。而对于物理风险的评估，着重考察了全球水资源紧张对该银行可能产生的影响以及荷兰住宅抵押贷款业务中所潜在的洪灾风险。两项压力测试结果都给荷兰合作银行的气候金融风险管理提供了参考。

4. 将 ESG 因素纳入投资决策的考量范围

在挑选投资项目时，荷兰的金融机构倾向于选定清洁能源和某些绿色金融产品，同时切断了对化石能源企业资金的流入，并将进一步检验各项目是否契合持续发展准则。对于可持续发展的潜在风险，有些银行把它看作一个关键因素，并设立了专责委员会及团队来掌控此类风险。例如，荷兰民众银行引入了ASN 银行关于气候转型与持续发展标准的方案，明确了风险偏好、推动风险的关键要素以及风险指标方面的策略，并利用这些策略来监控和调节气候相关风险的变化。

5. 积极参与和达成国际合作

荷兰主要的金融机构在本土及全球层面上积极促成伙伴关系，致力于推动整个银行业支持社会经济向低碳、循环和可持续发展转型。例如，在 2018年，荷兰银行、荷兰国际集团和荷兰合作银行联合发布了一份针对循环经济的融资指导手册，目的是为涉及循环经济的项目与资产设立共享的融资框架。

（三）荷兰保险业

1. 进行气候金融风险的识别和评估展开压力测试

在荷兰中央银行监督下，荷兰财险业进行的压力测试融合了气候变化情景分析。探究了转型风险的压力评估，着眼于能源变革对财产保险业全局的冲击，并构建了针对气候相关风险的评价体系，同时强调金融机构应对这类风险给予足够的重视。

2. 推进绿色金融项目发展

长期以来，荷兰各大金融机构便积极投身绿色经济，致力于研发与提供有助于改善环境状况（如控制污染、提升能源利用效率）的金融产品和服务。它们不断地寻求合作伙伴，共同在荷兰乃至全球范围内推广绿色金融事业。截至2019年，多个荷兰保险公司已联合签署协议，承诺向绿色和可持续金融部门投资达3万亿欧元。

（四）荷兰其他金融机构

1. 将气候和环境因素纳入投资政策

关于可持续发展水平，荷兰中央银行在2016年做过一项调查，调查范围涵盖了200多家养老基金公司，其中约90%的公司已经将环境和气候金融风险纳入了投资策略考量范围内。在2018年10月举行的荷兰养老基金责任投资可持续发展投资者协会（VBDO）基准大会上，荷兰不少金融企业摘得最高荣誉的五星级评级。

并且在2020年，荷兰养老金ABP制定了2020~2025年的可持续投资政策，制定了2025年实现目标。其中，在气候变化方面的投资目标包括：股票投资组合的二氧化碳排放量比2015年减少40%，退出对煤矿和焦油砂公司的投资，以及将150亿欧元投资于可再生能源等。

2. 进行具体气候压力风险测试

在荷兰，诸多金融机构纷纷打造了符合自身发展实际的气候风险评价工具，并且这些工具在评估方法上有显著区别。例如，荷兰MN资产管理公司在气候风险工作中，将风险明确划分为物理风险和转型风险两大领域：细致地将物理风险区别为突发性风险与持续性风险；转型风险则详细拆解为监管、技术、市场和声誉四种不同的风险类型。此外，作为荷兰一个具有国际化视野的资产管理集团，荷宝投资管理集团专注于跟踪和掌控转型风险。他们通过让碳排放数据得以有效展示、运行气候变化场景的应力测试和敏感性分析等多种方式，有针对性地监控和调控其投资组合所面临的潜在影响。

第三节　欧美国家对我国绿色金融促进可持续发展的启示

基于前述对欧美发达地区国家绿色金融领域实践的深入探讨，本节旨在结合我国实际情况概括分析先进国际经验对我国绿色金融促进可持续发展的启示与指导意义。

一、自上而下推动可持续金融发展

欧盟率先构建了自上而下的可持续性金融框架，通过高层策略指导和整合政策落实。至今，包括欧美在内的诸多先进经济体正依循这种自上向下方式助力可持续性金融的进步，并探求其发展轨迹。我国在绿色金融领域走在世界前列，这离不开人民银行从上至下的推动。尽管可持续金融是建立在自下向上的社会责任投资实践之上，但人民银行应主动担起引导职责，拟定与国情相符的绿色发展政策和体系，向各类投资者提供相应的法律指引。

二、完善可持续金融分类标准和工具

全球范围内，可持续性金融发展方面存在一整套较为完善的架构与准则，如欧盟持续致力于构建旨在促进可持续性投资与发展的金融架构，其在此领域的成就位居世界领先地位。这些标准的制定和使用都可以作为我国日后标准制定的参考。

在世界各地，欧洲联盟凭借其先进的可持续性金融体系而脱颖而出，始终努力营造一个以可持续性投资和发展为基础的经济结构，目前已经建立了一整套健全的绿色金融制度和相关规则。目前，各个欧洲银行的监管当局致力于推广《可持续金融计划》，而负责证监的欧洲机构已经拟定了《可持续金融战略》，此外，以保险和养老金监管为主的欧洲机构也在制定与此相关的绿色金融方案。这些经验都可以作为我国日后进一步发展绿色金融的参考。

三、推动金融产品的可持续性创新

发展绿色金融，一定要将可持续发展放在核心理念位置上，因此要鼓励企业在投资过程中注意关注投资项目的可持续指数，不断地创新可持续金融产品，扩大可持续金融产品的应用和发展范围。首先，应构建促进可持续性增长的货币政策工具，为绿色项目注入低成本的资本支持，激励可持续金融项目与服务体系的顺利扩张。进而，持续革新绿色金融领域内的投资产品，促进金融机构转换业务模式，推进我国绿色金融体系的进步。

四、开发碳金融领域的巨大潜力

在转型至绿色低排放经济体系的过程当中，塑造并优化一个功能完善的碳排放交易体系，是至关重要的步骤。在这一体系之内，金融的职能至关重要，尤其是在提高碳价格设定的效率性方面；金融机构通过提供对冲风险的渠道，帮助市场主体有效地管理风险。另外通过金融市场的多国交流和连接，进一步加强了全球碳市场的互联性，对降低全球温室气体排放量起到了积极的推动效应。

在研发新产品的过程中，我们不仅要专注于打造基于碳交易市场的金融衍生工具，同时还需探讨设计与减排指标相挂钩的金融方案。各大银行能够推介连接到减排指标的信贷项目，而债权市场也能够推动创新出新型的与减排指标相关的债权工具，这些信贷与债权工具的利息水平会与获资助的公司或项目的减排业绩呈正相关。具体而言，对于那些达到指定减碳标准的企业，我们将提供较低利率的贷款；反之，则为那些未能满足标准的企业设定较高的借贷利率。此类金融方案将在资金的使用周期内一直对公司施加降低排放的压力，意味着企业如果能够有效降低碳排放，它们将享受到更低的贷款利率和更少的融资成本。

欧美国家大部分在绿色金融与可持续发展方面较早积累了大量经验，可以看出绿色金融促进可持续发展需要政府、金融机构、企业和个人共同努力，从政策引导、绿色创新及标准完善等方面，推动绿色金融的发展，实现经济与环境的可持续发展。

第六章

亚洲国家和地区绿色金融促进可持续发展的国际经验及启示

本章深入探讨了亚洲国家及地区，包括日本、韩国、中国香港、新加坡、印度、蒙古国、巴基斯坦等，在绿色金融促进可持续发展方面的国际经验及启示，涵盖多层面、多视角、多主体，旨在更加全面分析亚洲国家在面对气候风险时采取的各项创新措施和实践，为其他国家提供了更多样化的参考和借鉴。

第一节　亚洲主要国家和地区绿色金融促进可持续发展做法

本节深入总结归纳亚洲一些主要国家各金融机构开展绿色金融应对气候风险变化的做法，包括中央银行、银行业、保险业等，这些国家及其金融机构的实践为亚洲乃至全球绿色金融发展提供了宝贵经验和启示。

一、日本

日本极端气候情况很多，自然灾害发生概率很大，一旦发生气候灾害会给日本的金融体系造成严峻的影响，包括冲击设施设备、降低抵押物的价值、银行贷款违约率上升等，影响金融系统稳定，使整个金融系统陷入混乱等。

（一）中央银行对气候风险的管理

1. 建立气候灾害发生的应急管理机制

日本中央银行建立起了气候灾害发生后的应急管理机制，主要包括以下几方面：一是中央银行在灾害发生前就建立起完善的组织协调架构；二是快速组织好救灾人员，并准备好相应的工具；三是配备好相应的通信设施，以便于与外界联系。日本中央银行曾出台"业务连续性计划"等，鼓励支持金融机构采取相关的管理措施，以保证金融机构能够稳定运行。

2. 确保中央银行在灾害期间的结算清算效率

日本中央银行大阪分行的规模仅次于总部，之所以有这样的分配，是因为大阪和东京一起发生气候灾害的可能极小，当东京发生气候灾害对主计算机中心产生危及时，大阪分行可以发挥作用，启动备份系统，保证中央银行主要业务继续运转，确保灾害期间的结算清算效率。

3. 降低对金融机构的注资标准

气候灾害的发生会使违约率上升，恶化客户信用，客户丧失对金融机构的信心，并且很多金融机构资金并不充足，但对这种超预期的坏账准备金的需求是不断增长的，针对此问题，日本放宽了金融机构注资条件，降低注资标准，使得金融机构可以以最快的速度获得资金，维持金融机构的稳定运转。

4. 创新融资方案应对气候变化风险

日本曾发布"绿色增长战略"，减少二氧化碳等温室气体排放，日本中央银行还宣布实施一项绿色融资方案，根据这一方案，中央银行将向金融机构提供零利率的贷款，并支持金融机构发放绿色贷款和绿色债券等，以减轻金融机构的负担，增加其应对气候变化风险的资金，最终达到2050年碳中和的目标。

5. 设立专注于解决气候风险的委员会

日本中央银行就如何管理气候变化风险，在中央银行内部建立了一个综合委员会，以专注于解决与气候变化风险有关的问题，中央银行还进一步研究气候变化对宏观经济的影响，具体包括评估气候变化对经济活动、金融市场和金融体系的影响等，并收集此类数据，更新创新气候风险模型，完善分析工具，以更好地识别和控制气候变化所带来的相关风险。

（二）商业银行做法

日本商业银行都不同程度地采取措施，积极推动绿色金融发展，利用环境评级系统评估企业，并向涉足绿色行业的企业提供较低利率的贷款等。

（1）瑞穗实业银行较早地加入赤道原则，随后东京三菱银行、三井住友银行也宣布加入，瑞穗银行的可持续发展部主要解决赤道原则相关问题。瑞穗银行较早地将可持续性纳入银行业务中，并与其他国家的金融机构合作为可持续性绿色项目融资。瑞穗实业银行对环保型企业，实行贷款利息2%~3%的优惠。

（2）三菱东京银行积极推动绿色金融，发行绿色金融债，并积极与日本政府配合，利用政府对节能环保企业的补助政策，参与"官民合作融资"项目，为环保企业提供资金支持，三菱东京的商业贷款可最大享有5%的利息优惠。

（3）三井住友银行是日本第二家发行绿色债券的银行，积极为绿色可持续性项目融资。三井住友银行将ESG理念作为核心，将环境问题纳入贷款决策中，开发环境友好企业支持贷款业务，建立了风险评估体系，利用环境综合评估系统进行评级，根据不同的评级结果，确定贷款优惠力度。

（4）日本京都银行的绿色贷款项目，可享有3%的利息优惠，并且资金主要用于环保方面；伊予银行对满足绿色信贷条件的企业提供0.8%的利率优惠，允许将该资金用于环境保护相关的设备购买等情形；滋贺银行、静冈银行等都对于生态清洁绿色企业提供不同程度的低息贷款。

（三）其他金融机构的做法

1. 政策性银行的做法

日本的政策投资银行是日本的政策性银行，被称为日本的绿色银行，推出了"环境评级贷款项目"等，其设计的评级系统的主要优点是将环境因素纳入融资程序。在该环保评级系统下，商业银行将贷款企业分为不同等级，确定不同程度的贷款优惠力度，政策投资银行还与多个商业银行进行合作融资项目。

国际协力银行在2006年成立了金融环境工程部门，利用金融创新为企业提供专业化的服务，以支持环保项目政策，改善投资环境；国际协力银行还积极参与世界合作，对地球环保项目积极开展援助，运用日本所掌握的新型技术，帮助其他国家环保项目的开展。

2. 保险机构推出的相关气候保险

日本由于特殊的气候环境，一旦气候灾害发生造成的损失是极其严重的，日本是较早推出天气保险的国家，气候保险的发展是比较成熟的，曾推出很多创新型气候保险产品，有代表性的是"梅雨险""樱花险""晴空万里险""台风险""浮水保险"等。

二、韩国

（一）政策性金融机构的做法

（1）韩国产业银行基金组织运营特殊能源基金，专门促进可再生能源及其他自然资源保护和有效利用，还陆续推出了"绿色认证基金"等创新型产品。

（2）韩国进出口银行为向绿色转型，设立了专门的绿色投资部门；积极着手研究设立"碳基金"，投资于节能低碳减排项目；实施绿色项目融资计划，鼓励绿色项目与绿色区域合作发展。

（3）韩国中小企业银行先后推出了"绿色增长企业贷款""太阳能开发设施基金贷款""LOHAS卡"等，并计划设立一个小组更加科学地指导发展绿色项目，计划与相关专业社会组织招募合作者，并提供有关绿色发展的咨询培训服务，传递有关绿色金融的专业知识。

（二）相关金融产品

（1）韩国绿色金融机构积极探索推出绿色银行债券、绿色银行储蓄、绿色担保基金、绿色节能汽车贷款、节能低碳建筑融资贷款等绿色产品，政府为这些产品进行优惠税率和免税。

（2）韩国进出口银行曾先后在2013年和2018年发行绿色债券，总金额达到9亿美元，主要用于环保和可再生能源项目；韩国国家开发银行加入了赤道原则，并公开发行了超大数目金额的绿色企业债券；韩国交易所目前研究公开发行基于阿里郎的绿色环保债券。

（3）新韩银行公司开发了一个特别的银行账户，专用于绿色金融存款，并且创新多种如"生态爱心卡"等金融产品，开发了相关知识培训项目，并培育员工绿色金融意识，提高管理人员的综合能力。

（4）新韩公司设立了"新韩能源分期储蓄"等业务，韩国国民银行设立了"业务优惠分期储蓄"等，并成立了一家可再生能源基金公司。

（三）其他相关做法

（1）韩国绿色管理公司金融支持系统，向相关的企业提供环境风险因素绩效评估项目报告；商业银行依据项目报告要求，进行环境风险评估。对于金融机构而言，会根据金融支持系统来决定是否进行投资。韩国绿色管理公司金融支持系统，被韩国国家保险公司指定用于投保环境责任保险，特别是环境污染治理较重的公司，必须投保相应的环境责任保险。

（2）绿色环境相关信息披露通过向各类金融机构提供经审核的绿色环境相关信息，为各类金融机构开展绿色环保贷款和各类投资决策服务提供有效的信息披露支撑。

（3）在绿色基金方面，韩国国家养老金基金曾向绿色私募股权基金投资，金额达到 2000 亿韩元，主要用于绿色基础设施项目；多家金融机构探索设立开发绿色新能源和可再生能源项目的投资基金，以提高绿色规模比重，如新韩金融投资集团等。

三、中国香港

（一）推出气候风险试点压力测试

意识到管理气候变化风险能力对于稳定金融机构的重要意义，2020 年 12 月中国香港金融管理局发布通知称 2021 年将对部分银行开展气候风险试点压力测试。

试点测试开始只邀请部分自愿参与的银行机构，并没有做强制要求。在情景设置上，中国香港金融管理局一方面会借鉴中央银行绿色金融网络（NGFS）等组织设计的主流气候压力测试情景，另一方面也会考虑银行自身资产和风险暴露情况。

中国香港金融管理局预计将在 2025 年前落实金融机构的气候变化风险的信息披露工作。同时，为银行业制订了绿色及可持续发展计划，通过推行气候风险压力测试使银行能够评估、掌握业务所面对的气候风险，从而有效地制定管理措施和行动计划。

（二）适应国际标准

中国香港金融管理局提出了五项绿色行动计划纲领，即相关行业必须在 2025 年之前作出信息披露，以尽快采纳由中国和欧盟共同推出的"共通绿色分类目录"为行动目标，支持维持一套统一的准则，支持进行气候风险情景分析，建立不同行业的合作平台。该建议比中国香港上市公司 ESG 披露标准提出了更高的要求，中国香港交易所当前只强制要求披露治理层面议题，而环境和社会层面多个议题采用"不遵循就解释"原则。

（三）可持续及绿色交易所

可持续及绿色交易所不仅有望帮助亚洲在国际绿色金融市场取得更主要的位置，更重要的是能够释放中国地区的绿色金融潜力。截至 2021 年 6 月，在可持续及绿色交易所中共有 64 只债券产品进行交易，并将它们分为可持续、可持续发展挂钩、绿色、社会责任、转型、蓝色和疫情防控 7 大类别，其中多达 14 只由中国银行推出。绿色债券是最受发行人青睐的产品类型，可持续及绿色交易所共计有绿色债券 49 只、转型债券 6 只。

（四）外汇储备中纳入绿色因素

中国香港金管局，将利用外汇储备支持绿色金融发展，参与 ESG 相关的公开股票投资，并确保其 ESG 投资的长期风险收益与其他投资相当，同时增加外汇基金中的绿色债券组合。

四、印度

（一）相关金融机构做法

印度国家银行曾推出了多项绿色金融相关政策、绿色住房保障方案等，以鼓励支持环保项目，银行会提供如减少利润、降低利率等优惠。

印度中央银行曾设置"优先行业清单"，强制商业银行将信贷资源以固定比例分配给清单上的企业，这一清单目前已包含可再生能源等行业，并实施绿色定向再融资计划，为金融机构提供更多的支持绿色低碳项目的资金。

印度工业信贷投资银行资金支持环保项目，并对节能型机动车辆给予 50% 的优惠等。

印度证券交易委员会还要求机构定期发布企业年度社会责任报告。

（二）微型金融机构做法

1. 事前安排

事前安排分为内部安排和外部安排，内部安排通过五个方面得以实施，分别是高素质人力资源、完善的管理信息系统、合理的财务管理系统、良好的机构管理体制、优质客户。外部安排是与其他机构合作、传播自然灾害预警信息获得可持续的稳定发展。

2. 事后安排

事后安排包括贷款的重新安排、避免贷款取消、产品修改、建立自然灾害贷款基金、小额保险、强化组合管理系统等情况。贷款的重新安排使金融机构的损失降到最小；自然灾害贷款基金是一种由捐赠者捐赠的资金储备；贷款取消是取消未偿还的利息和余额，因为会影响未来贷款的偿还，通常不使用贷款取消；贷款组合分析能够确保客户及时偿还贷款，并且准确的贷款组合信息可以使金融机构具有更强的适应性。

（三）天气指数保险

印度是农业大国，在农业领域使用指数天气保险，可以减小农民因气候灾害所受到的损失。指数型天气保险是一种新型的保险，拓展了气候保险产品类型，它包括纯保险型和嵌入式两种类型，其中嵌入式又被称为降雨指数农业保险，因实际的气候灾害不同，有不同的保险功能，在印度，天气指数保险的出现受到保险及非保险行业的广泛欢迎。

五、印度尼西亚

印度尼西亚的金管局曾制定了绿色金融发展规划，鼓励支持金融部门应对气候风险，推动金融系统向绿色转型、向低碳经济转变；在相关部门的积极协调下，东盟国家探讨了发展新型绿色金融问题；印度尼西亚国家成立专门小组，指定一个研究部门，专门负责提供绿色咨询服务。

印度尼西亚政府早在 1979 年就提出节能政策，并制定了相应实施指南。印度尼西亚曾制定了 2016～2020 年国家伙伴关系框架，气候变化问题已被纳入应急基金的所有主要支柱，包括国家层面的基础设施平台、可持续能源和普遍获取、海洋经济和互联互通、地方服务和基础设施的交付、可持续景观管理等。在 CPF 的指导下，世界银行通过积极的气候相关贷款、技术援助和分析活动，支持印度尼西亚应对气候变化挑战。

亚洲开发银行与环境和林业部气候变化司共同制定了印度尼西亚 2020～2024 年国家伙伴战略，该战略确定了三个战略途径，包括改善福利、加快经济复苏、通过支持气候变化缓解和适应措施、环境可持续性和复兴、灾害风险管理和融资以及水和粮食安全，加强了复原力。

亚洲开发银行在基础设施投资中纳入气候变化缓解和适应措施，并支持印度尼西亚到 2025 年可再生能源占能源供应 23% 的国家自主贡献目标。亚洲开发银行的气候适应支持将包括加强抵御力建设措施、适应性社会保护、促进气候智能型生计和改进预测系统。

六、新加坡

（一）相关金融产品

（1）新加坡的绿色债券市场发展迅速，在 2019 年发行的绿色债券量曾达到了 48 亿美元，新加坡财政部长也曾宣布，政府将为公共基础设施建设项目发行绿色债券，目前已确定的资金支持高达 190 亿美元。同时绿色国债的标准、框架以及收益率等指标都将作为绿色债券市场的标杆，加强新加坡在东南亚区域绿色金融枢纽的地位。

（2）新加坡金融管理局发布了有效期至 2023 年 5 月 31 日的可持续债券资金资助计划，以刺激绿色债券市场快速发展；在 2019 年，金融管理局还启动了绿色投资计划，包括绿色债券、绿色基金、贷款、保险和风险转移方案等，金额达到 20 亿美元，旨在投资绿色市场，加强绿色市场成熟，该计划帮助发展可持续性项目，降低新加坡气候变化风险；金融管理局还首次尝试出台了关于绿色和可持续性挂钩的贷款津贴计划。

（二）相关管理做法

（1）新加坡把 2018 年定为新加坡气候行动年，新加坡金融管理局发布了一系列环境风险管理准则，指出金融机构在治理战略、风险管理和信息披露三方面的标准，其中指出银行应该在客户和投资两方面评估环境气候风险，银行积极探索创新设立有关监测和评估风险的工具和方法，公司必须定期披露可持续发展报告。

（2）新加坡金融管理局宣布把气候风险以及应对纳入外汇储备管理中，拨出 18 亿美元的专项资金投入相关产业，并委任 5 名基金经理管理气候相关的股票和固定收益投资组合。2020 年新加坡金融管理局联合其他国家建立新加坡绿色金融中心。

（3）金融行业工作组发布了《金融机构气候金融相关信息披露指导文件》，该文件采纳了气候信息披露工作组的建议，重点强调了符合条件的信息披露实践，强制要求金融机构提供加强环境风险管理的相关信息，要求上市公司提供企业应对气候变化的相关报告。

第二节　亚洲其他国家绿色金融促进可持续发展的经验

巴基斯坦、以色列、哈萨克斯坦等国家同样是亚洲发展的重要组成部分，他们在绿色金融促进可持续发展领域也发展了各自的特色，通过了解探讨这些国家的实践和举措有利于完善多视角绿色金融实践体系，对不同国家具有不同的指导与借鉴意义。

一、蒙古国

2013 年，蒙古国银行业协会创立了蒙古国可持续金融倡议（MSFI）并于次年发布了《可持续金融原则》作为其重要组成部分之一。该原则提倡通过协助银行识别、应对、管理环境和社会风险，促进银行为绿色项目提供融资服务。2018 年在此基础上，为了覆盖更多类型的金融机构，该协会进一步成立了蒙古国可持续金融协会（MSFA），以支持更多金融机构投身绿色活动，开展可持续金融实践。

目前，MSFA 开展了一系列绿色金融行动，具体包括绿色定义、绿色债券、数据收集和量化评估等。2019 年，该国金融稳定委员会批准通过了由 MSFA 推动编制的《绿色金融分类目录》，该目录明晰了境内绿色项目的定义。除此以外，MSFA 还积极推动金融机构开展绿色项目融资、绿色企业贷款和绿色消费贷业务。例如，可汗银行针对牧场退化和过度放牧问题，推出了牧民合作社专项贷款以鼓励牧民采取更可持续的生产方式。海外资本也被吸引参与蒙古国绿色投资。2019 年，麦格理下属绿色投资集团联合绿色气候基金和蒙古国政府共同筹建蒙古国国家绿色金融公司，为绿色项目开发提供融资便利和风险管理服务。

二、老挝

由于老挝人民民主共和国对水、林业和农业等对气候敏感的自然资源的依赖，气候变化对老挝经济的影响尤其重大。为了减轻影响并到 2050 年实现碳中和，老挝需要巨额融资以补足公共预算限制带来的资金缺口。

金融部门在引导资金投向绿色项目和促进国家环境目标方面具有巨大潜力，老挝人民民主共和国银行在引导金融部门朝这个方向发展方面发挥着关键作用。国际金融公司与老挝人民民主共和国银行于 2023 年签署新的合作协议，加强了促进绿色金融的合作。这种加强的伙伴关系旨在加快必要的改革，制定指导方针和标准，以吸引该国推动经济和创造就业所需的绿色资本，同时促进建设一个更绿色和宜居的地球。现在，老挝人民民主共和国银行将在国际金融公司的支持下制定可持续金融政策框架，制定绿色贷款和发行主题债券的标准和指南，并培养建设监管机构和市场参与者的能力。

三、柬埔寨

（一）建立可持续融资系统

柬埔寨国家银行与联合国亚洲及太平洋经济社会委员会（UNESCAP）合作，通过拟定长期策略，为参与落实柬埔寨可持续发展气候目标提供一个明确的方向和计划，如动员资金填补融资缺口、增加可持续融资选择。

（二）推出柬埔寨可持续债券加速器

虽然发展中市场的债券发行人普遍面临着相当大的发行障碍，但主题债券（绿色债券、社会债券和可持续发展债券）的发行人由于发行人意识和能力有限以及发行成本较高而进一步受到限制。

2023年，联合国亚洲及太平洋经济社会委员会（ESCAP）、全球绿色增长研究所（GGGI）和柬埔寨证券交易监管机构（SERC）与信用担保和投资基金合作（CGIF）和私人基础设施发展集团旗下的 GuarantCo 推出了柬埔寨可持续债券加速器，旨在共同向潜在发行人提供技术援助和支持，包括支持开发债券框架、满足最佳实践、促进发行后报告以及提供联合融资方案以降低债券发行成本和投资支持。

四、尼泊尔

尼泊尔拥有超83000兆瓦的水力发电潜力，可以很好地过渡到更具绿色弹性和包容性的发展模式，同时还可以通过输出剩余电力帮助其邻国实现气候目标。

2018年，在尼泊尔中央银行的领导支持下，国际金融公司制定了《环境和社会风险管理指南》，并于2022年对包括气候风险及水电特定行业指南，作为申请商业、开发和小额信贷银行机构贷款时的必需内容。为有效实施，尼泊尔国家银行业协会和国际金融公司针对更新后的指南开展了两次培训，使45名培训师能够将知识传授给403名参与者，这使得银行确保遵守解决与水电项目相关的环境和社会风险的标准，有助于吸引更多对该行业的投资。

五、巴基斯坦

巴基斯坦过去多年遭遇了持续不断的能源危机。为重塑能源行业结构，同时进一步扩大合作，巴基斯坦通过免税和竞标等措施引资，以全面推进该国清洁能源发展，从而最终完成提供可持续、可负担、可靠的能源的目标。

利好的绿色能源政策机制极大地增加了巴基斯坦的投资吸引力。通过立法减免可再生能源项目参与者的税收，当前已经对可再生能源和替代能源的发电设备、机器和生产材料免除进口关税，项目运营商免缴企业所得税，仅股息部分需缴纳预提税等一系列措施，巴基斯坦清洁能源行业取得了巨大发展。

六、哈萨克斯坦

（一）相关政策

2012 年，哈萨克斯坦发布《哈萨克斯坦 2050 年国家战略》，强调通过发展"绿色经济"，在国家战略层面实现经济发展转型。之后，该国又陆续发布了《绿色经济转型构想》《关于实施向绿色经济转型 2013—2020 年行动方案》等文件，阐释了实现绿色经济转型的目标、重点领域和时间节点，提出到 2030 年实现可替代能源发电占比 30%，2050 年提高至 50%。2020 年 12 月，哈萨克斯坦政府提出于 2060 年实现碳中和。

（二）具体做法

哈萨克斯坦绿色发展的重点集中在发展可再生能源和提高水、土地等资源利用率上，而实现这些目标则需要大量社会资本的参与。

1. 设立绿色金融标准

哈萨克斯坦阿斯塔纳国际金融中心（AIFC）是该国绿色金融发展的主要推动者。自成立之初，AIFC 就着手于哈萨克斯坦绿色金融体系的设计。2019 年制定了《绿色债券制度》，其中对绿色产业的定义基于国际已有范例，涵盖了对绿色债券的定义、募集资金使用限制和外部报告等多方面规则。2021 年，在其绿色金融中心（AIFC GFC）的协助下，哈萨克斯坦通过了《新生态法典》，囊括了绿色项目分类目录（The Green Taxonomy）和绿色金融、绿色科技、绿色信贷、绿色债券等诸多概念。

2. 规范 ESG 信息披露

2021 年，AIFC GFC 参考全球报告倡议组织（GRI）等国际主流 ESG 报告标准制定了《ESG 自愿披露指南》。该国的两个证券交易所——哈萨克斯坦证券交易所（KASE）和阿斯塔纳国际交易所（AIX）计划调整企业的 ESG 信息报告制度，由自愿披露向"不披露就解释"和强制披露过渡。此外，预计从 2024 年起，ESG 风险将被纳入该国银行业年度风险压力测试。

3. 发展绿色金融产品

哈萨克斯坦的主要绿色金融产品为绿色债券和绿色贷款。2020 年 8 月，创业发展基金 Damu 在 AIX 注册并发行了规模为 2 亿坚戈（约为 300 万元人民币）的绿色金融债券用于支持开展小型可再生能源投资，成为哈萨克斯坦发行的首只绿色债券。在贷款方面，到 2021 年末，该国贴标绿色贷款总额达 285 亿坚戈（合 6600 万美元），发行机构包括商业银行（Halyk）和政策性银行（哈萨克斯坦开发银行）。此外，哈萨克斯坦还积极发展绿色产业基金，如用于城市绿化的"欧亚环境基金"和旨在保护野生动物的"生物多样性保护基金"。

4. 绿色金融激励机制

在《2025 企业路线图》中，哈萨克斯坦提出要为绿色债券和绿色贷款提供上限为 50% 的贴息。此外，考虑到绿色基础设施项目作为公共产品具有回报率有限、回报周期较长的特点，哈萨克斯坦政府采用绿色 PPP（政府和社会资本合作）的方式招商引资，有利于缓解融资难题，加快经济转型，带动绿色发展领域的技术进步。例如，2021 年，哈萨克斯坦政府与欧亚开发银行（EDB）合作，利用 EDB 提供的 36 亿坚戈（合 828 万美元）绿色贷款使 Atyrau 市的路灯能耗仅为之前的 20%。在碳定价机制方面，作为最早启动国家级碳市场的亚洲国家，哈萨克斯坦计划建立本国碳税征收体系以规避向欧盟支付全额"碳边境税"，所得款项将用于本国的"绿色"项目。

5. 绿色金融国际合作

作为中亚绿色转型的主要支持者之一，欧洲复兴开发银行（EBRD）已为哈萨克斯坦可再生能源项目提供超过 10 亿美元的融资。同时，该国的金融市场管理局加入了可持续银行和金融网络（SBFN）；其国际金融中心 AIFC 作为《"一带一路"绿色投资原则》（GIP）的初始签署机构之一，与 GIP 合作，于 2021 年设立了首所中亚 GIP 区域办事处，以积极探索区域资源，深化绿色金融理念，推动经济发展低碳转型和绿色投资。在政府合作方面，2010 年哈萨克斯坦提出"绿色桥梁合作"计划，得到包括吉尔吉斯斯坦在内的多个国家响应，主要合作领域涵盖水资源管理、可再生能源开发、能源安全、农业、气候变化。

七、吉尔吉斯斯坦

吉尔吉斯斯坦政府颁布的《绿色经济发展规划（2019—2023）》重点关注绿色能源、绿色工农业等 7 个重点领域，以支持社会向绿色经济转型。在哈萨克斯坦 AIFC 的支持下，吉尔吉斯斯坦正在探索制定绿色项目分类目录和 ESG 标准，发展绿色债券等金融产品，并进行绿色金融人才联合培养。

八、塔吉克斯坦

塔吉克斯坦经济发展和贸易部提出《塔吉克斯坦"绿色经济"发展战略（2023—2037 年）》，并制定该战略未来 3 年实施计划。塔吉克斯坦政府计划投入超过 215 亿索莫尼以发展"绿色经济"。根据规划，塔吉克斯坦政府已出台一系列举措以应对气候变化，引进节能技术，招徕各方投资，并加强"绿色经济"领域的国际合作，其中包括计划于 2030 以前构建碳定价机制。

九、乌兹别克斯坦

乌兹别克斯坦《2019—2030 绿色经济战略》计划到 2030 年将可再生能源发电占比提高至 25%，到 2030 年将碳排放强度从 2010 年的水平减少 10%，并将能效提高 2 倍，减少油气行业温室气体排放和油气传送过程中的损耗。在现状方面，乌兹别克斯坦在 UNDP、伊斯兰发展银行的帮助下正在探索发行绿色伊斯兰债券的可行性，提出要发展绿色 PPP（政府和社会资本合作），推出绿色产业基金用于提高能效。此外，乌兹别克斯坦财政部在法国开发署（AFD）1.5 亿欧元的贷款支持下，为发展清洁交通和政府绿色采购提供财政补贴；乌兹别克斯坦银行、小额贷款机构接受了 EBRD 提供的 6 亿美元绿色贷款，用于支持私营部门投资绿色技术和服务，以期培育一个由需求驱动的、可以自我持续的绿色科技投资市场。

十、土库曼斯坦

土库曼斯坦是欧洲和中亚地区首个通过国家可持续发展目标的国家。作为一个拥有大型采掘业的内陆国家，如果不对能源结构做出调整，其在气候变化下的脆弱性将越发明显。2021 年，土库曼斯坦颁布《可再生能源法》，旨在强调有效利用可再生能源、实现能源多样化和可持续发展。另外，土库曼斯坦计划于 2025 年以前构建碳定价机制。

十一、以色列

以色列在"2030 计划"中提出以技术创新推动可持续发展，该计划强调进一步延展包括可持续农业、对抗沙漠化、可再生能源在内的环境技术。该国预计在 2030 年实现可再生能源发电占比达 30%。

十二、巴林

为实现 2035 年将碳排放减少 50%，到 2060 年实现碳中和的目标，巴林一直致力于采用和发展以可再生能源为代表的清洁能源技术，通过向清洁能源转型、发展公共交通和提高能源效率，实现碳零排放量。通过将投资转向低碳增长，实现经济转型。

其中巴林中央银行作为巴林国家的最高金融管理和监管机构，积极推动可持续金融的发展。该中央银行致力于研究并制定适合巴林的绿色金融政策，包括促进绿色投资、气候债券和其他绿色金融工具等方面。公开数据显示，截至 2021 年底，该行支持了约 100 个绿色项目，涉及可再生能源、能源效率、水资源管理等领域。

十三、沙特阿拉伯

自沙特阿拉伯 2016 年推出"2030 年愿景"以来，"环境"、"可再生能源组合"和"可持续发展"一直是该计划的核心，这个中东最大经济体旨在到 2060 年实现净零排放。未来，沙特阿拉伯加速发展新能源建设和绿色产业将是大势所趋。在此背景下，沙特阿拉伯为了加速能源转型、推动新一轮投资，推出了一系列重点发展项目，涉及旅游、文娱、新能源等众多领域，包括绿色利雅得项目、Neom 项目、Sakaka 太阳能发电厂项目等。

2021 年，沙特阿拉伯王储穆罕默德·本·萨勒曼向外界宣布了"绿色沙特"和"绿色中东"两项新倡议，致力于推动清洁能源使用，降低化石燃料影响，强化地区国家多边合作，应对全球气候变化。目前宣布的第一批 60 多个计划和项目，投资已超过 7000 亿元，用于助力绿色产业发展。这些项目将对沙特阿拉伯和全球的可持续发展作出突出贡献，主要有建立可持续旅游全球中心（STGC）和海洋探索基金会；以 2035 年成为世界领先的蓝色和绿色氢气出口国为目标；继续有关石油和天然气的气候倡议。

目前，沙特阿拉伯市场上已经陆续出现一些绿色贷款案例。2020 年 7 月，沙特阿拉伯财政部完成首笔绿色出口信保支持贷款，金额 2.58 亿美元，贷款用于采购 842 辆公交车。2021 年 4 月 27 日，沙特红海开发公司（TRSDC）筹集了约 37.7 亿美元的资金，四家沙特银行为 16 家新酒店提供了绿色贷款。红海项目将包括机场和住房、商业、商店和休闲设施等。2021 年 7 月 8 日，沙特电力公司签署了价值 5 亿美元绿色信贷协议，融资将用于支持沙特电力公司在输配电领域绿色项目，加强环保，如连接沙国家输电网络和可再生能源工厂、集成电网、提升电力系统能效等项目。

十四、科威特

科威特金融公司通过提供环保和可再生能源相关的贷款和投资项目，支持清洁能源和可持续产业的发展。这些项目包括为一家可再生能源公司提供贷款，用于建设和运营一个风力发电站等。

十五、卡塔尔

作为本国最大的伊斯兰金融机构之一，卡塔尔伊斯兰银行积极开展绿色金融实践，包括通过发行绿色债券和设立绿色基金的方式支持低碳项目和可持续产业的发展。例如，该银行曾发行过一笔价值 1000 万美元的绿色债券用于支持可再生能源项目。此外，该银行还设立了一个价值 5000 万美元的绿色基金，用于投资可持续产业和低碳项目。

十六、阿拉伯联合酋长国（以下简称阿联酋）

阿联酋是率先提出"碳中和"计划目标的中东国家，通过实施系列愿景规划，成为经济多元化和低碳转型发展的区域引领者。2017 年，阿联酋制定"2050 能源战略"，计划投资 6000 亿迪拉姆，到 2050 年实现清洁能源在能源结构中占比达 50%。2021 年 10 月，阿联酋公布了"2050 年零排放战略倡议"，力争到 2050 年实现温室气体净零排放。2020 年，阿联酋宣布了一系列"可持续金融指导原则"，鼓励各部门和机构引入可持续发展指标。阿联酋证券和商品监管局也要求境内上市企业发布年度可持续发展报告。

该国的金融机构也积极推动可持续金融发展。阿布扎比伊斯兰银行通过绿色金融项目支持环保和可再生能源产业的发展。例如，为一家可再生能源公司提供了 5 亿迪拉姆的贷款，用于建设和运营一个太阳能发电站。迪拜国际金融中心通过发行绿色债券和建立绿色基金支持低碳项目和可持续产业的发展。例如，该中心 2022 年发行了总价值超过 10 亿美元的绿色债券，用于支持清洁能源、水资源管理和可持续基础设施等项目。此外，该中心还设立了一个绿色基金以投资具有社会责任感和环境友好型的项目。

十七、土耳其

（一）开发性金融机构

土耳其最常见的绿色金融形式是绿色信贷额度和开发性金融机构（DFI）发行的贷款。欧洲复兴开发银行（EBRD）和世界银行是两个主要参与者。

（1）欧洲复兴开发银行一直通过土耳其可持续能源融资机构（TurSEFF）、土耳其的中型可持续能源融资机构（MidSEFF）、土耳其住宅能效融资设施（Tu-REEFF）三个融资机构为太阳能项目融资，通过提供技术支持和便利的资金使用混合融资方法来产生可融资的项目渠道和投资组合。与 EBRD 一起，绿色基金的捐助方包括清洁技术基金（CTF）、EIB 和 JBIC。技术援助的捐助者是欧洲联盟和食典信托基金。与土耳其当地的私人银行/租赁公司合作，向最终受益人提供贷款。这三种融资设施根据其目标客户和项目规模而有所不同。到目前为止，所有融资设施都是由土耳其的斯坦泰克（Stantec）管理和实施的。

（2）世界银行在土耳其没有自己的太阳能融资设施，但它是直接融资（贷款）或私募股权的主要参与者。此外，世界银行不时与两家土耳其发展银行（土耳其发展投资银行（TKYB）和土耳其工业发展银行（TSKB））或国有银行（例如 Iller）合作提供优惠贷款。例如，世界银行曾提供 5 亿美元资金用于和土耳其 Iller 银行（专门为市政当局提供服务的开发银行）合作，专门向市政部门在"可持续城市"项目下的可再生能源和能效投资提供资金。

（二）其他金融机构

其他金融机构包括商业银行，租赁公司和参与银行在内的当地私人金融机构也开发了自己的绿色金融产品，以覆盖最终客户，如 Garanti BBVA 的"太阳能贷款"、Aklease 的"能源租赁"以及土耳其金融参与银行的"无牌可再生能源套餐"。

银行和租赁公司都积极为光伏投资融资。但是由于租赁公司在还款期内自然是设备的所有者，因此与商业银行相比，它们可能要求的抵押品更少。此外，租赁信贷额度并不会降低借款人的营运资金贷款额度，这在当前情况下极为重要。相比银行为屋顶太阳能光伏发电融资，租赁行业似乎将更加活跃。

（三）金融产品

关于从投资者筹集资金，土耳其工业发展银行（TSKB）于 2016 年 5 月发行了土耳其第一笔绿色债券，总额为 3 亿美元，期限为 5 年。该债券的发行吸引了需求的 13 倍，是国际市场上 317 家机构投资者总需求的 40 亿美元。绿色债券用于私人部门投资于气候（可再生能源和资源效率）项目以及对社会负责的项目（医疗保健、教育）项目。2019 年 8 月，Isbank 发行了第一笔价值 5000 万美元的 100% 绿色债券，期限为 10 年，将用于可再生能源、能源效率、资源效率、清洁交通、绿色建筑等。

（四）其他相关做法

作为土耳其市场的一种新商业模式，北汽福田能源公司于 2020 年 4 月推出了土耳其第一个可再生能源证书平台。该平台是与 Energy Web Foundation（EWF）共同合作并根据 I-REC 标准开发的，目的是简化和简化规模供应可再生能源。该平台旨在成为可再生能源证书的开放市场。

十八、孟加拉国

孟加拉国发布了环境和社会风险管理指南准则等，倡议发布社会责任报告，提供风险源实例，支持银行使用环境风险分析工具，鼓励金融机构采用绿色政策；孟加拉国中央银行规定金融机构应向具有绿色环保行业提供最低信贷比率，目前这一比率是 5%，并实施强制性绿色信贷配额，设置中央银行优惠再融资条款，以支持商业银行绿色信贷，并对金融机构投资棕色高碳型项目设置限额，金融机构可以将优惠转移给客户。

十九、菲律宾

菲律宾曾建立了一个绿色金融小组，制定相关的目标，推动绿色可持续发展；菲律宾中央银行也采取相关措施，包括推动气候风险管理能力的提高、将 ESG 融入相关的法律法规中、制定"最终环境评估报告"、定期开展压力测试、披露可持续性议程、及时提供科学的信息等。

二十、马来西亚

马来西亚发布了"绿色工艺融资计划"，要求将可持续发展理念纳入决策中。马来西亚中央银行和马来西亚证监会就金融业应对气候风险发表联合声明，气候变化联合委员举办会议讨论其优先事项的进展以及在马来西亚金融部门内采取合作行动以建立气候适应能力的持续举措。在发布气候变化和基于原则的分类法后，气候变化联合委员会成立 CCPT 实施小组，以支持金融机构可靠执行。此外，CCPT 为金融机构与气候风险相关的敞口分类提供一个通用框架，以支持风险评估并鼓励资金流向绿色经济。

二十一、越南

（1）为了支持绿色经济建设，越南成立了"中小型企业发展基金会"，从提供免息或低息绿色信贷着手鼓励中小型企业参与绿色项目；越南陆续颁布了《2011—2020 年国家绿色增长战略》《2021—2030 年阶段、远景展望至 2050 年国家绿色增长战略》等相关政策，为绿色金融行业创造了政策保障。并要求各信用机构促进为具有有关环保的明显目标的项目提供绿色贷款，同时鼓励善待环境的营商活动。

（2）越南先锋股份商贸银行比较早地认识到绿色信贷是全球金融银行的必然方向。近期，该银行已同全球气候合作基金签署长期合同。据此，3 年内，全球气候合作基金将向该银行提供价值为 2000 万美元的绿色贷款。

（3）多家银行加强向环保清洁项目提供资金。越南农业与农村发展银行积极参加由世界银行和各金融组织资助的多个环保项目，致力于可持续发展的沿海资源，通过与国内各金融组织签署协议，为绿色信贷项目提供资金。

（4）越南绿色信贷发展前景较为广阔，越南繁荣股份商业银行已同国际金融公司和国际信誉赞助商签署了总额为 2.125 亿美元的绿色贷款合同。这是首个绿色贷款合同，在越南绿色信贷采用全面性国际标准中起到先锋作用。

二十二、泰国

泰国曾设立国家气候变化委员会、制定了应对气候变化的战略、设立了能效循环基金、实施了一项补贴优惠计划等；TMB Bank 曾发行了绿色债券，所筹资金将用于气候项目；泰国中央银行与英国签署谅解备忘录；亚洲开发银行和能源绝对公司签署了一笔 15 亿泰铢的绿色贷款。

本节阐述了亚洲一些主要国家相关金融机构在绿色金融支持可持续发展方面的做法，包括中央银行、银行业、保险业、相关的气候风险金融产品等，通过研究分析亚洲各个国家的政策管理，以期对我国绿色金融促进可持续发展有所借鉴意义，加强我国金融机构绿色金融的可持续发展。

第三节 亚洲经验对我国绿色金融支持可持续发展的启示

气候风险对可持续发展带来的影响日益严重，加强金融机构管理气候风险的能力刻不容缓，通过研究亚洲国家金融机构绿色金融促进可持续发展的做法，归纳出亚洲经验对我国绿色金融促进可持续性发展的启示。

一、完善金融机构绿色金融管理体系

（一）健全绿色金融创新的组织机制

一方面，金融机构董事及管理层应针对气候风险战略、风险偏好、风险策略等方面统一认识、全面部署，构建与绿色发展相匹配的治理机制，增强气候风险管理的能力。另一方面，强化前、中、后部门与总分机构之间的内部合作，切实发挥好三道防线的联防联动，以实现环境和气候风险管理为双方业务战略合作创造价值。

（二）搭建气候风险预警系统平台

开发前瞻性气候风险预警平台，探索将气候风险预警功能嵌入银行数字化风控系统之中，接入相关数据与模型工具，充分挖潜和发挥其价值。运用核心技术，建立客户环境与气候风险画像和可视化管理视图，涵盖风险监测、分析、识别、预警等多个功能，实现精准监控与实时反应。加强量化分析金融数据能力，提高对极端气候发生的预测能力，提升银行风险预警能力。

（三）实现气候风险数字化治理流程的精细化管理

数字化治理的效果取决于银行的风险响应和处置速度，与银行的流程管理能力高度相关。一方面，可探索将 ESG 纳入贷前、贷中、贷后等业务全流程，建立"监测—评估—预警—治理—处置"的闭环管理流程，实现环境与气候风险的立体化全流程覆盖管理。另一方面，应从客户角度出发梳理机构的风险管理流程，精简决策链条，以数字化技术促进治理流程的标准化、自动化、精益化，实现敏捷化响应。

（四）以客户为中心推动气候风险信用修复

针对客户按照经营环境和气候风险等级进行归类与分级管理，在智能数据分析的基础上即时掌握客户风险状态变化趋势，可以给不同客户匹配不同的风险管理策略，包括客户准入、贷后监测、风险处置等，还应从多个维度整合客户环境与气候风险数据，构建统一的客户视图，以降低风险，提升风险识别的精确度和管理效能。

二、增强金融机构气候风险意识和提高绿色金融创新能力

（一）增强风险意识

一方面，金融机构人员应充分了解气候风险，将气候风险纳入机构风险管理体系，全面认识气候风险。具体可以从以下两点理解：一是深入了解气候风险的含义、途径等。二是了解不同地区的气候特点和全球气候特征，降低涉外业务风险、防范全球化风险传导。另一方面，培育员工管理气候风险意识，积极进行气候风险的宣传和培训工作，普及气候风险对金融系统产生影响，深入剖析气候风险渠道，提高机构人员对气候风险的理解，形成管理气候风险、发展气候金融的氛围。

（二）提高管理人员能力

一方面，加大金融机构人员能力的培训力度，培养一批既了解环保政策法规，又熟悉金融业务的人员，可以邀请专家对风险管理人员进行培训，也要做好相关金融人才的基础设施建设工作，储备专业人才、技术力量等。另一方面，加强与相关专业机构进行交流，密切与环保部门的联系，加强与同业、环境咨询机构以及非政府环保组织等的交流合作，提升自身气候风险管理的专业水平，加强机构管理人员能力建设。

三、完善金融机构气候风险分析方法

（一）完善气候风险分析方法

情景分析是一种受欢迎的方法，可以识别金融机构面临的气候风险因素，衡量气候风险对金融系统的影响，但是只有部分的、单一的应对气候风险方案，无法将不可预测的影响整合到金融机构内部风险管理及监管实践中，难以全面说明气候变化造成的潜在影响，其评估结果可能不足以支撑决策，所以要加强完善气候风险分析方法。

（二）创新气候风险分析方法

多数的气候风险分析方法仍然停留在初级阶段上，金融机构可在监管部门的组织和支持下加强同业交流，学习先进经验，逐步探索实践，基于国际实践经验，就未来发展方向达成共识，结合自身发展实际，利用大数据分析、高级算法等金融科技手段，不断创新、丰富环境与气候风险分析方法和风控模型工具。

四、丰富气候绿色金融相关的金融产品

目前中国主要的应对气候变化的工具包括：绿色债券、绿色基金、碳信用及衍生品、赠款等，未来可以进一步开发相关的气候投融资工具，包括气候债券、气候基金、气候保险等。

气候债券是一项需要整合各种专业、跨学科的绿色金融产品，气候债券将是气候投融资的重要工具，但气候债券的标准、指引、产品类型等是亟待完善的内容。建立气候债券市场有利于吸引细分的气候变化投资者群体投资中国具有示范效应的低碳项目，气候债券将以其更严格的程序推进和引领低碳示范性项目和资产的债务融资市场，丰富中国绿色金融工具的种类，助力实现可持续发展目标。未来气候债券品种可以进一步创新。

气候保险可分为多个类型，包括天气指数保险、巨灾险等，在气候信贷方面，气候信贷是气候投融资的重要形式。此外，还有低碳零售产品、气候适应性住房改造贷款、创新个性化金融服务等。

五、强化金融机构气候风险信息披露要求

一是增强金融机构信息披露意识，加强对气候风险信息披露的宣传，统一对信息披露重要性的共识；二是可以提高数据的可获得性和有效性，搭建气候风险分析数据库，收录相关的公共数据，探索数据指标、分类方法等；三是统一披露规则标准，我国金融机构信息披露缺少可量化的数据，缺乏统一的披露框架，且部分金融机构每年的披露标准存在差异；四是鼓励试点金融机构率先披露，产生示范效应。

六、拓展与其他机构的交流合作

加强各类型金融机构之间的合作，商业银行之间的合作可通过风险整合达到整体降低气候转型风险的目的，从而促使商行贷款业务的行业结构优化，降低其气候转型敏感行业贷款的信用风险。国有银行和股份制商业银行的合作可从以下几方面展开：一是构建统一的气候转型风险管理体系；二是共享各行业气候转型风险数据；三是完善各自气候转型风险的行业结构分布；四是开展气候转型敏感行业贷款的业务多元化合作。

本章主要探讨对亚洲国家金融机构管理绿色金融促进可持续发展的经验进行分析，期望对我国绿色金融促进可持续发展进展中的政策制定、产品创新、绿色金融体系建设及国际合作方面带来有益的启示。

第七章

非洲国家、大洋洲国家绿色金融促进可持续发展的国际经验和启示

前述两章分析了欧美和亚洲国家绿色金融促进可持续发展的经验及做法，本章旨在探索非洲及大洋洲国家在绿色金融领域的实践路径与国际合作经验，揭示这些地区如何通过创新金融工具和加强国际合作，有效应对气候变化挑战，推动经济社会的绿色转型。本书通过对五大洲具体国家案例的全面和深入的分析，为国际合作背景下绿色金融促进可持续发展提供经验启示。

第一节　非洲主要国家绿色金融促进可持续发展的做法

本节旨在剖析非洲国家在绿色金融领域的积极探索与实践，重点关注埃及、南非等代表性国家如何通过政策引导、金融工具创新及国际合作，克服气候脆弱性和资源限制，推动绿色经济的转型与发展。非洲国家虽面临诸多挑战，但仍在绿色金融领域展现出积极姿态，为可持续发展贡献力量。

一、埃及

与世界其他地区相比，非洲地区气候脆弱性明显，其大部分地区的气温上升速度快，海岸线的海平面上升速度也快。非洲面临有限的资源条件限制，需要通过其他国家从资金到能力建设上的帮助以实现气候目标。

2022年6月，埃及发布了首个国家自主贡献，承诺在外部的支持下，到2030年，电力部门减排33%（相当于7000万吨二氧化碳当量），石油和天然气部门减排65%（相当于170万吨二氧化碳当量），交通部门减排7%（相当于900万吨二氧化碳当量）。埃及现有和在建的可再生能源项目如表7-1所示。

表7-1　埃及可再生能源项目（现有和在建项目）　　单位：兆瓦

种类	政府投资项目	上网电价补贴项目	私人投资项目 （建设—拥有—运营）	总和
光伏	196	1650	1400	3246
风电	570	2258	1770	4598

资料来源：埃及新能源与可再生能源管理局（NREA）。

埃及尚缺乏系统性的绿色金融政策，其政府机构鼓励金融机构开展绿色金融实践，并在绿色债券和环境信息披露方面有部分政策建议。埃及中央银行在2021年发布了《关于可持续金融的指导原则》，其承认并将可持续金融概念定义为"银行在发放贷款或做出投资决策时考虑到气候、环境、社会和治理因素的金融或银行服务"。埃及中央银行旨在通过此项原则鼓励埃及的银行机构为绿色项目提供金融服务。

在绿色债券方面，埃及金融监管局于2018年7月批准了发行绿色债券的法律框架，旨在为新能源和可再生能源、建筑和交通领域的生态友好型项目提供资金。2019年，埃及金融监管局修正了《资本市场条例》，将管理绿色债券和伊斯兰债券发行的条款涵盖其中，并宣布将绿色债券发行费用减半。此外，埃及政府在2021年及2022年分别颁布了《主权债券法》及《主权债券执行条例》，以规范主权债券的使用和发行，为推动绿色投资拓宽道路。2023年10月16日，埃及在中东和北非发行了首笔可持续发展熊猫债，发行规模为35亿元人民币，期限为3年，成为首个发行熊猫债的非洲国家。此债券由亚洲基础设施投资银行（AIIB）和非洲开发银行（AFDB）等国际银行提供担保。埃及将利用该债券来支持包容性增长和绿色倡议，与其主权可持续融资框架保持一致。该框架重点关注清洁交通、可再生能源、能源效率、可持续水资源管理等领域的投资。这一发行将为其他非洲国家提供以有竞争力的条件获得可持续融资的机会。

在环境信息披露方面，埃及金融监管局在2021年发布了两项整合和披露

ESG 相关信息的重要决定，要求在埃及证券交易所上市的公司和非银行金融部门的公司根据 TCFD 的建议，报告与气候相关的风险和机遇。

2019 年，埃及金融监管局成立了中东和非洲地区的第一个可持续金融中心以鼓励和促进可持续投资。该中心通过向埃及公司提供第三方核查和审计，帮助投资者在开发区域市场时树立信心，还为企业提供培训、咨询和研究服务，支持绿色债券等绿色债务融资工具的发行，确保企业遵守绿色融资要求。此外，中心专家组就中心的政策和可能的合作项目提出建议，并与当地和全球可持续融资实体交流经验。

2020 年，埃及成为中东和北非第一个发行主权绿色债券的国家，发行了规模达 7.5 亿美元的债券，募集资金主要用于资助能源和交通部门的环保项目。据气候债券倡议组织统计，截至 2022 年，埃及累计发行绿色债券 8 亿美元，发行规模居非洲国家第二位。

非洲国家的可持续发展离不开国际社会的帮助。总体而言，非洲国家获得的绿色和可持续融资有限。埃及等非洲国家正在积极寻求国际社会资金技术支持，通过增信和开发性金融融资等手段开发可持续经济转型项目。为了投资绿色能源，苏伊士运河经济区于 2022 年与来自英国、印度、沙特阿拉伯和阿联酋的国际公司签署了 7 份谅解备忘录，在苏伊士省建立绿色氢气和合成氨生产设施。

2022 年 11 月，《联合国气候变化框架公约》第二十七次缔约方大会于埃及举行。参会各方借此机会达成了多项协议，如为遭受洪水、干旱和其他气候灾害重创的脆弱国家提供损失和损害资金，承诺将全球气温升幅限制在比工业化前的水平高 1.5℃的范围内，提高企业和机构组织的气候行动透明度，鼓励政府、中央银行、商业银行、机构投资者和其他金融参与者参与全球经济向低碳经济转型，根据各参与方地理、政治、文化和社会背景制订一项公正过渡计划。此外，埃及通过 COP27 与多个国际及地方组织建立合作关系。例如，欧洲投资银行与埃及政府签署了多项合作协议和意向书，宣布支持在能源、交通、水资源和农业适应等多个领域对埃及进行新的投资，并提出为国家绿色项目平台（NWFE 计划）提供资金。

二、南非

（一）发展现状

1. 政策框架与激励机制

南非作为非洲经济最为发达的国家之一，近年来在推动绿色金融方面取得了显著进展。政府通过制定一系列政策框架和激励机制，为绿色金融的发展奠定了坚实基础。例如，南非政府发布了《综合资源计划》（IRP），旨在通过停用燃煤电厂、新建风电和光伏项目等方式，推动能源结构的转型。此外，政府还实施了一系列财政补贴措施，如"可再生能源保护价格"和"可再生能源财政补贴计划"，以支持可再生能源项目的发展。

2. 绿色金融工具的创新

南非金融市场在绿色金融产品的创新方面也表现出色。随着全球对可持续投资关注度的提升，南非金融机构开始积极探索和开发绿色金融产品，如绿色债券、绿色信贷、碳资产支持票据等。这些金融工具不仅为投资者提供了多样化的绿色投资渠道，也为企业绿色项目的融资提供了有力支持。

3. 金融机构的积极参与

南非的银行业在绿色金融领域发挥了重要作用。以南非联合银行、第一兰德商业银行等为代表的大型商业银行，纷纷将绿色金融纳入其战略发展规划，通过提供绿色信贷、参与绿色债券发行等方式，支持可再生能源、节能减排等绿色项目的实施。此外，南非还涌现出一批专注于绿色金融的中小金融机构，它们凭借灵活的经营机制和专业的服务能力，在绿色金融市场中占据了一席之地。

（二）国际合作经验

1. 与绿色气候基金（GCF）的合作

南非与绿色气候基金（GCF）的合作是其在绿色金融国际合作方面的典型案例。GCF 是由联合国气候变化框架公约（UNFCCC）缔约方建立的，旨在为发展中国家提供气候融资支持。南非通过申请 GCF 的资金支持，成功实施了多个气候友好型项目，如南非开发银行（DBSA）的气候融资贷款计划（CFF）。该计划通过混合融资方法，为南非及其他非洲南部国家的低碳和气候适应性基础设施项目提供资金，有效促进了这些国家应对气候变化的能力（见表 7-2）。

表 7-2　CFF 项目基本信息

项目名称	南非开发银行气候融资贷款计划
项目实施地	南非、斯威士兰、纳米比亚、莱索托四国
执行机构	南非开发银行（DBSA）

续表

项目名称	南非开发银行气候融资贷款计划
应用领域	减缓和适应
预计的开始和结束时间	开始时间：2018 年 11 月 结束时间：2023 年 11 月
总融资规模	1.7055 亿美元
GCF 融资金额	0.5561 亿美元
预计总减排量	约 2973 万吨二氧化碳当量

资料来源：https：//www.greenclimate.fund。

2. 与中非合作论坛的合作

中非合作论坛是南非与中国在绿色金融领域开展合作的重要平台。近年来，南非积极参与中非合作论坛框架下的绿色金融合作，与中国共同推动非洲地区的绿色经济转型。例如，中非合作论坛第八届部长级会议发布的《中非应对气候变化合作宣言》，明确了双方在气候变化领域的合作方向和目标，并鼓励金融机构在落实《"一带一路"绿色投资原则》的基础上，加强气候投融资合作。通过这一平台，南非不仅获得了来自中国的资金和技术支持，还借鉴了中国在绿色金融领域的成功经验，推动了本国绿色金融的发展。

3. 与国际金融机构的合作

南非积极与国际金融机构开展绿色金融合作，共同推动全球绿色金融市场的发展。例如，南非与世界银行、亚洲开发银行等多边开发银行建立了良好的合作关系，通过联合融资、技术援助等方式，共同支持南非及其他发展中国家的绿色项目。此外，南非还与国际金融机构合作开展绿色金融标准制定和互认工作，推动全球绿色金融市场的规范化和标准化发展。

4. 跨国企业的绿色投资

南非吸引了众多跨国企业在本国进行绿色投资。这些企业凭借其在绿色技术、资金和管理方面的优势，为南非的绿色经济发展注入了新的活力。例如，一些国际能源企业通过在南非投资建设风电、光伏等可再生能源项目，不仅为南非提供了清洁的能源供应，还带动了当地就业和经济发展。同时，这些跨国企业的绿色投资行为也促进了南非绿色金融市场的发展和完善。

三、非洲其他国家及组织

（一）卢旺达：绿色基金提供 430 亿卢旺达法郎资金用于支持国家自主贡献

卢旺达绿色基金已批准 436 亿卢旺达法郎的资金，用于执行该国的气候行动计划，即《巴黎协定》下的国家自主贡献。这些项目覆盖多个领域，包括景观恢复、林业、气候适应型基础设施、湿地恢复、生物多样性保护、可再生能源和能源效率。每个项目旨在增强卢旺达在各地区的气候适应能力，减少温室气体排放，推动可持续发展。总的来说，这些投资旨在加强卢旺达应对气候变化的努力，促进更加绿色和可持续的未来。

（二）肯尼亚：将成为非洲首个发行可持续发展债券的国家

世界银行正在协助肯尼亚发行非洲首个可持续发展债券，旨在扩大该国的外部融资来源。这笔价值 5 亿美元的债券将设定可持续发展绩效目标，所得款项将用于一般预算支持。肯尼亚致力于积极推进可持续发展议程以应对全球变暖和解决社会、健康和能源挑战。该国计划探索各种融资选项，包括在国际市场发行主权债券以解决其预算赤字。可持续发展债券在全球范围内日益受到青睐，肯尼亚有望为其他非洲国家树立榜样。

（三）赞比亚：首次发行 2 亿美元绿色债券

赞比亚铜带能源公司在迪拜 COP28 气候峰会期间成功向证券交易委员会注册了一笔 2 亿美元的绿色债券。这标志着赞比亚首次推出绿色金融工具。这项绿色债券将用于支持产生至少 200 兆瓦的可再生能源项目（特别关注太阳能）。该倡议与赞比亚的绿色增长战略一致，强调资源效率、碳足迹、气候韧性和社会包容以促进可持续发展。

（四）纳米比亚：加入 NGFS 以促进绿色投资资金

纳米比亚银行在得到了 NGFS 成员的一致批准后，成为最新加入央行与监管机构绿色金融网络（NGFS）的中央银行。这一决定与纳米比亚银行最近设立专门的可持续性职能以协调其 2022～2024 年战略计划中的绿色战略一致。由于其半干旱亚热带沙漠气候，纳米比亚面临重大的气候风险，如威胁粮食安全和宏观经济的干旱灾害。通过加入 NGFS，纳米比亚旨在加强金融部门的作用，动员资金用于绿色和低碳投资，并为全球应对气候变化的努力做出贡献。

（五）泛非基金管理协会成立将专注于绿色金融

非洲内罗毕气候峰会标志着泛非基金管理协会（PAFMA）的成立，这是一个旨在聚集来自整个非洲的基金经理的新协会。PAFMA 的创始成员包括尼日利亚、肯尼亚、博茨瓦纳、加纳和乌干达的国家协会，共同管理着价值超过 700 亿美元的资产。该协会与 FSD 非洲合作成立，特别强调绿色金融以应对环境挑战。PAFMA 还旨在促进基金经理之间的知识共享、能力建设、政策倡导和网络建设，促进整个非洲大陆的就业创造和收入增长。

（六）非洲开发银行宣布投入 10 亿美元鼓励非洲青年创新气候适应和恢复方案

非洲开发银行行长宣布了一项新的 10 亿美元计划，旨在加速气候融资，以支持非洲的年轻领导企业。这项资金将支持 Youth Adapt 倡议，该倡议是该银行与全球适应中心合作的结果，鼓励非洲的年轻创业者和小企业提交创新的气候适应和恢复解决方案。在过去的两年中，Youth Adapt 已向 19 个非洲国家的 33 位年轻企业家提供了超过 150 万美元的资金。该倡议还提出了 Youth Adaptation 宣言，倡导增加年轻人在气候决策中的参与，并在 2025 年之前将适应融资翻倍。这一宣言是在内罗毕玛塔伊和平与环境研究所举行的高级代际对话活动上发布的。该研究所于 2022 年由非洲开发银行资助成立，以纪念已故的环保主义者和诺贝尔奖得主玛塔伊教授。

第二节　大洋洲主要国家绿色金融促进可持续发展的做法

大洋洲国家积极利用自身优势和外部合作，在绿色金融领域表现出色，特别是澳大利亚和新西兰。大洋洲国家的实践不仅促进了本地区的绿色经济转型，也为全球绿色金融的发展提供了宝贵经验。

一、澳大利亚

（一）绿色金融发展政策及做法

在过去的几十年里，澳大利亚政府制定了一系列政策和法规促进绿色金融的发展，包括税收优惠、财务激励措施和绿色债券计划等。澳大利亚的绿色金融市场也在不断扩大，越来越多的澳大利亚企业和金融机构利用绿色证券和绿色贷款等金融工具，积极寻求绿色发展机会。

在政策方面，澳大利亚尚缺乏来自官方明确的绿色金融战略和发展规划，部分机构对绿色金融发展战略提出了建议。澳大利亚可持续金融倡议组织在 2020 年发布了《可持续金融线路图》，提出了 37 项政策建议以在实现疫情后复苏的同时向净零、资源高效和包容的经济转型。澳大利亚可持续金融研究所也在制定澳大利亚的绿色分类方法，将参考国际上关于绿色分类法的相关做法，与澳大利亚金融系统的专家和利益相关者合作，确保分类法的国际信誉和操作性。该项目得到了澳大利亚金融监管委员会的支持。

在环境信息披露政策方面，《2001 年澳大利亚公司法》要求所有公司报告其遵守环境法规的情况以及相关指标的完成情况，推动企业更加透明地履行其环保责任。2011 年，澳大利亚养老金投资者委员会和金融服务委员会合作发布了第一版 ESG 报告指南，引导投资决策朝着绿色和社会责任的方向发展。2015 年，这两个委员会对 ESG 报告指南进行了更新，明确涉及环境、气候变化的自愿性 ESG 披露。

在碳定价方面，自 2022 年 8 月起，澳大利亚开始推动保障机制的改革。在澳大利亚，保障机制类似于碳信用机制，对其改革的目的是引入可交易的保障机制信用额度，使那些能够更容易将排放量减少到基础线以下的设施产生信用额度，并将其出售给那些更难以减排的设施，从而激励具有成本效益的碳减排。

近年来，澳大利亚更新了国家自主贡献。2022 年 9 月 8 日，澳大利亚通过了新的气候变化法案，规定到 2030 年在 2005 年的基础上减少 43% 的排放，到 2050 年实现净零排放。此外，2022 年 11 月 30 日，澳大利亚政府提出设立一个 150 亿澳元（约合 102.6 亿美元）的绿色基金——国家重建基金（NRF），支持澳大利亚的工业和经济发展，使其实现多元化和转型，并帮助其创造安全、高薪的就业机会，以确保未来的繁荣，推动可持续的经济增长。

在市场方面，绿色债券作为绿色金融市场的核心产品之一，在澳大利亚展现出持续增长的势头，而澳大利亚的绿色债券市场主要是由房地产企业带动的。自 2014 年澳大利亚斯托克兰地产有限公司和澳大利亚国民银行发行首批绿色债券以来，绿色建筑在市场中占据了重要地位，低碳建筑在绿色债券配置中占 43%。澳大利亚的州级政府也在绿色债券市场中扮演着重要角色。例如，昆士兰州、维多利亚州和新南威尔士州等地的州级政府积极参与绿色债券的发行。其中，维多利亚州在这一领域具有标志性地位，成为澳大利亚首个发行绿色债券的州级政府，同时是全球首个通过国际气候债券认证发行债券的州级或联邦政府。澳大利亚的绿色债券市场也在不断探索金融创新。2018 年，澳大利亚国民银行推出全球首个低碳共享投资组合票据，支持风能和太阳能等大型绿色能源项目建设。

在绿色信贷方面，澳大利亚西太平洋银行、澳大利亚新西兰银行集团、澳大利亚国民银行以及澳大利亚联邦银行宣布了绿色贷款资产组合将与到 2050 年实现净零排放的目标保持一致。这一举措不仅体现了金融机构在绿色发展中的责任意识，也为推动绿色金融市场的进一步发展注入了动力。澳大利亚的绿色贷款也多和绿色房屋、汽车有关，客户可以使用绿色贷款购买太阳能板和雨水箱、对房屋进行节能改造等。例如，2021 年 2 月，澳大利亚联邦银行推出了 Commbank 绿色贷款计划，帮助客户通过绿色贷款使用小型家用可再生技术设施，如太阳能电池板、电池组和电动汽车充电站。类似的金融产品还包括 Handypay 绿色贷款以及 Plenti 绿色贷款等。绿色信贷市场的兴起不仅为个人消费者提供了更多选择，也为企业和家庭提供了实现可持续发展目标的资金支持。

在绿色保险方面，澳大利亚自然灾害保险的历史可以追溯到 1974 年，当时澳大利亚财政部提交了一份关于实施自然灾害保险计划可行性的报告，该报告强调了为洪水等多种自然灾害提供保险的必要性。目前，澳大利亚的保险市场中存在涵盖风暴、洪水和火灾等自然灾害风险的保险产品。

在绿色基金方面，2008 年，澳大利亚政府发布了绿色区域基金，该基金在 4 年内为众多项目提供了总额达 1330 万澳元的资金支持，引领了绿色金融领域的发展。这些项目覆盖了多个领域，包括能源效率措施和减少温室气体排放等，具体措施包括太阳能发电、太阳能热水服务、智能计量、节能电器和照明、风力发电以及功能性绿色建筑设计等（见表 7-3）。在 2008~2012 年绿色区域基金执行期间，每年约可节省 1.33 亿升水和 8810739 千瓦时的能源，不仅有助于缓解饮用水供应的压力，还在一定程度上减少了能源使用和温室气体排放。

表 7-3　澳大利亚绿色区域基金项目清单

组织	项目	资助金额（美元）	地点
澳大利亚国立大学	面向未来的教育区	1032980	堪培拉、ACT
本迪戈地区 TAFE 学院	查尔斯顿路校园重建	724289	维多利亚州本迪戈

续表

组织	项目	资助金额 （美元）	地点
蓝山市议会	蓝山可持续发展区	1500000	新南威尔士州蓝山
CERES 社区环境公园	到 2012 年实现零排放	1150011	不伦瑞克、维多利亚
翁卡帕林加市	Woodcroft Green Precinct——图书馆和社区中心联合示范点	750000	南卡罗来纳州昂卡帕林加
永恒的清洁能源	贝加谷太阳能农场可行性研究	85067	新南威尔士州贝加
埃森登足球俱乐部	Windy Hill Green Precincts 项目	947727	维多利亚州埃森登
朗塞斯顿市议会	绿化 Inveresk 区域——实现水和能源的可持续性	788000	塔斯马尼亚朗塞斯顿
曼宁厄姆市议会	唐卡斯特山绿色市政区	1500000	维多利亚唐卡斯特
薄荷林郡	树林	1500000	华盛顿州薄荷林
悉尼海港联合会信托	悉尼海港绿色区域项目	861500	新南威尔士州凤头鹦鹉岛和北角
悉尼剧院公司	绿化码头	1200000	新南威尔士州沃尔什湾
广湾水务公司	岛不是岛——大堡礁的绿色区域	1180000	赫维湾和赫伦岛、昆士兰

资料来源：https：//iigf. cufe. edu. cn/info/1012/6410. htm。

2021 年 3 月，澳大利亚政府成立了碳捕集利用和封存发展基金，该基金作为《技术投资路线图》的一部分，旨在为商业化前的碳捕集与封存项目提供高达 2500 万美元的资金支持。同年 11 月，澳大利亚总理启动了低排放投资基金，该基金规模达 10 亿澳元（约合 7. 38 亿美元），旨在支持各类低排放技术，包括碳捕集和封存技术。这一举措旨在填补市场中存在的技术型企业融资缺口，为那些被认为风险较大的技术项目提供资金支持，进一步促进澳大利亚绿色金融市场的发展。

在碳定价方面，2012 年 7 月，澳大利亚开始实施碳税，但于 2014 年废除了碳税计划，并取消了原定于 2015 年开始逐步建立碳排放交易机制的计划。澳大利亚废除碳税计划后，通过引入碳信用来推动减排工作。2015 年，澳大利亚通过《碳信用（碳农业倡议）法案》，创建了基于碳信用的减排基金———一项自愿的碳抵消计划。这一计划不仅有助于减少碳排放，还为土地所有者、社区和企业提供了机会，开展碳信用项目，避免碳泄漏，从而在更广泛的范围内推动绿色发展。2021 年 7 月的碳信用价格从每吨 22. 00 美元上升到了 2022 年第二季度的每吨 35. 10 美元。更引人注目的是，2022 年上半年，澳大利亚碳信用单位在二级市场上的交易量创下了新纪录，达到了 870 万笔，超过了 2021 年上半年交易量的 3 倍。

2024 年 6 月 19 日，澳大利亚财政部发布了可持续金融路线图，旨在改革金融市场，促进向零碳经济转型。主要举措包括从 2025 年起要求大中型企业进行强制性气候相关报告，计划在 2024 年底前制定可持续融资分类框架，并预计在 2027 年推出可持续投资标签制度。该路线图还涉及应对洗绿问题，增强监管能力以应对气候相关金融风险。

（二）国际合作

1. 可持续金融倡议或平台

在政府相关机构参与的可持续金融平台上，澳大利亚审慎监管局（APRA）和澳大利亚储备银行（RBA）都参与了中央银行与监管机构绿色金融网络（NGFS）和巴塞尔委员会气候相关金融风险工作组（TFCR）中，其中澳大利亚储备银行于 2018 年 7 月加入中央银行与监管机构绿色金融网络（NGFS），通过建立分析框架以评估经济和金融系统与气候相关的风险，来了解气候变化如何影响货币政策框架和目标，同时也是将绿色可持续因素融入自身运营。2022 年 12 月，澳大利亚政府财政部正式加入国际可持续金融平台（IPSF）。

金融机构参与的可持续金融倡议方面，截至 2021 年 12 月 31 日，澳大利亚有 4 家企业签署可持续保险倡议原则（PSI），5 家企业签署了责任银行原则（PRB），签署负责任投资原则（PRI）的企业有 257 家。2016 年 9 月悉尼证券交易所加入了可持续交易所倡议（SSEinitiative），而后 2017 年 5 月澳大利亚证券交易所加入该倡议，以利用可持续证券交易所平台提高透明度，进一步在市场中实现合乎道德和可持续的行动。此外，澳大利亚还有 133 家企业加入气候相关金融信息披露工作组（TCFD），仅 2021 年便新增了 52 家企业组织。

2. 双边合作

在双边合作方面，澳大利亚主要与如新加坡、印度尼西亚、巴布亚新几内亚的亚太地区开展能源转型和气候适应等绿色金融合作。

澳大利亚和新加坡通过发起双边绿色经济协议（GEA）为两国塑造可持续的未来，旨在向绿色经济转型和应对气候变化挑战的同时，改善当地社区的生计，减少环境商品和服务贸易的壁垒，以及加快采用低碳和绿色技术、低碳和可再生能源以及脱碳生产过程来实现这一愿景。澳大利亚与印度尼西亚发表联合声明表示在绿色经济和能源转型方面取得进一步合作，通过支持可负担得起的低排放技术项目，加强印度尼西亚地区温室气体减排、清洁能源、能源效率、环境可持续性等相关的绿色经济举措，以及发展区域能源贸易和碳市场，绿色金融和公私合作来促进两国绿色经济转型。

自 2016 年以来，澳大利亚已向巴布亚新几内亚提供了约 2 亿美元的双边气候变化和抗灾支持，包括可持续的资源管理、清洁能源项目、环境保护等方面。同时，巴布亚新几内亚还受益于澳大利亚的一系列区域和全球气候变化投资，提高了应对气候变化风险的能力。例如，澳大利亚太平洋第二阶段气候和海洋支持计划（COSPPac）（2330 万美元，2018~2022 年）以支持巴布亚新几内亚气象局提供气候和海洋监测和预测服务；澳大利亚太平洋基础设施融资机构（AIFFP）也为巴布亚新几内亚的第一个公共太阳能发电场提供资金。建成后该发电场将成为太平洋地区最大的太阳能发电场之一。

3. 多边合作

在多边气候基金方面，澳大利亚融资贡献对比于其他发达国家来说有限。以贡献规模来看，其中具有代表性的是澳大利亚承诺在 2015~2018 年向绿色气候基金提供 1.39 亿美元资助，以支持发展中国家以可持续的方式发展经济并帮助它们适应气候变化，但是在 2018 年 12 月澳大利亚停止了对绿色气候基金的资助。而澳大利亚在全球环境基金的态度上更为积极。2014~2018 年，澳大利亚向全球环境基金（GEF）捐款 6500 万美元，为印度—太平洋地区提供了一系列赠款，2022 年 6 月向全球环境基金第八次增资（2022~2026 年）追加了 5500 万美元（见表 7-4）。

表 7-4　澳大利亚各项基金的气候融资贡献（截止到 2022 年 1 月）

项目名称	气候融资贡献（现价：百万美元）	占比（%）
绿色气候基金（GCF-IRM）	187.3	1.84
清洁技术基金（CTF）	86.3	1.59
森林碳伙伴基金—碳基金（FCPF-CF）	18.4	2.10
森林碳伙伴基金—准备基金（FCPF-RF）	23.9	5.12
森林投资计划（FIP）	35.3	4.79
全球环境基金（GEF5）	26	2.25
最不发达国家基金（LDCF）	43	2.54

续表

项目名称	气候融资贡献（现价：百万美元）	占比（%）
气候韧性试点计划（PPCR）	33.4	2.91

资料来源：https://iigf.cufe.edu.cn/info/1012/6410.htm。

在多边开发银行方面，澳大利亚政府通过向世界银行集团的国际开发协会（IDA）捐款，支持亚太地区的经济发展。澳大利亚还是亚洲基础设施投资银行的创始成员，作为第六大股东在 5 年内向亚投行出资 7.38 亿美元。2020 年，澳大利亚政府承诺在 2021~2024 年为亚洲开发基金（ADF）增资 4.23 亿美元，是此次增资的第二大捐助国。

二、新西兰

（一）中央银行发布金融机构气候风险指南

新西兰中央银行发布了新的指导方针以指导金融机构管理气候风险，涵盖了物理和转型风险。这些指导方针由新西兰储备银行（RBNZ）提供，允许公司自行决定如何将其应用于其业务模式。它强调了将气候风险整合到整体风险管理框架中的重要性，包括治理、战略、风险管理以及指标和目标。指导方针鼓励金融机构进行气候情景分析和压力测试，制定气候过渡计划，并确保有足够的金融资源来应对气候风险。此外，新西兰储备银行建议使用各种数据指标来了解气候变化对业务运营的影响。

（二）承诺向东南亚提供气候资金

新西兰承诺向亚洲开发银行的能源转型机制（ADBETM）提供 4100 万纽元（2500 万美元）的气候资金以支持东南亚地区减少全球温室气体排放并实现向清洁能源的转型。该举措旨在结合公共和私人资金，加快淘汰或重新利用化石燃料发电厂，推动更清洁、可再生的能源取代。最初，这项投资将重点放在印度尼西亚、菲律宾和越南上，动员大量公共和私人资金用于清洁能源转型，同时确保转型过程的公平和公正。新西兰成为能源转型机制信托基金的第三个融资合作伙伴，紧随日本和德国之后。

（三）与贝莱德将推出 12.2 亿美元气候基础设施基金

新西兰政府与贝莱德合作，推出总值 20 亿新西兰元（约合 12.2 亿美元）的气候基础设施基金，旨在投资太阳能、风能、绿色氢能以及电池储能技术。贝莱德的董事长兼首席执行官拉里·芬克将其视为其规模最大的单一国家低碳投资计划，支持新西兰能源结构向可再生能源的转变。新西兰政府和贝莱德于近期的一份联合声明中对外宣布了该基金，但并未提及具体推出时间。新西兰能源部长表示，该基金将加速新西兰减排，有望推动新西兰成为世界上首批提供完全可再生电力系统的国家之一。

三、大洋洲其他国家

（一）巴布亚新几内亚：成立绿色金融中心以应对气候风险

巴布亚新几内亚银行、国家规划部和财政部指导下设立的金融包容卓越中心（CEFI）在其莫尔兹比港办公室成立了首个绿色金融中心，这标志着巴布亚新几内亚应对气候变化风险和促进可持续发展迈出了重要一步。该中心将提供员工培训、技术援助以及创新的绿色贷款产品等支持服务。绿色金融中心的建立为包括包容性绿色政策和分类法在内的倡议提供了专门的实践平台。

（二）斐济：制定绿色分类和 ESG 标准

斐济储备银行（RBF）与国际金融公司（IFC）正在与澳大利亚政府的支持下合作制定该国的绿色分类标准。该分类标准旨在明确定义绿色资产，促进对斐济绿色项目的增加投资。RBF 和 IFC 还将 ESG 标准纳入斐济金融市场运营，并鼓励企业和金融机构采用气候风险管理标准。新的标准和分类体系将与斐济承诺在 2050 年实现零净排放的目标保持一致。尽管斐济是最低碳排放国家之一，但由于海平面上升和极端天气影响使其在面对气候变化方面较为脆弱，制定绿色分类体系和整合 ESG 标准将支持斐济的气候适应工作，为该国创造可持续的未来。

（三）太平洋岛国：中央银行签署绿色普惠金融路线图

斐济、巴布亚新几内亚、萨摩亚、塞舌尔、所罗门群岛、汤加和瓦努阿图 7 个太平洋岛国的中央银行，已签署纳塔多拉路线图，旨在加强在气候脆弱环境下推动绿色普惠金融（IGF）的合作。该路线图专注于推动太平洋地区绿色金融能力建设，整合资金和专业知识，并推动金融领域技术的应用。路线图强调了根据各国不同能力和人口需求量身定制的零净排放公正转型。作为太平洋岛国区域倡议（PIRI）Plus 的一部分，该路线图在 2017 年沙姆沙伊赫协议基础上建立，旨在将环境因素整合进宏观经济框架，促进可再生能源和气候适应技术的发展。

第三节　非洲、大洋洲绿色金融促进可持续发展的经验启示

基于前两节的分析与比较，本节提炼非洲与大洋洲国家绿色金融实践的宝贵经验，为我国及全球绿色金融的未来发展提供方向性指导与实践路径。

一、政策制定与激励机制

我国应继续完善国家自主贡献目标，细化各行业、各地区的绿色发展目标，形成自上而下的政策引导机制，确保绿色金融政策与可持续发展目标相衔接。此外，进一步完善绿色金融政策体系，包括制定绿色金融发展规划、出台绿色金融标准、建立绿色金融激励机制等，为绿色金融发展提供坚实的政策保障。同时，应加大对可再生能源等绿色项目的财政补贴和税收优惠力度，激发市场活力。

二、绿色金融工具创新

我国应继续鼓励金融机构创新绿色金融产品，丰富绿色金融市场供给。可以借鉴国际经验，发展绿色债券、绿色基金、绿色保险等多种绿色金融工具，满足不同投资者的绿色投资需求。加大对金融科技在绿色金融领域的研发和应用力度，利用科技手段提升绿色金融服务的便捷性和智能化水平。同时，应建立绿色金融科技标准体系，保障绿色金融科技的安全性和可持续性。

三、市场机制建设

在碳交易市场方面，我国应加快全国碳交易市场建设步伐，完善碳排放权交易制度和管理体系。通过碳交易市场的价格发现功能，引导企业减少碳排放、增加绿色投资。同时，应加强与全球碳交易市场的连接和互动，推动碳交易市场的国际化发展。

在绿色信用体系方面，我国应加快绿色信用体系建设步伐，建立覆盖全社会的绿色信用信息共享平台。通过收集、整理和分析企业、个人等主体的绿色信用信息，为金融机构提供绿色信贷、绿色保险等绿色金融服务的决策依据。同时，

应加强对绿色信用信息的监管和管理力度，确保绿色信用信息的准确性和可靠性。

四、环境信息披露与透明度

我国应加强对企业环境信息披露的监管和管理力度，要求企业按照国际标准和规范披露环境信息。通过提高环境信息披露的透明度和可比性，帮助投资者和金融机构更好地评估企业的环境风险和绿色投资价值。

在绿色金融标准方面，我国应积极参与国际绿色金融标准的制定和修订工作，推动国内外绿色金融标准的互认和衔接。同时，应加快建立和完善国内绿色金融标准体系，明确绿色项目的界定标准、绿色金融工具的评价标准以及绿色金融服务的操作规范等，为绿色金融市场的健康发展提供有力支撑。

五、绿色金融体系构建

我国应进一步丰富绿色金融市场的参与主体，鼓励更多类型的金融机构和投资者进入绿色金融市场。特别是要加大对中小金融机构的支持力度，引导其积极开发绿色金融产品，服务中小企业和农村地区的绿色发展需求。同时，应鼓励社会资本设立绿色产业投资基金，支持绿色项目的孵化和成长。

此外，绿色金融涉及环保、金融、财政等多个领域，需要跨部门协同推进。我国应建立健全绿色金融发展的跨部门协同机制，加强环保、金融、财政等部门之间的沟通与协作。通过制定跨部门政策协调机制、信息共享机制和联合监管机制等，确保绿色金融政策的有效落地和实施。同时，应加强对绿色金融发展的监测和评估工作，及时发现问题并采取措施加以解决。

六、公众教育与意识提升

企业在推动绿色金融和可持续发展中扮演着重要角色。我国应加强对企业绿色责任意识的培养和引导，鼓励企业积极履行社会责任，将绿色发展理念融入企业发展战略中。通过制定绿色供应链管理、实施绿色生产技术等措施，降低企业环境影响并提升绿色竞争力。同时，应鼓励金融机构和企业开展绿色金融产品的推广和宣传活动，引导公众积极参与绿色投资和绿色消费。

七、国际合作与交流

我国应积极参与国际绿色金融合作，加强与发达国家和发展中国家的交流与合作，共同应对气候变化挑战；可以通过双边或多边合作机制，引进国外先进的绿色金融理念和技术，提升我国绿色金融的国际竞争力；应充分利用国际融资平台，如国际债券市场、多边开发银行等，发行绿色债券或获取绿色贷款等融资支持。同时，应加强与国际金融机构的合作，推动绿色债券等绿色金融产品的国际化进程。

第八章

中国绿色金融行动及国际比较

本章以不同金融机构为视角进行划分，分别阐述了我国发展绿色金融的行动与探索，包括中国人民银行、商业银行、保险业以及其他金融机构，较为全面地展示了中国近年来在绿色金融领域的发展与成果。同时将我国绿色金融实践与欧美、亚洲、非洲及大洋洲等地的国家和地区进行比较，分析不同国家与地区各自的特色与创新，既展现了绿色金融在国际的多样化发展，又表现出绿色金融促进可持续发展全球合作的重要性。

第一节　我国发展绿色金融的主要做法

本节从不同金融机构的视角对我国绿色金融体系的发展进行论述，顺应我国绿色金融体系脉络，清楚地展示了近年来中国积极应对气候风险变化做出的贡献和成果。

一、我国中国人民银行

（一）逐步把气候变化风险纳入宏观审慎政策框架

中国人民银行将持续加强对绿色金融保障和支持的力度，通过设定碳减排支持工具等激励机制，向符合条件的金融机构持续提供低成本的资金支持，支持金融机构为具有显著碳减排效应的重点项目，提供优惠利率融资，撬动更多的社会资金促进碳减排。这表明了中国人民银行正在将气候变化风险纳入宏观审慎政策框架。

（二）组织开展对金融机构的气候风险压力测试

中国人民银行近年来建立完善的绿色金融政策体系，修订绿色分类标准，推进气候和环境相关信息披露，动员市场资金支持绿色转型，推动中国绿色金融市场快速发展。中国人民银行正组织开展对金融机构的气候风险压力测试、设计碳减排支持工具的情况。

（三）不断强化碳市场功能

运用金融的力量推动碳定价机制建立完善并高效运行。碳排放权交易是以市场化方式控碳减排的重要途径。作为全球碳排放权最大供应国，我国碳市场发展前景广阔，但离建设成一个成熟的碳市场还有很长的路要走。要充分发挥碳市场在碳减排过程中的资源配置、风险管理和价格发现的作用，加强对全国碳市场的金融支持必要且紧迫。

（四）加强财政政策与货币政策的协同配合

近年来，我国财政部门持续加大对可再生能源及相关产业、节能环保、钢铁和煤炭等行业过剩产能化解等多个领域的支持力度，不断夯实绿色发展基础，财政政策在应对气候变化中发挥了重要作用。而货币政策与财政政策同为碳达峰、碳中和"1+N"政策体系的重要组成部分，应该也能够在支持新能源产业发展、传统高碳行业转型、气候风险防范等方面协同配合，携手推进碳达峰、碳中和目标如期实现。

二、我国商业银行

（一）将气候风险纳入风险战略管理

近年来，中国银行业由中国人民银行牵头、从头部银行开始逐渐将气候风险纳入风险战略管理，如中国银行制定的《绿色金融发展规划》、中国工商银行制定的《本行风险管理规定》、交通银行制定的《交通银行 2020 年授信与风险政策纲要》等都体现了各个商业银行正在逐渐将气候风险纳入风险战略管理。

（二）开展气候压力测试

在中国人民银行的指导下，多家银行开启了气候压力测试，但我国的气候压力测试仍在起步阶段。目前中国银行、中国工商银行、中国建设银行、兴业银行对气候压力测试有明确披露，其中中国工商银行、中国建设银行走在气候压力测试的前端。以中国建设银行为例，建行本次开展的专项环境风险压力测试选择了环境风险高、业务量较大的化工行业和火电行业。化工行业情景设计根据环投效果划分为低、中、高三档压力水平，计算企业未来因环保要求提升会带来的成本增加比例，以此为依据施压。火电行业情景设计分为"全面减排""碳达峰"提前和"碳中和"提速等轻度、中度、重度 3 个压力情景，对火电行业客户的财务成本、信用评级及风险加权资产等指标进行施压分析。测试结果显示，化工行业客户信用风险的影响总体可控，客户评级下降较少且幅度较小，火电行业客户财务状况受碳交易因素的影响最为明显，但风险整体可控。

（三）增加气候相关金融产品供给

中国银行将以国内商业银行为主体，持续创新绿色信贷、绿色债券等产品，支持绿色产业加速发展、高碳行业减碳控排、棕色行业转型升级。发挥全球化经营优势，加快境外绿色产品创新，不断扩大绿色债券全球服务优势，支持全球，尤其是共建"一带一路"国家的绿色低碳建设。发挥综合化经营优势，不断开发绿色保险、绿色租赁、绿色基金、绿色投资产品，为客户提供"一揽子"绿色金融服务。

（四）披露气候相关信息

我国共有 6 家银行支持 TCFD，分别是中国银行、中国工商银行、中国建设银行、交通银行、华夏银行、中国邮政储蓄银行。在中国人民银行和 TCFD 的指导下，这些银行每年披露气候相关信息，增强透明度，主动接受社会公众监督。

三、我国保险业

（一）将气候金融风险纳入保险风险管理

我国保险业针对产品开发、核保、理赔、产品管理、准备金评估、再保险管理等各个环节，建立保险风险管理制度及工作流程，持续研究和监控全球气候变化风险（全球气温上升、极端气候灾害等），施行特定的气候金融风险管理措施，实现保险产品的合理气候风险定价，以及承保过程中的风险管控和规避，努力应对并减轻气候金融风险对业务的影响。

（二）推动发展气候相关保险产品及投资

我国保险机构发行了一些应对气候风险的保险产品，如中国平安保险针对由于环境责任、环境事故、气候灾害以及气候条件变化带来的财产损失等而设计的气候保险，包括灾害险、环境污染责任险、林业险、野生动物保险。同时在金融资产投资中根据每家公司的环保表现，考虑能源转换效率、公司治理和环境破坏风险等相关细节，对高碳行业客户进行严格的承保和投资限制，努力确保清洁能源和新能源行业在投资和承保业务方面的持续增长。

（三）进行气候风险披露

中国保险金融机构仅有两家支持 TCFD，分别是中国人寿保险和中国平安保险，每年披露气候相关数据。其中中国平安保险加入了"气候行动 100+"，走在中国保险业气候风险管理前列。其他保险公司也在气候方面做出了一些努力，如中国人民保险和中国气象局签署战略合作框架协议，以提升我国气象灾害风险综合管理水平。

四、我国其他金融机构

（一）建立碳金融体系

目前，中国已有 7 家主要的碳排放交易所，分别为广州碳排放权交易所、深圳排放权交易所、北京环境交易所、上海环境能源交易所、湖北碳排放权交易所、天津排放权交易所和重庆碳排放权交易所。在中国等发展中国家尚不承担有法律约束力的温室气体限控义务的情况下，这些碳排放交易所希望推动自愿减排。

（二）使用气候金融产品工具

我国证券市场在应对气候变化、碳中和和碳达峰方面做了很多创新和尝试，主要有证券市场气候主题指数、气候基金和 ETF、气候绿色债券、绿色房地产 REITs、绿色基础设施基金等，但在国际中还处于落后地位。

（三）进行气候风险披露

我国除银行业、保险业之外的金融机构进行气候金融风险披露的较少。在我国资产投资管理机构中，仅有 8 家加入了 TCFD，每年进行气候相关信息的披露。

第二节　我国与欧美国家绿色金融做法比较

本节通过对比我国与欧美地区国家在绿色金融领域的实践与举措，更直观体现出双方在发展进程上各自的优点和不足之处，对我国绿色金融发展提供宝贵的借鉴意义。

一、中央银行做法比较

我国中央银行和欧美国家中央银行在气候风险管理方面都将气候风险管理纳入了宏观审慎政策框架，对金融机构进 NGFS 法结合分析气候金融风险，以更准确地评估气候金融风险。在气候金融政策方面，我国政府对绿色金融给予正面支持，如政府与担保机构、保险机构等金融机构合作，形成"政银担""税融通"等合作模式，降低绿色信贷风险，保障绿色中小企业权益，有利于绿色金融的稳定发展。在气候风险披露方面，我国中央银行虽然鼓励金融机构披露气候风险信息，然而披露气候信息的金融机构数量与我国的国际地位尚未匹配。

二、银行业做法比较

我国银行业与欧美国家银行业都把气候金融风险纳入风险管理战略，在中央银行的指导下进行气候风险评估以及气候风险信息披露，并增加了气候相关金融产品供给。在气候风险评估方面，我国只有头部 4 家银行进行了气候压力测试，与其他欧美国家领先水平仍有差距。在气候金融产品方面，我国银行业的气候金融产品主要为气候信贷产品，与国际广泛合作，如绿色信用卡、节能减排固定资产贷款等，与欧美国家差距不明显。在气候金融风险披露方面，我国有 8 家银行支持 TCFD，进行年度气候相关信息披露，与欧美国家对比处于领先水平，但在各个银行官网上缺少气候风险的直观信息。

三、保险业做法比较

我国保险业与欧美国家保险业均在中央银行的带领下把气候金融风险纳入了风险管理体系，推行气候相关保险产品，在资产管理上注重向气候友好企业投资，并进行气候相关信息披露。在气候保险产品方面，美国推出了旅游气候保险、服装气候保险，英国推出了降雨保险、下雪保险，我国有地震巨灾保险，但气候保险产品类别相对单一，气候保险产品渗透率相对较低，气候保险产品覆盖面相对较低。如表 8-1 所示，以 2019 年为例，我国保险密度和保险深度与主要欧美国家相差甚远，还有很大的上升空间。在气候金融风险披露方面，我国仅有 2 家保险机构支持 TCFD，与欧美国家对比较少，我国保险机构的气候相关信息披露与我国经济地位不匹配。

表 8-1　2019 年中国与主要欧美国家总保险对比

国家	保险密度	保险深度
中国	430	4.3
英国	4362	10.3
美国	7495	11.4
法国	3719	9.2
加拿大	3548	7.7

资料来源：中国银保监会年报。

四、其他金融机构做法比较

在气候金融产品方面，我国气候相关期权期货金融产品等还处于开发阶段，创新性较弱，且与欧美一些国家相比，我国没有专门的碳交易所。在气候相关信息披露方面，以资产投资管理行业来说，我国仅有 8 家公司加入了 TCFD，远远低于欧美国家，还需要加强气候相关信息披露的推广。

第三节　我国与亚洲国家绿色金融做法比较

本节将亚洲国家绿色金融领域的发展与我国进行比较，归纳总结出亚洲不同经济体之间绿色金融发展的异同，通过归纳总结各自优劣，为不同国家和地区未来绿色金融发展提供了多样化的指引与经验借鉴。

一、中央银行做法比较

（一）我国中国人民银行的做法

根据花旗银行的评估结果，我国气候风险的压力处于中等水平，但是有低估的可能性，相较于一些发达国家的气候风险管理，我国还没有形成合理的气候风险管理框架，需要加大力度研究探索出气候风险的合理出路。

近年来，中国人民银行不断提升绿色金融管理能力和风险控制能力。中国人民银行加大对应对气候的金融支持，发布了绿色金融标准，为引导和规范金融机构环境披露工作、创设和推广环境权益融资产品，提供了有力支撑。

2016 年，中国人民银行发布了指导意见，其内容是关于构建绿色金融体系；2017 年以来，中国人民银行发起成立 NGFS，代表中国参加了 IPSF，建立了多个绿色金融改革试验区；2021 年初，中国人民银行提出将更多的资源，投向于气候变化对金融系统的影响问题，鼓励支持金融机构进行气候风险管理，逐步将气候风险纳入宏观审慎框架，且已实际行动，开展了气候风险压力测试研究，中国人民银行计划推出碳减排支持工具；2021 年制定了《绿色金融评价方案》①。

（二）各国中央银行做法比较

1. 绿色金融政策

不同经济体的绿色金融政策有着不同的表现方式（见表 8-2）。印度实施的是绿色定向再融资计划，为支持绿色低碳项目的金融机构提供更多资金；孟加拉国实施强制性绿色信贷配额，对金融机构投资棕色高碳项目设置限额；日本实施绿色金融方案，向金融机构提供零利率贷款；越南提供免息或低息绿色信贷，为绿色信贷项目提供资金；我国绿色信贷投向较为集中，主要投向在绿色交通运输和绿色能源领域，并逐步走向多元化。综合来看，发展中国家或新兴经济体对绿色货币政策承担的职能更多，较多国家实施直接的信贷政策来对金融机构进行直接支持或约束。

表 8-2　亚洲地区相关绿色金融政策对比

亚洲主要国家	指引纲领	评估认证	风险管理	信息披露	政策效果
中国	√	√		√	√
孟加拉国	√	√	√	√	√
印度	√	√		√	
印度尼西亚	√	√		√	
日本	√	√	√		√
韩国	√	√		√	√
马来西亚	√	√			
新加坡	√	√	√	√	√
泰国	√			√	

资料来源：参考整理。

---

① 资料来源：人民银行官方网站。

2. 宏微观审慎工具

我国香港对部分银行开展气候风险试点压力测试，并在外汇储备中纳入绿色因素；我国的做法是进行综合评价考量，将评价结果纳入 MPA；菲律宾定期开展气候风险分析，把环境因素融入相关的法规当中；日本中央银行在开展量化宽松货币政策时，并未考虑绿色因素。

二、银行业做法比较

（一）我国银行业做法

1. 政策性银行做法

中国进出口银行发行了绿色金融债，还建立了环保风险退出机制；中国农业发展银行在贷款时将环保因素作为重点，对有严重环境污染的企业，实行"一票否决制"。综合来看，政策性银行的参与度较低，还未建立起与绿色金融气候金融相匹配的机制。

2. 商业银行所采取的手段

在执行绿色信贷的方法上，商业银行普遍采取"一票否决制"对环境污染严重的企业；各大银行都出台了企业社会责任报告，增加了管理气候风险的相关信息，监测披露绿色信贷的推进情况。

兴业银行在绿色金融方面处于国内领跑地位，采纳"赤道原则"，采用风险分担机制，开发了节能减排融资项目，成立了可持续金融中心；中国邮政储蓄银行动态监测评估气候风险；中国工商银行对不符合规定的企业不发放贷款；交通银行把客户分为红、黄、绿三大类，进行分类管理；浦发银行设计了一系列的绿色金融产品；中国建设银行建立了一票否决制度。

（二）银行业做法比较

日本政策性银行将环境评级融入融资程序，商业银行以此评估和监督企业，以此降低投资风险；印度银行推出绿色住房方案等；韩国银行设立绿色基金、绿色融资计划、绿色存款账户等；孟加拉国银行曾发布了"环境风险管理指引"等；越南一些银行已同全球气候合作基金签署长期合同，为绿色信贷项目提供资金。

相同点是很多亚洲国家银行将环境评级、环保评估纳入贷款融资主要程序中，关注环境气候因素；制定绿色信贷政策和方法；在信息披露方面考虑了企业的社会责任，并且积极与国际标准接轨；各家银行认识到全球气候合作的重要性，并加强相关气候风险方面的交流。

不同点是每个国家的发展状况和气候变化不同，导致很多具体的政策实施方面有所区别，如我国商业银行制定的绿色信贷政策多集中于制定信贷投放业务与范围的指引上，韩国根据国情比较早地提出绿色新政政策等。

三、保险业比较

中国保险业发展水平和其他国家保险业发展水平有较大区别，气候变化造成金融风险的机理也有所不同。总体来说，气候保险可以分散气候风险、减少灾害损失，但我国的气候保险业还处在初级阶段，存在保险品种少、赔付率低、覆盖率低等问题。

与其他国家相比，中国保险密度与保险深度较低。在保险深度方面，韩国在10%左右，日本在9%左右，而中国为4.3%，这表示中国保险业对气候变化风险特别是物理风险覆盖率较低，赔付的损失规模可以控制。

中国险种结构不均匀，财产险在其中比重较低，虽然可降低物理风险赔付损失，但也相应地加剧气候相关物理风险的保障缺口。中国人身险业务仍以传统寿险为主，长期储蓄作用强，意外伤害险和健康险等与长期气候变化相关的险种，虽近两年发展较快，但整体规模不大，仍有很大的发展空间。

气候灾害发生具有偶然性、突发性，但造成的损失较为严重，保险赔付高，因此保险业需要计提充足的准备金，而提取准备金需进行历史数据模拟，中国目前历史数据缺乏，可能导致气候风险模拟和预估不足，相关保险产品定价不合理等问题。

表 8-3　2019 年中国与其他国家总保险对比

国家	保险密度	保险深度
中国	430	4.3
日本	3621	9.0
韩国	3366	10.8
印度	78	3.8

资料来源：中国银保监会年报。

四、相关金融创新比较

（一）我国金融创新

自我国承诺碳排放达峰、碳中和以来，气候金融产品不断发展创新，包括气候保险、绿色信贷、气候债券等。兴业银行推出了"8+1"融资服务模式、能源效率贷款、排放权金融服务等；招商银行开发了如绿色设备买方信贷、节能公司专项贷款等；证交所推出碳中和债券；上交所推出了可持续发展指数。

2011 年，我国启动七个碳排放权交易试点区域，2013 年，碳排放市场陆续上线交易，2017 年、2020 年、2021 年都陆续发布碳排放相关方案，2021 年，全国碳排放市场上线交易，这是我国在气候金融方面的一大进步，也是重要的制度创新。

（二）其他国家金融创新

新加坡金融管理局开发了"绿色债券津贴计划""可持续债券资助计划"等；马来西亚推出了"绿色工艺融资计划"，还发布了 F4GBM 指数，包括 ESG 实践等；韩国推出了"太阳能开发设施基金贷款""绿色认证基金""LOHAS卡"等；中国香港成立了可持续及绿色交易所；印度尼西亚开发了社会责任指数；日本推出了环保事业补贴等。

通过与亚洲各个国家绿色金融促进可持续发展做法进行对比，发现较为创新性的政策，希望有益于我国金融机构管理气候风险，由于我国与亚洲各个国家气候相近，因此亚洲其他国家的相关做法对我国有很大的借鉴意义，通过我国与其他亚洲各个国家的做法比较，完善我国金融机构的气候风险管理机制，促进金融系统的稳定发展。

第四节　我国与非洲及大洋洲国家绿色金融做法比较

本节将我国绿色金融实践与非洲、大洋洲国家进行对比分析，旨在发现这些国家各自的优势及经验，为进一步优化我国绿色金融政策与实践提供参考。

一、政策框架与激励机制

近年来，我国绿色金融政策体系不断完善，初步建立了以绿色信贷、绿色债券、绿色保险、绿色基金等为主体的绿色金融产品和服务体系。政府通过一系列政策文件，如《关于构建绿色金融体系的指导意见》，明确了绿色金融的发展目标和任务。同时，政府还通过税收优惠、财政补贴、绿色信贷再贷款等政策工具，激励金融机构和企业参与绿色投资。

非洲和大洋洲国家的绿色金融政策相对滞后，但部分国家也取得了显著进展。例如，埃及、南非等国家通过制定绿色金融政策框架，引导金融机构和企业参与绿色投资。埃及中央银行发布了《关于可持续金融的指导原则》，南非政府则发布了《综合资源计划》等政策文件，推动能源结构转型和可再生能源项目的发展。然而，整体来看，非洲和大洋洲国家的绿色金融政策体系尚不完善，缺乏系统的激励机制。

二、绿色金融工具的创新

我国在绿色金融工具创新方面走在前列，绿色债券、绿色信贷、绿色保险、绿色基金等绿色金融产品层出不穷。绿色债券市场规模不断扩大，成为全球第二大绿色债券发行市场。同时，绿色信贷也取得了显著成效，商业银行积极推出绿色信贷产品，支持节能减排和可再生能源项目。

非洲和大洋洲国家在绿色金融工具创新方面有一些进展。南非的金融机构开始积极探索和开发绿色金融产品，如绿色债券、绿色信贷等。然而，这些绿色金融工具的种类和规模相对有限，难以满足绿色投资的巨大需求。此外，非洲和大洋洲国家的绿色金融市场发展也相对滞后，且市场流动性不足，限制了绿色金融工具的创新和发展。

三、金融机构的参与

我国金融机构在绿色金融领域的参与度较高，商业银行、保险公司、证券公司等金融机构纷纷将绿色金融纳入其战略发展规划。商业银行通过提供绿色信贷、参与绿色债券发行等方式，积极支持绿色项目的发展。同时，保险公司也推出了绿色保险产品，为绿色项目提供风险保障。

非洲和大洋洲国家的金融机构在绿色金融领域的参与度相对较低。虽然部分国家的大型商业银行开始涉足绿色金融业务，但整体上金融机构的参与度和积极性不高。这主要受到当地金融市场发展水平的限制和绿色金融政策的不完善等因素的影响。

四、国际合作与交流

我国在绿色金融国际合作方面取得了显著成效，积极参与全球绿色金融标准制定和互认工作。同时，我国还通过共建"一带一路"倡议等国际合作平台，推动绿色金融产品和服务的国际化和跨境流动。此外，我国还与其他国家和地区开展绿色金融合作，共同推动全球绿色金融市场的发展。

非洲和大洋洲国家在绿色金融国际合作方面，虽然部分国家与国际金融机构和发达国家开展了一定的绿色金融合作，但整体上合作层次和水平较低。这主要受到当地金融市场发展水平的限制和绿色金融政策的不完善等因素的影响。此外，非洲和大洋洲国家在国际绿色金融标准制定和互认方面也相对滞后。

通过比较可以看出，我们需要进一步强化国际协作的标准体系、优化监督管理制度并探索新的策略，进而提升我国的绿色金融实力。通过深化对绿色金融的国际沟通与合作，建立一套通用的且广泛接受的绿色金融规范，促进资金、科技和信息在可持续发展领域的自由流通，以此达成绿色金融支持可持续发展的重要目标。

第九章

开放合作框架下绿色金融促进
可持续发展的实证分析①

金融机构如何通过绿色转型金融促进双碳转型、推动经济可持续发展？本章运用跨国面板数据，首先构建经济可持续发展指标，然后通过面板回归模型分析，发现金融机构贷款的碳排放强度与经济可持续发展之间呈显著负相关。对经济发展水平的异质性检验结果显示，相对高收入、OECD 与发达经济体，贷款的碳排放强度降低对经济可持续发展的促进作用在低收入、非 OECD 或发展中经济体上更显著。研究结论对中国实现"双碳"转型、绿色金融促进经济可持续发展提供了实证依据和决策参考。

第一节　引　言

温室气体排放和全球气候剧烈变化对金融与经济可持续发展构成严重挑战。2021 年第 26 届联合国气候变化大会指出，全球气候形势进一步恶化，平均气温持续攀升，各地极端气候事件频繁发生。瑞士再保险公司的数据显示，全球仅2022 年上半年自然灾害就造成总额高达 720 亿美元的经济损失。为应对由于温室气体排放增加带来的气候变化和灾害，各国已陆续制定了碳减排计划和措施。我

---

① 本文曾以《金融机构贷款碳排放强度对经济可持续发展的影响研究》为题发表于 2022 年第 9 期的《保险研究》中，作者任再萍、孙永斌、施楠。

国也提出了"2030 碳达峰、2060 碳中和"的气候行动目标，把"双碳"目标纳入生态文明建设整体规划，承担起应对全球气候变化的责任。

我国在"十四五"规划纲要中明确指出，"发展绿色金融""降低碳排放强度""推进碳达峰、碳中和"是加快推动绿色低碳发展和实现经济转型的重要内容。长期以来，中国高速增长的资本主要为间接融资，特别是商业银行等金融机构的贷款，承担了中国资本形成的重任（李扬，2020）。因而在中国金融系统当前路径下，控制金融机构贷款的碳排放强度是通过融资约束来控制污染行业的投资和扩大，是促进相关行业绿色转型、实现经济可持续发展的强有力手段。如何引导信贷机构朝着绿色转型事关"碳达峰、碳中和"目标的实现，降低金融机构贷款的碳排放强度对实现经济可持续发展的作用值得深入研究。

国际货币基金组织（IMF）定义贷款的碳排放强度为金融机构调整碳足迹的贷款与贷款总额之比，是将金融机构对各行业的贷款乘以相应的碳排放因子，进行加总后除以贷款总额作为衡量贷款碳排放强度指标。本书使用 IMF 贷款碳排放强度指标数据，通过实证分析金融机构的贷款碳排放强度对经济可持续发展的影响效应，并借鉴实证研究结论提出我国利用金融机构贷款碳排放强度来推动经济可持续发展的相关政策建议。

第二节　文献综述

随着世界范围内气候变化问题的日趋严重，金融机构气候风险管理如何促进经济可持续发展相关问题已经成为国内外学者的研究重点和焦点，资金流向对经济可持续发展具有直接的作用，经济发展有以下两种路径：保护自然环境下的可持续发展或者以破坏自然环境谋取发展。基于 Romer（1986，1990）的研究经济学家把生态环境纳入新增长理论，生态创新是实现经济可持续发展的不竭源泉，而生态创新是由技术创新推动的，技术创新来自人力资本的提升，实现这一切需要金融支持和制度创新，也受制于一个国家所处的发展阶段。基于此，所以本书不仅对经济可持续发展、贷款碳排放强度方面的研究进行综述，同时把绿色金融体系、金融发展、科研投入、教育投入及环保政策等方面与经济可持续发展的关系也纳入综述。

一、关于经济可持续发展方面

经济可持续发展的概念起源于可持续发展，早在 1980 年就出现了可持续发展的相关概念，之后 1987 年世界环境与发展委员会对可持续发展给出定义[①]：既满足当代人的需要，又不损害后代满足他们自己需要的能力。Bovenberg 等（1995）在 Romer 模型基础上将环境因素引入生产函数。Meadows（1998）提出："可持续发展是一种源自一个高度复杂的系统长期进化的社会建构，在这个系统中，人口数量和经济发展能够融入生态系统和地球的生物化学过程之中。"Kates 等（2001）对可持续发展内涵进行了全面论述。Grimaud 等（2003，2005）将环境污染和不可再生资源引入新熊彼特模型，来研究环境与经济增长的关系。Miller 等（2014）对可持续发展科学在"后发展时期"的意义和价值进行深入研究并提出相应建议。Ziolo 等（2020）指出，经济发展通常与温室气体排放量的增加有关，探讨在减少温室气体排放的情况下实现可持续的经济和金融发展。Getvoldsen 等（2018）讨论了气候变化与可持续发展之间的关系并给出了相关建议。

在 2015 年 9 月联合国大会上，第 70/1 号决议宣布了 17 个可持续发展目标（Sustainable Development Goals，SDGs），是实现所有人更美好和更可持续未来的蓝图。目标提出了我们面临的全球挑战，包括与贫困、不平等、气候、环境退化、繁荣以及和平与正义有关的挑战，第 8 个指标是关于经济可持续发展目标——促进持久、包容和可持续的经济增长。Williams 等（2004）指出，人类需求与自然资源供应能力之间存在不匹配的情况（即环境悖论）。为了克服这种不匹配，需要减少需求或提高地球的供应能力，也可以通过实现可持续发展进程来沟通二者关系（张晓玲，2018）。曾珍香（2001）、范金（2003）讨论了协调发展与可持续发展的关系，从不同视角提出了可持续发展系统的协调模型。

黄群慧（2022）研究认为协调可持续发展是实现共同富裕的必由之路，要以协调可持续发展理念为指导推进区域、城乡、产业的均衡发展。

可以看出学者对经济可持续发展的研究维度是非常广泛的，但核心都是环境保护与经济发展的协调统一。

[①] World Commission on Environment and Development. Our Common Future [R]. Oxford：Oxford University Press，1987.

二、关于绿色贷款及度量方面

与气候相关的金融风险可能会增加借款人的金融脆弱性，进而对贷款人产生影响，并最终对整个金融体系产生影响。因此，对于金融部门发放贷款的碳排放强度衡量显得至关重要。Guan 等（2017）提出了贷款的碳排放强度这一指标，并以此为基础研究发现贷款的碳排放强度大小对银行的不良贷款率有积极影响。Faiella 等（2022）进一步对意大利商业贷款的碳含量进行了分析，研究发现2018 年意大利金融体系的敞口占银行总资产的 8% ~ 10.2%。Teubler 等（2020）讨论了测量金融机构碳足迹的方法论，并基于德国 GLS 银行进行的一项科学案例研究介绍了一种创新方法，用于量化银行资产中有关贷款的温室气体排放。Schoenmaker（2021）提出了一种将欧洲中央银行（ECB）资产和抵押品框架倾斜到低碳资产的方法，可将欧洲中央银行公司和银行债券投资组合中的碳排放量减少超过 50%，而不会过度干扰货币政策的传导机制。Fatih 等（2019）认为全球气候剧烈变化需要 IMF 与国家政府、环境相关的组织相互协作以支持具有弹性的经济发展模型，从而实施绿色能源的全球路线图，以此实现碳排放的减少。马俊（2021）指出如果数据显示碳足迹每年都在下降，这能显现出一个向碳中和方向发展的轨迹。如果我们不知道贷款或投资方面的碳足迹，就无法规划碳中和。可以看出到目前为止，对贷款碳排放强度重要性、测度方法等方面研究得比较多，而对量化分析贷款碳排放强度影响的研究还较少。

三、绿色投融资与经济可持续发展

Marcel（2001）分析全球 34 个大银行的绿色金融水平，得到银行业发展会极大地促进环境保护和经济可持续发展的结论。Anbumozhi 等（2016）认为气候投资必须大幅增加，通过改变能源结构和实现净零排放，实现向环境可持续世界的转型。Piñeiro-Chousa 等（2021）、Kanamura（2020）从绿色债券的表现和投资者的观点，对绿色债券和石油商品之间相关性水平的演变、绿色债券和清洁能源存量之间随时间变化关系等方面进行研究。Palea 等（2020）研究指出绿色债券市场是一个具有更大透明度的固定收益市场，它促使降低碳风险，进而降低债务成本，确保了《巴黎协定》的气候目标。Lee 等（2022）认为气候融资的减排效果在发达国家和小岛屿发展中国家更为显著（Scandurra et al.，2020）。严湘桃（2009）借鉴国外开展环境污染责任保险的做法和经验，进一步探讨了我国如何建立环境污染保险制度，对实现经济可持续发展具有重要意义。陈志国等（2014）指出我国养老基金应坚持绿色投资为导向，渐进实现养老金绿色投资和经济可持续增长的良性互动。王遥等（2015）、文书洋等（2021）、金祥义等（2022）研究认为绿色金融就是用金融手段实现环境保护和生态文明建设，从而促进经济高质量发展。刘锡良等（2019）通过研究发现金融机构的信贷决策是提升经济发展质量的关键所在，绿色金融是未来金融业发展的重点方向。邬彩霞（2021）、高睿等（2022）、宁杨（2022）等从气候风险管理、绿色转型等角度提出实现经济的高质量增长和可持续发展政策建议。可以看出，对绿色投融资体系的研究涉及金融的各个领域、不同国家、不同领域。

四、金融发展与经济可持续发展方面

学者从不同角度研究金融发展对经济可持续发展的影响。雷蒙德·W. 戈德史密斯（1990）认为金融发展能够优化资源配置，实现经济结构优化。Scholtens（2017）提出金融机构应该积极面对社会所面临的环境压力，建立新的符合环境发展的金融市场。Aydin 等（2020）提出了三个能力强度阈值点；超过这些点，金融发展会影响二氧化碳排放。Shahbaz（2012）探讨了能源强度、经济增长、金融发展和二氧化碳排放之间的关系。结果表明，金融发展降低了二氧化碳排放。Nakhooda 等（2014）指出金融方面的国际合作可以帮助发展中国家在经济发展和环境恶化之间进行权衡。马婧等（2020）通过对上海等 7 个试点地区进行实证研究发现金融、经济低碳化有助于促进产业结构升级。林伯强等（2021）认为可再生能源初期建设及后期运营过程中均需要来自金融领域的资金支持才能可持续发展。马丽梅等（2022）通过机制检验发现金融发展主要通过提高可再生能源技术创新水平、缓解间接融资约束影响可再生能源，进而推动可持续发展。学者在金融发展与经济可持续发展方面的结论基本一致，经济绿色转型需要金融发展的支撑。

五、其他因素与对经济可持续发展

Saint 等（2019）研究认为经济发展水平对可再生能源产生正向影响，从而促进可持续发展。Lin 等（2019）发现低收入国家有更高的能源强度和更高的碳排放量。Rai 等（2015）指出发展中国家利用气候融资存在许多障碍，限制了其对技术吸收能力和绿色发展进程。Zamana 等（2017）、Han 等（2022）研究认为政策及公共支出在环境问题和社会经济可持续发展中是非常必要的。Marcela 等（2022）认为欧洲联盟越来越重视通过环境政策来确保可持续发展要求。解维敏等（2011）认为企业研发需要长时间可持续稳定的投资，外部融资缓解企业创新投入的资金风险。马艳等（2010）、柳建平等（2011）、向国成等（2018）认为加大研发投入可以调整和优化技术结构，是实现可持续发展的关键因素。

作为人力资源的度量指标（Schultz，1961），教育被认为是经济可持续发展的重要决定变量之一。教育投入的水平越高，其带来的知识溢出效应就越显著，社会的技术进步也就越快，是经济发展过程中的重要载体之一。罗良清等（2013）、潘苏楠等（2020）研究认为教育投入的增加不仅可以直接促进经济可持续发展，还可以通过培养科技人才来改变人力资本结构，进而实现产业结构升级，推动经济可持续发展。

学者对于国家收入、环保政策及教育、科研投入方面的研究为本书控制变量的选择提供了理论依据。

六、已有文献评述

对已有研究进行梳理发现，学者对经济可持续发展的研究已经有半个多世纪，从可持续发展的内涵以及科技、产业、政策等方面进行研究的比较多，进入21 世纪以来，学者对绿色投融资体系、金融发展在推动气候风险管理、生态环境及经济可持续发展中的作用研究比较多，但专门把贷款碳排放强度纳入经济可持续发展中、进行专门研究却不多，这正是本书研究的价值所在。贷款碳排放强度的计算源自 Guan 等（2017）的研究结果，联合国采用了这篇文章方法并对提供相关数据的国家发布每年的贷款碳排放强度数据，所以直接运用贷款碳排放强度指标探索其与经济可持续发展关系的文章比较少。可以说 Guan 等（2017）的研究结果以及联合国贷款碳排放强度指数的发布对本书的研究起到很关键的作用，同时其他经济学者关于经济可持续发展以及金融发展、国家收入、环保政策及教育、科研投入等方面的研究对本书变量的选取及构建也奠定了基础。

经济以什么样的方式发展取决于人们的选择（Michael Parkin，1989），在经济可持续发展中资金如何分配至关重要，贷款是一个重要的资金运用方式，贷款的发放具有一定的产业导向性，所以本书把贷款的碳排放强度和经济可持续发展联系起来进行研究。本书认为贷款是企业发展过程中非常重要的资金来源，目前中国的信贷结构也不断朝着绿色产业、高端制造业等行业倾斜，这些领域的信贷增速远高于贷款平均增速，体现出金融服务实体经济绿色转型需求，所以本书在设定被解释变量为经济可持续发展的基础上，把自变量设定为金融机构贷款碳排放强度，借鉴前人在金融发展、研发及教育投入、环境政策等方面的研究成果，把其设定为控制变量，通过对贷款碳排放强度与经济可持续发展关系的国际面板数据分析，为中国绿色转型及实现"碳达峰、碳中和"目标提供经验及政策借鉴。

第三节　理论分析与研究假设

基于对经济可持续发展与金融机构绿色信贷理论分析，提出具体假设。

一、绿色信贷对经济可持续发展具有促进作用

经济可持续发展是对传统经济学纯粹以 GDP 衡量发展的修正，是经济学理论的重大发展，也是经济发展从数量向质量转变的关键。在传统的 GDP 概念和核算中，忽视了发展过程中对生态环境造成的损害，对环境的破坏、资源的消耗所造成的负面影响及损害成本没有考虑在内。而经济可持续发展理论要求把任何环境污染、不可再生资源损耗等因素都要纳入 GDP 核实中，损害成本要在 GDP 中予以扣除。皮尔斯（1989）认为，经济可持续发展应该是社会公平、经济发展、环境保护的平衡与统一。为实现经济可持续发展目标很关键的一点就是要改变对投资的评价方式，一个项目只有在符合环保要求、对当代人产生效益的同时也能使后代人得到益处的情况下，这一项目才可以得到批准和实施。贷款碳排放强度指标正是评价投资项目是否存在损害后人利益的一个指标，可以说贷款碳排放强度控制是促进经济可持续发展的一个重要因素。

金融机构发放贷款到各行业，而各行业使用贷款资金开展业务、进行投资，均会带来碳排放。加总金融机构发放到各行业的贷款碳排放，就能够衡量金融机构贷款的碳排放情况。现有研究已对如意大利（Faiella et al.，2022）、德国（Teubler et al.，2020）等国金融机构贷款碳排放进行研究。Guan 等（2017）提出了贷款的碳排放强度这一指标，并以此为基础研究贷款的碳排放强度与银行不良贷款率的关系。

贷款碳排放强度如何影响经济可持续发展？总体来说，金融与生态环境保护、经济可持续发展之间存在"建设性合作"关系，绿色金融能够促进全球环境改善进而促进经济可持续发展，而金融系统也需要具备抵抗环境风险的弹性（Scholtens，2017）。

从绿色投资的角度看，狭义的绿色投资指在低碳、气候应对、环境生态保护方面的投资。增加气候投资、改变能源结构、实现净零排放，无疑是向环境可持续世界转型的最直接方法（Anbumozhi et al.，2016）。通过创新金融模式、产品、机制与监管等金融手段，可以引导资金流向生态环境保护领域，促进实现环境保护和生态多样化（王遥等，2015）。

金融机构信贷决策能够显著影响经济质量，因而根据企业社会责任理论，发展绿色金融、合理承担环境责任是中国金融机构未来发展的重要方向（刘锡良等，2019）。

从供给侧理论看，供给体系质量决定了我国经济增长的质量，进而决定了我国经济发展方式的转变以及经济的可持续发展。但金融业过度偏离为实体经济融资服务的本质，虚拟经济无法有效支持实体经济发展，是实体部门提升供给质量面临的问题之一（黄群慧，2017）。金融机构减少贷款碳排放强度，是通过金融部门提高供给质量，促进可持续发展的保障。

从产业升级的角度看，无论是新能源产业发展，还是传统产业的低碳化，均离不开金融支持。可再生能源项目从初期建设到后期运营过程中，均需要大量资金支持（林伯强，2021）。现有跨地区实证证据也显示，金融低碳化对产业升级有促进作用（马婧等，2021）。

除贷款外的其他金融业务也存在相似理论预期。以养老基金为例，应坚持投资导向，通过积极的资产配置，实现养老基金绿色投资与经济绿色发展的良性互动（陈志国等，2014）。而固定收益产品如绿色债券市场，能发挥其市场化优势，帮助市场参与者管理气候风险，降低债务成本（Palea et al.，2020）。环境污染责任保险在环境生态保护方面也发挥了积极作用。基于以上相关理论，我们以贷款碳排放强度来度量银行的绿色贷款，提出本书的第一个假设：

假设1：贷款碳排放强度的降低对经济可持续发展具有促进作用。

二、国家发展阶段与收入水平影响绿色信贷对可持续发展的促进效应

环境库兹涅茨曲线理论假设污染与国家的发展水平呈倒U型关系。对于高收入国家来说，其经济发展水平更高，工业化基本已经实现，而且污染行业大部分已经转移到其他国家，因经济发展而产生的工业化污染较低。与高收入国家相比，低收入国家碳排放量与能源强度更高（Lin et al.，2019）。同时，国内数据也显示环境效率与工业发展水平之间也存在倒 U 型关系（袁鹏等，2011）。"污染天堂"理论将低收入国家高污染问题归咎于监管缺失，贸易与分工形成低收入国家和地区以自然环境换增长的发展模式，往往为了短期利益牺牲了经济可持续性（冯志轩等，2019）。因而对低收入国家，减少贷款碳排放强度有望对经济可持续发展带来更大的促进作用。

此外，发达经济体与发展中经济体金融体系存在较大差异，金融影响可持续发展的机制也不尽相同。例如，发达经济体侧重碳交易市场建设，特别是碳排放相关衍生品市场较为有效（Ibikunle et al.，2016），而且从投资者角度更重视企业社会责任以及投资者的主动性。而金融创新并非发展中国家优势，更适合通过金融监管、绿色金融政策等手段（苏冬蔚，2018）。以绿色融资为例，发展中国家利用气候融资存在许多障碍，限制了其对技术的吸收能力和绿色发展进程（Rai et al.，2015），因此气候融资的减排效果在发展中国家的作用更为显著（Lee et al.，2022）。基于以上分析，我们提出本书的第二个假设：

假设2：贷款碳排放强度的降低对经济可持续发展的促进作用在不同的经济发展水平下存在差异，对低收入国家、发展中经济体及非 OECD 经济体的促进效应更显著。

第四节 变量选择、数据来源与实证模型

一、被解释变量

经济可持续发展是一种新的发展观，且具有丰富的内涵，是经济增长和可持续的统一，经济可持续发展的度量指标应该涵盖发展和可持续的多个方面，能体现内涵和现实因素相结合的综合指标，如经济增长、产业结构、城镇化程度、能源消费、金融普及性等。为了保证结果的稳健性，本书参考 Ziolo 等（2020）的研究，用以下五个方面来衡量经济可持续发展，分别是：调整颗粒物排放损失后

的净储蓄率①（以下简称净储蓄率，ANS）、经济增长（GDPPC）、工业发展水平（Industry）、城镇化水平（Urban）、可再生能源能耗（RenewE），分别反映了可持续发展、经济发展、工业发展水平、城镇化水平以及可再生能源发展五个方面的内容。此外，本书还进一步借鉴 Sarma（2012）的研究，在其他数据难以获得的情况下，以每 10 万人 ATM 数（ATM）作为金融服务普及性的代理变量。最后，使用全局主成分分析法（GPCA）将六个单一指标合成为表征经济可持续发展（ESD）的综合指标。

二、解释变量

根据 Guan 等（2017）的研究结果，银行的绿色信贷政策有助于社会减排目标的实现，据此提出了贷款碳排放强度指标。本书选取 IMF 发布的调整碳足迹贷款与总贷款之比这一指标作为核心解释变量来衡量贷款碳排放强度（CIL）②。CIL 是将 45 个特定行业的国内贷款乘以相应的碳排放因子之后进行加总③，再除以国内贷款总额的结果。该指标用于衡量银行、信用合作社或抵押贷款公司等金融机构所发放贷款的行业生产造成的排放水平，即贷款的碳排放强度。该指标为负向指标，其数值越高则贷款的碳排放强度越大。

---

① 调整颗粒物排放损失后的净储蓄等于国民净储蓄加上教育支出，减去能源枯竭、矿产枯竭、森林净枯竭以及二氧化碳和颗粒物排放损失。

② 其计算公式为：$CIL_t=\frac{\sum_j Y_{jt}\times q_{jt}}{\sum_j Y_{jt}}=\frac{\sum_j Y_{jt}\times \frac{z_j}{x_j}\times (I-A)^{-1}}{\sum_j Y_{jt}}$，其中 Y_{jt} 是由经合组织划分的 45 个行业的国内贷款，q_{jt} 是相应的碳排放因子，$\frac{z_j}{x_j}$ 是燃料消耗强度产生的碳排放量，$(I-A)^{-1}$ 是世界投入产出系数表的里昂惕夫逆矩阵（投入产出系数）。

③ 45 个特定行业包括：①农业、狩猎、林业；②渔业、水产养殖；③采矿、采石、能源生产产品；④采矿、采石、非能源生产产品；⑤采矿支持服务活动；⑥食品、饮料、烟草；⑦纺织、纺织产品、皮革、鞋类；⑧木材、木材和软木制品；⑨纸制品、印刷；⑩焦炭、成品油；⑪化学及化工产品；⑫药品、医药化学和植物制品；⑬橡胶及塑料制品；⑭其他非金属矿产品；⑮基本金属；⑯金属制品；⑰计算机、电子、光学设备；⑱电气设备；⑲机械设备；⑳机动车、挂车及半挂车；㉑其他运输设备；㉒制造设备；㉓电力、燃气、蒸汽和空调供应；㉔供水；㉕建筑；㉖批发和零售业；㉗陆路运输和管道运输；㉘水运；㉙航空运输；㉚仓储和支持运输活动；㉛邮政和速递活动；㉜住宿和食品服务活动；㉝出版、音像和广播活动；㉞电信；㉟信息技术和其他信息服务；㊱金融和保险活动；㊲房地产活动；㊳专业、科学和技术活动；㊴行政和支援服务；㊵公共行政和国防、强制性社会保障；㊶教育；㊷健康和社会工作活动；㊸艺术和娱乐；㊹其他服务活动；㊺家庭作为雇主的活动，家庭自用的无差别商品和服务生产活动。

三、控制变量

考察贷款碳排放强度对经济可持续发展的影响需要考虑其他因素，根据经济可持续发展理论进化过程中经济学家的贡献，比如，Romer（1986，1990）的知识外溢模型、Lucas（1988）人力资本外部性模型，还有"AK"模型中考虑内生增长中政府支出问题等理论。参考刘思华（1997）、黄茂兴和林寿富（2013）的观点，在影响经济可持续发展的因素中起到直接的、长期的、重要作用的因素是资本、劳动、技术、体制和生态，以及在经济可持续发展过程中，资本积累、环境的消耗及管理、再生能源的使用、技术研发和人力资本等因素发挥的作用。

基于以上理论及研究，本书模型中加入四大类控制变量来考察控制其他因素后贷款碳排放强度对经济可持续发展的影响。分别为环保管理、科技、教育和金融发展。环保管理用环保支出和环境政策，科技用研发投入，教育用教育投入，金融发展用金融开放和金融结构（金融结构具体为银行贷款和资本市场）。四类控制变量具体为如下 7 个指标：

（一）环保支出

现有理论认为，环保支出对污染治理与气候变化具有直接与间接作用。环保支出除了直接提升环境治理，还通过建设环保基础设施、促进环保技术发展、引导社会投资方向等渠道提升环保水平。以温室气体排放为例，实证证据显示环境保护方面的政府支出可以有效地降低温室气体排放（Huang，2018）。本书选用政府环保支出的总额来衡量环保支出。

（二）环境政策

环境政策的实施在缓解气候变化，实现经济可持续发展方面具有不可或缺的作用，是重要的政策工具。以中国为例，环境污染机制从由世界向中国转变为由东部向西部时，相应的环境政策也需要与之相适应（林伯强，2014）。本书借鉴 Wang 等（2022）的方法，使用与环境有关的税收占 GDP 的比重来衡量环境政策。

（三）研发投入

创新驱动理论认为，面临资源环境等约束下，通过创新才能实现长期可持续发展。创新成为克服中等收入陷阱，促进"新常态"下经济可持续发展的主要驱动力。现有理论大多数支持实现可持续发展与发展模式转变以及打造创新制度环境之间的必然性。具体无论是对环境保护、产业升级而言，还是对城市化而言，创新与技术升级是提升特定领域发展的必由之路。以减排为例，Wang 等（2020）通过对金砖国家的实证研究发现，研发支出的增加可以减少碳排放，促进经济发展。本书以研发投入占 GDP 比重衡量一国的研发水平。

（四）教育投入

舒尔茨（1960）提出的人力资本理论，主要贡献表现在提高人口质量方面对经济可持续发展的作用上。教育是提高人口质量的重要途径，教育从环保意识的养成、环保科技人才培养、技能和智力开发、提高劳动效率等渠道，以基础性、先导性、全局性服务经济可持续发展。Liao L 等（2019）研究了教育投入和可持续发展的关系，发现教育投入的增加显著促进了可持续发展。基于此，本书选择各国人均教育投入（EDU）来表示。

（五）金融开放

金融开放理论蕴含以下两个方面：一是资本账户的开放；二是金融市场的准入（吴晓求，2022）。无论是从提升金融系统效率角度，还是从吸引国外先进资本角度，金融开放都将促进经济增长。但"谨慎派"观点认为，金融开放无疑将加剧国内受到的国际资本流动的冲击，影响经济稳定性与安全性。现有理论认为，金融开放的利弊取决于发展水平、储蓄率、资本流入情况、金融体系健全程度等因素。本书使用 Chinn-Ito 指数（Chinn et al.，2008）来衡量一国的金融开放程度。

（六）银行贷款

金融结构是影响金融稳定性的重要因素之一，不同的金融结构下，资源配置能力、风险管理能力以及信息处理能力各不相同，因而对经济实现可持续发展产生的作用也不同。金融结构可分为"市场主导型"和"银行主导型"两种，分别考察银行与资本市场对金融结构的影响。借鉴 Demirgüç-Kunt 等（2002）的做法，使用商业银行贷款占 GDP 的比重作为银行方面的度量指标（Loans）。

（七）资本市场

资本市场的稳定发展是影响金融结构的重要因素，更是实现经济可持续发展的重要基础。本书采用 IMF 提出的（Svirydzenka，2016）金融市场可获得性指数（Cap）来衡量资本市场。该指标反映了资本市场的发展情况。

具体的变量定义如表 9-1 所示。

表9-1 变量定义与测度

类别	变量名称	变量定义	测度方法	单位
被解释变量	经济可持续发展（ESD）	调整颗粒物排放损失后的净储蓄率（ANS）	调整颗粒物排放损害后的净储蓄/GNI	%
		经济增长（GDPPC）	人均GDP	美元
		工业发展水平（Industry）	工业增加值/GDP	%
		城镇化水平（Urban）	城市人口/总人口	%
		可再生能源能耗（RenewE）	可再生能源消耗量	艾焦耳
		金融服务普及性（ATM）	每10万人ATM数	台
解释变量	贷款碳排放强度（CIL）	调整碳足迹贷款占比	"存款人"调整碳足迹贷款/贷款总额	吨 CO_2/亿美元
	环保支出（EPS）	环保支出总额	政府一般环保支出	百万美元
	环境政策（EP）	环境税收占比	与环境相关的税收/GDP	%
控制变量	研发投入（R&D）	研发投入占比	研发投入/GDP	%
	教育投入（EDU）	人均教育投入	教育投入/总人口	美元
	金融开放（FO）	金融开放程度	Chinn-Ito指数	1
	银行贷款（Loans）	银行贷款占比	银行贷款余额/GDP	%
	资本市场（Cap）	资本市场发展	金融市场可获得性指数	1

注："存款人"指各国银行、信用合作社或抵押贷款公司等金融机构。单位为1表示无量纲。

上述变量中，调整颗粒物排放损失后的净储蓄率（ANS）、人均GDP（GDP-PC）、工业增加值占比（Industry）、城市人口占比（Urban）四个变量来自世界银行世界发展指标数据库（WDI），可再生能源能耗（RenewE）来自BP世界能源统计年鉴（BP Statistical Review of World Energy）与世界银行数据库，金融服务普及性（ATM）与调整碳足迹贷款占比（CIL）来自IMF数据库，环保支出（EPS）来自WIND数据库，研发投入（R&D）和教育投入（EDU）数据来源为WDI，环境税收占比来自经合组织（OECD），银行贷款（Loans）数据来自国际货币基金组织FSA数据库，资本市场（Cap）来自IMF数据库。衡量金融开放（FO）的Chinn-Ito指数来自提供该指数的网站①。经济可持续发展用主成分分析法合成，教育投入进行了人均化处理，个别国家教育投入数据缺失，通过Wind

① http：//web. pdx. edu/~ito/Chinn-Ito_ website. htm.

与 IMF GFS 补充了缺失国家的样本，其他数据均为原始数据。相关变量的描述性
统计如表 9-2 所示。

表 9-2　描述性统计

变量	样本数	均值	标准差	最小值	最大值	中位数
经济可持续发展	307	-1.82e-09	0.803	-2.125	1.702	-0.161
贷款碳排放强度	307	2.543	1.787	0.305	12.81	2.037
环保支出	307	313503	1.827e+06	0	2.560e+07	2249
环境政策	307	2.169	1.087	-0.310	4.637	2.336
研发投入	307	1.353	0.853	0.0847	3.705	1.152
教育投入	307	12.984	8.907	1.102	44.577	10.352
金融开放	307	1.687	1.058	-1.226	2.322	2.322
银行贷款	307	76.565	54.566	21.201	347.842	56.437
资本市场	307	0.392	0.281	0.010	1	0.397

从标准差来看，大部分数据较为平稳，但环保支出的波动性较大，原因在于
各个经济体的发展水平不同，进而导致其政府在环保方面的支出存在较大的差
异。此外，经济可持续发展和金融开放的最小值均为负值，前者表明该经济体的
经济可持续发展水平较低，后者则是说明其资本账户开放程度低，即金融开放程
度较低。金融开放的中位数和最大值相同，均为 2.322，这是因为样本中有较多
发达经济体金融开放指数统一为最高值。资本市场和环境政策的数据较为平稳，
均值和中位数相近，分布较为对称。

本书选取 2005～2018 年 33 个经济体[①]为研究样本，基于考虑环境生态因素
的新增长理论及众多经济学家关于经济可持续发展的理论与实证研究，构建以下
基准模型来实证检验贷款碳排放强度对经济可持续发展的影响：

$$\ln ESD_{i,t} = \beta_0 + \beta_1 \ln CIL_{i,t} + \gamma C_{i,t} + \mu_i + \eta_t + \varepsilon_{i,t}$$

其中，$\ln ESD_{i,t}$ 是被解释变量经济可持续发展取对数的结果；$\ln CIL_{i,t}$ 是核心
解释变量贷款碳排放强度取对数的结果；$C_{i,t}$ 是控制变量，包括环保支出、金融

---

① 这些经济体包括：比利时、保加利亚、哥斯达黎加、克罗地亚、塞浦路斯、捷克共和国、丹麦、
爱沙尼亚、芬兰、法国、德国、希腊、中国香港、匈牙利、冰岛、印度尼西亚、爱尔兰、意大利、日本、
哈萨克斯坦、韩国、拉脱维亚、立陶宛、马耳他、荷兰、波兰、葡萄牙、斯洛伐克、斯洛文尼亚、西班
牙、瑞士、突尼斯、土耳其。

开放、研发投入、环境政策、教育投入、银行贷款以及资本市场，均取对数处理；μ_i 是经济体固定效应；η_t 是时间固定效应；$\varepsilon_{i,t}$ 是随机误差项。

第五节　实证结果与分析

本节通过基准模型、异质性分析、稳健性检验等实证分析，对绿色信贷对可持续发展的效果进行多维度分析。

一、基准模型

在基准回归中，对于自变量、因变量以及控制变量都进行了对数处理，基于全样本检验贷款碳排放强度对经济可持续发展的影响，具体结果如表 9-3 所示。列（1）是控制经济体固定效应但未控制时间固定效应的结果，列（2）是进一步控制了经济体、时间双向固定效应的结果。

表 9-3　基准回归与异质性分析

| 变量 | lnESD（经济可持续发展） | | | | | |
| | 基准回归 | | 异质性分析 | | | |
	（1）经济体效应	（2）双向效应	（3）高收入组	（4）低收入组	（5）OECD	（6）非OECD
lnCIL（贷款碳排放强度）	-2.2650 **	-1.9390 *	-0.6889	-2.2508 **	-1.1541	-1.6467 ***
	(-2.0865)	(-1.9905)	(-0.8821)	(-2.8736)	(-1.1549)	(-3.8122)
lnEPS（环保支出）	0.0075	0.0009	0.0021 *	-0.0110	0.0032	-0.0416
	(1.1145)	(0.3712)	(2.0671)	(-0.6331)	(1.6213)	(-1.3696)
lnEP（环境政策）	0.0663	-0.0234	0.0184	-0.0537	0.0900	-0.1348
	(0.9678)	(-0.3278)	(0.3950)	(-0.7660)	(1.2777)	(-1.4795)
lnR&D（研发投入）	6.0254	-1.5668	-3.6761	0.5852	-4.2649	10.8019
	(1.4747)	(-0.5183)	(-1.6392)	(0.1011)	(-1.2694)	(0.8855)
lnEdu（教育投入）	1.2363 **	1.1002 *	0.8064 *	2.1953 **	1.3781 **	1.4910
	(2.2857)	(1.9846)	(1.8144)	(2.6874)	(2.2292)	(1.5265)
lnFO（金融开放）	0.0262	0.0205	0.1180	-0.0493 *	0.0299	0.0231
	(0.3332)	(0.4146)	(1.7062)	(-1.8686)	(0.6331)	(0.3362)

续表

变量	lnESD（经济可持续发展）					
	基准回归		异质性分析			
	（1） 经济体效应	（2） 双向效应	（3） 高收入组	（4） 低收入组	（5） OECD	（6） 非OECD
lnLoans （银行贷款）	−0.1672*** （−2.8341）	−0.0308 （−0.3426）	−0.0261 （−0.8167）	−0.0343 （−0.2848）	0.0542 （0.7981）	−0.1759 （−1.5934）
lnCap （资本市场）	0.0912 （1.3171）	0.0406 （0.7744）	−0.0421 （−0.6528）	0.0398 （0.2250）	0.0225 （0.3902）	−0.1330 （−0.6851）
常数项	0.7863*** （6.9434）	0.9076*** （8.9165）	1.0010*** （11.5981）	0.8746*** （5.2149）	0.6770*** （6.4276）	1.2361*** （5.9285）
经济体效应	Yes	Yes	Yes	Yes	Yes	Yes
时间效应	No	Yes	Yes	Yes	Yes	Yes
经济体数	33	33	21	18	25	8
样本数	307	307	152	155	239	68
R^2	0.2470	0.5564	0.5063	0.7538	0.6490	0.6357

注：括号中为 t 统计量。*、**、***分别表示在10%、5%、1%水平下显著。

表9-3 的结果显示，贷款碳排放强度（CIL）的系数分别在5%、10%的水平下显著为负，说明贷款碳排放强度的降低可以有效地促进经济的可持续发展。假设1得到初步的验证。

从系数来看，经济体、时间双向固定效应下贷款碳排放强度的系数为−1.939，说明贷款碳排放强度每降低1%，经济可持续发展指数就会上升1.939%。而且教育在经济可持续发展中具有显著的促进效应。此外，为保证结果具有稳健性，回归采用聚类稳健标准误。并且进一步计算方差膨胀因子（VIF）以考虑是否存在多重共线性的问题。经计算，主要变量的 VIF 值最大为1.90，最小为1.41，平均为1.66。当方差膨胀因子超过10或其均值超过6时存在多重共线性，因此判断的相关变量不存在严重的多重共线性问题。

参考高睿等（2022）的方法，当一经济体人均 GDP 大于样本中所有经济体当年人均 GDP 中位数时，则该经济体当年被划入高收入组，反之则划入低收入组。高收入组与低收入组回归经济体数之和大于33，是由于同一经济体在不同年份被划入不同组。

二、异质性分析

经济体间经济发展水平差异或将引起贷款碳排放强度对经济可持续发展的不同影响。在基准模型的基础上，进一步根据经济体的收入水平进行分组检验，回归结果如表 9-3 列（3）、列（4）所示。此外，本文还根据样本经济体是否属于经合组织国家分组检验①：分为 OECD 国家和非 OECD 国家两个样本组，回归结果如表 9-3 列（5）、列（6）所示。

列（3）和列（4）中，低收入组贷款碳排放强度的系数分别在 5% 的水平下显著为负，基于似无相关检验的结果表示，高收入组与低收入组的系数存在显著的差异，表明在高收入和低收入中贷款碳排放强度降低对经济可持续发展的作用具有异质性。从系数的绝对值来看，高收入组为 0.6889，低收入组为 2.2508，这说明在低收入组中，贷款碳排放强度降低对经济可持续发展的促进作用更强。贷款碳排放强度降低对经济可持续发展作用随经济发展水平边际递减，可能有以下两方面原因：一是高收入国家的经济发展水平较高，基本已经完成了工业化高污染阶段，已经形成了较为完整的低碳产业链，金融机构降低贷款碳排放强度的边际效应较低。二是高收入国家的金融市场更为发达，金融结构更接近于市场主导型（Demir et al.，2017），而信贷发展对于低收入国家而言更为重要。列（5）中贷款碳排放强度的系数为 -1.1541，且不显著，表明在 OECD 国家样本组中，贷款碳排放强度降低对经济可持续发展的促进作用不明显。列（6）中，贷款碳排放强度的系数为 -1.6467 且在 1% 的水平下显著为负，表明在非 OECD 国家样本组中贷款碳排放强度降低可以显著促进经济可持续发展。无论是以高低收入还是以 OECD 国家分组，均验证了假设 2。

除上述分组外，本书还根据 IMF《世界经济展望》报告将样本划分为发达经济体和发展中经济体两样本组进行分析②，回归结果为发展中经济体中贷款碳排

---

① 样本中 OECD 国家共 25 个，包括：比利时、哥斯达黎加、丹麦、芬兰、法国、德国、冰岛、爱尔兰、意大利、日本、韩国、荷兰、葡萄牙、西班牙、瑞士、捷克、爱沙尼亚、希腊、匈牙利、拉脱维亚、立陶宛、波兰、斯洛伐克、斯洛文尼亚、土耳其。非 OECD 国家共 8 个，包括：保加利亚、中国、克罗地亚、印度尼西亚、哈萨克斯坦、塞浦路斯、马耳他、突尼斯。

② 样本组发达经济体共 24 个，包括：比利时、中国香港、塞浦路斯、捷克、丹麦、爱沙尼亚、芬兰、法国、德国、希腊、冰岛、爱尔兰、意大利、日本、韩国、拉脱维亚、立陶宛、马耳他、荷兰、葡萄牙、斯洛伐克、斯洛文尼亚、西班牙、瑞士。发展中经济体共 9 个，包括：保加利亚、哥斯达黎加、克罗地亚、印度尼西亚、哈萨克斯坦、突尼斯、土耳其、波兰、匈牙利。

放强度的系数在1%的水平下显著为负，而在发达经济体中不显著，进一步印证以上假设。

三、稳健性检验

（一）内生性问题

本书参考 Cigu 等（2020）的做法，选用各经济体对腐败的控制①（Contr_corr）的对数作为贷款碳排放强度的工具变量。金融监管是金融机构稳定发展的基石，其中对腐败的控制会影响到金融结构的稳定发展，进而影响到贷款的碳排放强度大小，再影响到经济可持续发展。对腐败的控制既会影响到贷款碳排放强度，满足工具变量相关性要求，又与经济可持续发展无直接联系，满足工具变量的外生性要求。因此，对腐败的控制是一个较为合适的工具变量。

本书采用两阶段最小二乘法（2SLS）进行工具变量回归，表9-4报告了使用工具变量法的回归结果，其中列（1）是第一阶段的回归结果，列（2）是第二阶段的回归结果。第二阶段回归中，贷款碳排放强度（CIL）的系数在5%的水平下显著为负，说明贷款碳排放强度降低可以促进经济可持续发展的结论是稳健的。

表9-4 工具变量回归

变量	（1）lnCIL	（2）lnESD
	第一阶段	第二阶段
lnCIL （贷款碳排放强度）		-2.9005 ** (-2.0456)
lnContr_corr （对腐败的控制）	0.0089 *** (3.1495)	
lnEPS （环保支出）	0.0010 (0.6307)	0.0021 (0.6118)
lnEP （环境政策）	-0.0029 (-0.2804)	-0.0298 (-0.4221)
lnR&D （研发投入）	0.2252 (0.8433)	-0.8728 (-0.2767)

---

① 数据来源是世界银行全球治理指标数据库（WGI）。

变量	(1) lnCIL	(2) lnESD
	第一阶段	第二阶段
lnEdu （教育投入）	−0.1188** (−2.2746)	1.1853** (2.3149)
lnFO （金融开放）	−0.0108 (−1.0653)	−0.0015 (−0.0240)
lnLoans （银行贷款）	0.0125 (1.1164)	−0.0391 (−0.4285)
lnCap （资本市场）	−0.0056 (−0.6539)	0.0719 (1.4848)
Cragg-Donald Wald F		24.017 [16.38]
经济体效应	Yes	Yes
时间效应	Yes	Yes
经济体数	32	32
样本数	306	306
R^2		0.2171

注：括号中为 t 统计量。*、**、***分别表示在 10%、5%、1%水平下显著。[ ] 内数值为 Stock-Yogo 检验 10%水平下的临界值。工具变量回归样本数较基准回归少 1 个，是由于样本中只有一个观测值的组在面板两阶段回归中被删除。

（二）构成因变量指标单独回归

对合成经济可持续发展综合指标的六个单一指标分别进行回归。回归结果如表 9-5 列（3）～列（8）所示。人均 GDP、可再生能耗的系数在 1%水平下显著为负，金融服务普及性的系数在 5%的水平下显著为正。而调整颗粒物排放损失后的净储蓄率、工业化水平、城镇人口占比回归中的 lnCIL 系数方向也符合预期。

表 9-5　其他稳健性检验

变量	(1) 自抽样	(2) 滞后处理	(3) 净储蓄率	(4) 人均 GDP
	lnESD	lnESD	lnANS	lnGDPPC
lnCIL （贷款碳排放强度）	−1.9390*** (−2.7766)		−0.1266 (−0.2665)	−4.2223*** (−3.8127)

续表

变量	（1）自抽样	（2）滞后处理	（3）净储蓄率	（4）人均GDP
	lnESD	lnESD	lnANS	lnGDPPC
L. lnCIL		−1.6964**		
		（−2.2587）		
L2. lnCIL		1.3732**		
		（2.7525）		
常数项	0.9076***	1.2356***	0.0880*	9.2958***
	（7.3627）	（5.6891）	（1.7888）	（77.9470）
控制变量	Yes	Yes	Yes	Yes
经济体效应	Yes	Yes	Yes	Yes
时间效应	Yes	Yes	Yes	Yes
经济体数	33	30	33	33
样本数	307	238	307	307
变量	（5）工业化水平	（6）城镇人口占比	（7）可再生能耗	（8）金融服务普及性
	lnIndustry	lnUrban	lnRenewE	lnATM
lnCIL （贷款碳排放强度）	0.4664	0.0806	−0.6228***	4.8265**
	（1.3538）	（1.0398）	（−2.8413）	（2.2818）
常数项	0.2484***	0.5582***	0.1569***	3.1799***
	（6.5896）	（45.5547）	（4.7503）	（14.2377）
控制变量	Yes	Yes	Yes	Yes
经济体效应	Yes	Yes	Yes	Yes
时间效应	Yes	Yes	Yes	Yes
经济体数	33	31	33	33
样本数	307	307	307	307

注：括号中为 t 统计量。*、**、***分别表示在10%、5%、1%水平下显著。

（三）其他稳健性检验

1. 变量自抽样参数估计

为避免样本存在选择性偏差的问题，表9-5列（1）参考马丽梅和黄崇乐（2022）的方法，对所有变量基于 Bootstrap 自抽样法进行参数估计，贷款碳排放强度的系数在1%水平显著，表明结果的稳健性。

2. 核心解释变量滞后效应

由于贷款碳排放强度对经济可持续发展的作用周期较长，贷款碳排放强度的降低可能不仅在当期发挥作用，还存在一定的时滞效应。为了保证结果的稳健性，本书对核心解释变量贷款碳排放强度进行滞后处理（L. lnCIL 与 L2. lnCIL）。表9-5列（2）为滞后处理的结果，贷款碳排放强度的滞后一期项系数在5%的水平下显著为负，可见回归结果是稳健的。

第六节　结论与政策启示

通过跨国面板数据实证分析，研究了世界层面金融机构贷款碳排放强度对经济可持续发展的影响，以期对我国实现经济可持续发展和"双碳"目标提供一定的政策借鉴。

一、本书主要研究结论

第一，贷款碳排放强度的降低对经济可持续发展具有显著正向影响。从国家和时间双向效应模型结果来看，贷款碳排放强度降低1%，对经济可持续发展有1.939%的促进效应，单从国家效应来看效果更显著；从异质性检验及稳健性检验结果都说明贷款碳排放强度控制对经济可持续发展具有积极促进效应。实证结果也表明教育投入对经济可持续发展促进效应明显。

第二，低收入国家及非OECD国家贷款碳排放强度降低对经济可持续发展的促进效应要比高收入国家和OECD国家更显著。低收入国家及非OECD国家中，以发展中国家居多，收入水平较低，经济增长以粗放、高耗能模式为主，大规模基础设施建设以及能源消费结构中煤炭、石油等化石能源占比较大，处于绿色发展的初始成长阶段，对污染行业的贷款抑制处于边际递增阶段，碳排放强度控制对经济可持续发展效果显著。

第三，贷款碳排放强度降低对经济可持续发展的促进效应具有延续性。贷款碳排放强度下降不仅在当年而且在未来对经济可持续发展的效应也很显著。在基准回归中引入滞后项发现，贷款碳排放强度降低对经济可持续发展的促进作用具有时滞效应，在第二年仍可继续发挥作用。

第四，贷款碳排放强度控制对经济可持续发展促进效应具有良好的稳定性。以对腐败的控制作为工具变量、Bootstrap自抽样方法以及对构成经济可持续发展指标的成分进行稳健性检验，结果表明实证研究结论具有较好的稳健性。

二、促进经济可持续发展的政策建议

在当今全球气候剧烈变化，碳排放持续升高、危害日益严重的背景下，从世界层面探明金融机构贷款碳排放强度控制对经济可持续发展的影响，对我国实现"双碳"目标、促进经济可持续发展具有十分重要的意义与作用。虽然由于数据限制样本量有限，但是通过世界层面样本的研究，可以对我国实现经济可持续发展提供可借鉴的经验及启示，结合上述研究结论，提出以下政策建议：

第一，不断降低贷款的碳排放强度，确保经济在环保、可持续下的良性发展。从研究结果来看，贷款碳排放强度的降低对经济可持续发展具有显著的正向影响，所以说不仅政府要加强对金融机构贷款碳排放强度控制进行引导和奖励，通过贷款环节抑制污染行业促进绿色产业发展，而且金融机构要把控制贷款碳排放强度、实现"双碳"目标作为自己义不容辞的责任。同时要加强对教育的投入，教育在经济可持续发展中有非常重要的促进效应。

第二，加强与低收入国家绿色信贷合作。从异质性研究结果来看，无论是低收入国家还是非 OECD 国家，其金融机构贷款碳排放强度控制对经济可持续发展效应更明显。低收入国家金融体系中大部分仍以银行为主，加强绿色贷款合作前景广阔，从贷款碳排放强度控制入手具有很大的市场空间。另外从研究结果还可以看出数据背后隐藏的信息，高收入国家已经完成了工业化高污染阶段，全世界为发达国家工业化污染买单，现在低收入国家工业化面临碳减排资金不足等问题，发达国家有义务和责任对低收入国家进行减排贷款援助，以推动全球经济可持续发展。

第三，金融机构要强化对贷款的事中事后动态跟踪、监督和考核。从滞后项回归结果来看，贷款碳排放强度发挥作用不仅在当年而且下一年也持续发挥作用，所以金融机构不仅在贷款环节对企业的减碳目标进行控制，而且要加强贷款的全过程动态管理，有些企业为了获得贷款可能在当年对碳排放强度加强控制，但贷款到手后却为了减少成本追求利润，在碳排放控制上偷工减料，导致碳排放回升，所以金融机构在贷款以后依然要加强对贷款企业碳排放方面进行动态跟踪、监督和考核，对于违反贷款协议的企业要有严厉的惩罚措施。

第四，发挥监管部门在贷款碳排放强度控制中的作用。对腐败的监控作为工具变量并不会直接作用于经济可持续发展，但它对于金融机构贷款碳排放强度会有一定的影响。比如在 2021 年底中国人民银行推出碳减排支持工具①，对碳减排重点领域内、减碳效果显著的项目提供优惠利率，为确保精准性和直达性，中国人民银行不仅要求金融机构公开披露发放碳减排贷款项目和碳减排数量等减排工具效果，而且要及时公布第三方对减排项目信息的核实情况，接受公众监督，谨防弄虚作假。建议人民银行及其他监管机构要不断细化对金融机构贷款碳减排放项目的支持和监督检查，鼓励和惩罚相结合促进碳减排计划落到实处。

---

① 中国人民银行推出碳减排支持工具，http://www.pbc.gov.cn/goutongjiaoliu/113456/113469/4384182/index.html。

第十章

国际层面绿色金融促进可持续
发展案例研究

本章分析了绿色金融促进可持续发展的四个国际案例，对国际层面的绿色金融促进可持续发展实践情况进行了对比分析，旨在提炼出对我国绿色金融促进可持续发展国际合作的经验与启示。

第一节　全球开放合作在绿色金融促进可持续
发展中的作用与机制

本节对国际层面绿色金融如何促进可持续发展进行了归纳，总结了四个国际案例所展现的全球开放合作的作用以及相应的理论机制。

一、绿色金融促进可持续发展全球开放合作案例概述

（一）世界银行为能源转型提供融资

世界银行集团致力于通过融资促进发展中国家太阳能光伏、光热、风力及水力发电等清洁能源项目的发展，支持发展中国家能源体系的转型，有效缓解了发展中国家因资金瓶颈而面临的能源转型挑战。世界银行对清洁能源与可再生能源的持续性资金投入，不仅减少了发展中国家对化石燃料的依赖，还降低了有害排放物的排放，推动长期的能源结构变革与环境保护行动。

此外，世界银行集团资助的众多项目在发展中国家创造了大量就业机会，可以缓解这些国家的就业问题。尤其在近些年，这些项目的重新启动与新开发进一步激活了经济增长点，加速了经济复苏的步伐。

（二）可持续投资基金推动企业绿色转型

可持续投资基金在追求财务效益的同时兼顾可持续发展目标，因此在企业转型战略的实践与调整过程中十分重要，助力减缓全球气候变化趋势。可持续基金通过鼓励和引导资金流向减排项目，推动了企业的低碳转型进程。借助代理投票及股东积极参与的策略，可持续投资基金能够对企业战略施加积极影响，促使企业采纳对环境更友好的商业模式，优化可持续性实践成果、绩效表现及信息披露，推动转型进程。作为股东和战略投资者，可持续投资基金可以为企业与金融市场的顺畅交流提供宝贵的信息。

（三）汇丰银行贯彻环保理念

在全球绿色低碳转型的潮流中，全球性大型商业银行作为金融机构的重要组成部分，积极发挥其引领作用和对企业投融资的约束作用，通过更加严格的政策指引与创新性的业务合作模式有效促进绿色投资，助力企业客户完成绿色转型，遏制高污染项目发展，树立业界标杆，从而达到气候风险管理目标。

汇丰银行作为具有国际视野的全球性银行之一，在其运营与发展过程中充分贯彻绿色发展战略，持续兑现环境保护承诺，致力于气候风险管理目标的实现。

1. 能源转型

汇丰银行助力能源转型的各类项目，大力支持绿色转型债券的创新发展，还提供定制化转型金融服务，加速高能耗、高排放企业的低碳化进程。汇丰银行携手行业领军企业构建高效的可再生能源体系；同时促进绿色技术共享与人才培养，引领纺织业等行业可持续转型。

2. 低碳创新

汇丰银行聚焦低碳技术创新前沿，为初创企业打造全方位孵化平台，依托"产业共创"跨越技术构想与市场落地的鸿沟，构建绿色创新生态。通过可持续融资解决方案，助力客户降碳增效。汇丰银行计划在2030年前向可持续发展领域投放7500亿美元至1万亿美元的融资与投资，以支撑全球低碳转型。

3. 生态维护

汇丰银行基于生态环境现状，为清洁技术发展及革新开创新的融资途径。汇丰银行通过合作在各地开展生态修复工程，提升生物多样性、气候适应能力、生态系统服务功能。同时，汇丰银行还将为生态环境保护和可持续发展搭建合作平台，促进众多领域学术研究的交流。

（四）法国外贸银行发展转型金融

法国外贸银行和企业与投资银行的绿色和可持续中心（GSH）合作，共同助力客户进行 ESG（即环境、社会与治理）投资。同时，法国外贸银行深度融合信息与金融，已经建立起多个资金规模庞大的国际绿色金融合作项目，最大限度地支持项目参与方在能源转型领域的持续探索。

二、从国际案例来看绿色金融促进可持续发展的作用机制

（一）世界银行集团为发展中国家能源转型融资的作用机制

首先，世界银行对发展中国家能源项目的融资流程。发展中国家对能源状况进行调查再进行项目立项。其次，为此项目招标并向世界银行提出项目融资申请。世界银行集团派遣团队对项目的可行性进行实地调查和背景调查，并基于调查结果协商确认是否为其提供融资以及具体融资的贷款协议与项目协定，最终签署项目贷款协议。在协议签署完毕后，世界银行与项目开发国共同审核竞标企业资质与投标具体方案，商议过后开标。再次，中标公司按标书计划开工。在项目完成后，世界银行与项目开发国审查并结项。最后，项目交付使用。

另外，调动多方资源参与项目。世界银行的融资手段有很多，通常运用于能源转型的是通过与其余商业银行签订参与协议来收集资金，通过国际复兴开发银行或国际开发协会的担保及贷款协议与项目开发国确定项目融资细节，最终交付资金供项目运行使用。

（二）可持续投资基金支持经济转型的作用渠道

首先，鼓励面向减排的转型投资。投资者根据他们对可持续性的偏好以及对风险和机会的评估做出投资组合决策，这些决策创造了可持续性流入的资金，用于资本供应。同时，这反过来又降低了资本成本，并鼓励面向减排的转型投资。

其次，与公司战略形成积极循环。可持续投资基金可以通过管理来影响公司的战略，支持公司向更符合转型的战略迈进，这一进程需要通过参与和代理投票来施加影响，以改善可持续性实践、结果和信息披露。因此，投资基金部门可以形成一个积极的反馈循环。在转型过程中，投资者对可持续性的关注引导了应对气候变化的更多投资，反映了风险管理和回报率方面的考虑，从而加快了转型的步伐。

（三）银行发展转型金融的作用以及影响路径

1. 银行制定转型政策对企业的融资激励与倒逼促进效果

观察世界各经济体的金融机构体系，银行信贷仍是各企业进行项目融资的主要来源，因此银行的信贷政策是企业资金来源的重要影响因素。转型金融政策的推行将对高耗能、高排放的企业施加信贷方面的限制，从而增加企业的融资约束，同时也会增加对绿色转型项目的资金支持，因此会产生融资激励的效果。

具体而言，在融资约束的影响下，商业银行主要通过两种方式影响高碳高耗企业的投融资结构：转型金融政策通过融资约束机制为企业增加环境投资的行为提供经济激励。转型金融政策对高碳高耗行业的投融资提出了更为严格的限制要求，由于与碳排放强度挂钩，碳排放不符合要求的企业的信贷融资将会受到严格控制，但当其成功通过技术革新升级满足环保标准时，金融机构可以合理控制信贷资金的投放。因此两高企业在面临融资约束时，为缓解信贷限制进而寻求技术升级和低碳转型，以达到减排的效果。

2. 银行制定转型政策影响棕色企业绿色创新的直接效果

绿色金融政策自制定以来，便以其严格的投融资要求增加高碳高耗行业的融资难度，因为相较于一般性创新，绿色技术领域的研发面临着更低的成功概率，且其实践往往伴随着更为庞大的资金需求，进一步加剧了挑战性与风险性，所以企业主动寻求绿色转型较为困难。转型金融政策弥补绿色金融无法覆盖的领域，按其要求对高碳高耗行业的转型升级以及绿色技术创新等项目提供优惠政策支持，进而降低其融资成本，促进企业积极主动寻求低碳转型、进行绿色创新、优化产品设计以及生产线建设、降低生产过程碳排放强度。

基于此，商业银行对企业绿色创新升级的促进效果可以通过以下途径实现：第一，激发企业的创新动力。基于转型金融政策对碳排放的严格要求，在融资约束的压力下，企业寻求技术升级和改造创新，促使企业加强绿色环保研发，成为环保技术创新的主体。第二，低碳转型融资支持。商业银行转型金融政策的出现，弥补了绿色金融政策无法对两高企业提供资金支持的限制。两高企业寻求低碳转型以及绿色技术创新的过程离不开大量资金的支持，而商业银行的转型政策通过为符合其要求的低碳转型计划提供资金支持，可以助力企业的绿色创新发展。

（四）转型金融促进经济绿色低碳升级的理论机制

1. 转型金融促进经济体制改革和产业结构调整

随着经济高质量发展目标的提出，原先一味追求重工业、高产出的企业逐渐走向绿色低碳化，但受到的阻碍也越来越多，缺乏资金的问题显得尤为突出。金融市场服务于实体经济，金融机构通过为新兴企业和产业提供必要的资金支持，进而推动经济发展。转型金融可以为经济转型提供绿色融资渠道，根据具体的公司转型计划来采取金融手段，选取合适的绿色金融工具。

2. 转型金融可以实现资本优化配置

将社会资本从传统重污染、高碳排放产业向高技术、低排放等新兴产业转移，从而促进整个经济体系的再平衡。转型金融能够通过向创新产业提供融资促进高科技绿色领域的发展，从而有助于提升经济增长的速度和质量。

3. 转型金融还具有分散风险、弥补金融差距等作用

转型金融体系的出现可以让资金更便捷地在各个绿色低碳领域间流动，从而使经济风险更加分散，降低了系统性的金融风险。同时，由于经济发展水平不同，各地区之间的金融差距也比较大，可以通过转型金融弥补这种差距，推动更多区域的经济向更健康和可持续的方向发展。

第二节 世界银行为发展中国家能源
转型融资案例分析

发展中国家在能源转型过程中所面临诸多困境，通过分析世界银行为应对这些困难所运用的举措，特别分析世界银行对埃及本班光伏太阳能产业园的投资案例。此外，本节分析和总结了世界银行历年对发展中国家能源转型项目的融资规模及具体项目类别占比的变化。

一、世界银行为发展中国家能源转型融资的案例背景

近年来，许多发展中国家受限于资金匮乏的困境，难以顺利推进能源结构的转型与电网基础设施的完善，导致其电力成本居高不下。更为严峻的是，这些国家被束缚于高成本且供应不稳定的化石燃料项目之中，无法开展高能效或可再生

能源项目，导致它们陷入了能源贫困危机。

根据世银集团的统计，全球范围内存在搁置风险的燃煤发电资产价值高达约1万亿美元，其中89%分布于低收入和中等收入国家。世界银行行长表示世银集团将携手私营部门等为发展中国家融资，加大对新产能建设、能效提升以及电网升级改造（旨在消纳间歇性可再生能源）等领域的支持力度，为转型引发的挑战提供资金援助与技术指导，推动能源部门的变革与商业环境的优化。

党的二十大报告提出，中国接下来将深入推动能源革命来保证能源安全，达到碳达峰和碳中和。党中央将规划能源体系转型，积极自主发展科技，参与应对和治理全球气候变化。能源行业会深入贯彻党的二十大精神，肩负碳达峰与碳中和的重大使命，全国正积极加速向绿色低碳发展模式转型。能源行业将激发内在活力与创新动力，不断改革推动行业自身的持续进步与发展。"十四五"期间，我们要尽力推动能源生产保供的发展，夯实电力保供基础，完善各省区输电配电的通道建设，提升油气开采技术和输送系统的建设，加强各地能源行业的信息安保工作和对能源安全的风险管控。我们要调整优化能源结构，注重风电、太阳能、水电这类清洁能源的开发使用。同时，也需要构建一个更加协同高效的国际能源合作体系，推进各国在能源领域的深度交流与合作，承担起大国应该对环境和能源转型肩负的责任。中国的发展目标与世界银行的融资目标高度一致，我们研究世界银行在相关领域的融资数额及占比以寻求与世界银行集团更高效的合作，得到更高的融资以推动能源转型发展和保护生态环境。

二、世界银行为发展中国家能源转型融资的具体案例分析

2014年起，世界银行集团为埃及能源转型提供了超过20亿美元的资金，其中6.53亿美元用于建设本班光伏太阳能产业园。本次融资采取平行贷款项目和A/B贷款项目（见图10-1），平行贷款适用于开发性金融机构和项目所在国以外的商业银行，B类贷款主要适用于项目所在国以外的商业银行，由IFC（国际金融中心）作为登记在案的正式贷款人与借款人签订贷款协议并负责管理整个贷款，各参贷行通过与IFC签订参与协议的方式参与该银团贷款。A类贷款为IFC承贷部分，B类贷款由工商银行等金融机构共同承贷。

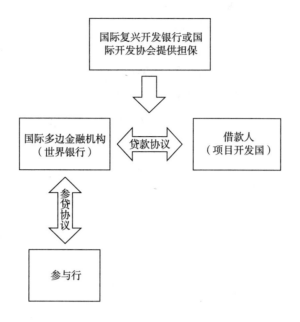

图 10-1　本班太阳能公园融资方式

资料来源：http：//cn. afca-asia. com。

本班太阳能产业园区项目于 2014 年正式设立。该项目总占地面积高达 14.4 平方英里，包括 41 家太阳能发电厂（总容量达 1.8 吉瓦）、4 座主要输电站（总容量为 200 万千瓦）以及 40 座太阳能变电站。至 2018 年，太阳能发电厂与输电站已圆满竣工，助力埃及实现能源转型目标。

本班太阳能公园是全球最大的太阳能产业园，每年发电量约 930 吉瓦时，覆盖 42 万户家庭的能源消耗。在该产业园的建设过程中，我们发现非洲所需的能源转型融资量依旧巨大，但与过去相比，更多的私人、国有经济体开始投资非洲的能源转型建设，减缓了世界银行的融资压力，如中国工商银行的投资等。非洲大陆的太阳能资源十分富足，在足够的资金支持下，能承担很大的世界清洁能源发电需求，因此对于未来非洲的能源转型发展持乐观态度。

1985~2019 年世界银行为发展中国家的能源转型融资共达 1786 亿美元，融资数额除 2003 年下降外呈现逐年上升的趋势。21 世纪前，世界银行集团保持年均 25~35 个能源融资项目，项目平均融资金额达 1.725 亿美元。21 世纪后，年均融资项目达 70 多个，项目平均融资金额下降至 8650 万美元。

过去 35 年中，在能源转型融资量方面，亚洲地区以 823 亿美元位居榜首，占据总体融资额的46.1%；其次是撒哈拉以南的非洲，其融资份额达到19.9%；拉丁美洲与加勒比区域则以10.2%的比例紧随其后；中东和中非占7.6%。2010年以来，由于中东和非洲的能源改善项目，如输电项目或可再生能源项目的增多，能源转型的融资重点逐渐转移至非洲的发展中国家如埃及等（见图10-2）。

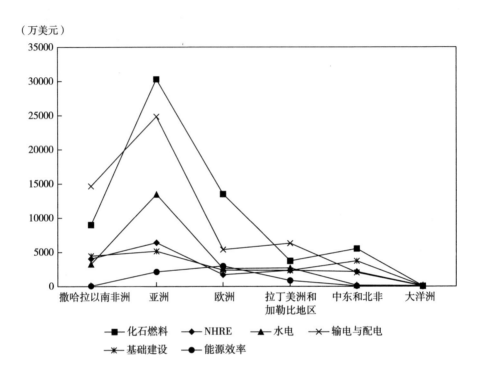

图10-2　各地区1985~2019年不同种类能源融资均值

资料来源：projects. worldbank. org。

世界银行在35年间对能源转型各方面的投资（见图10-3）分别为化石燃料共计621亿美元，占总金额的34.8%；输电和配电占比29.8%；水电占比12.5%；基础建设和能源效率建设占比13.5%。20世纪时能源融资的主要方面是化石能源，而21世纪对于化石燃料的融资下降至原融资的1/3。以对撒哈拉以南非洲的融资为例，化石燃料由1990年的44.3%下降到2019年的13%，可见35年间对化石燃料的融资占比大幅度下降。世界银行在35年间加大了对非水电可再生能源（NHRE）部门的投资，由1990年的只占总额的6.8%上涨至2010年的16.5%，每年融资金额超10亿美元。在35年间，土耳其、墨西哥、阿根廷等地建设了大量太阳能光伏、光热和风力发电等可再生能源项目，获得世界银行集团的融资逐年上涨至总融资的近 40%。

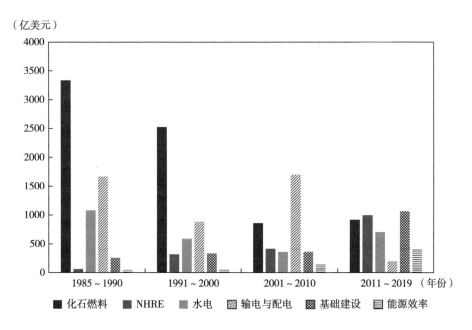

图 10-3 1985~2019 年主要能源融资市场份额

资料来源：projects. worldbank. org。

世界银行对水电的融资占比在 21 世纪后下降，而融资金额逐年上涨，年均投资金额约 10 亿美元。2010 年左右，亚洲建设了很多大型水电项目如巴基斯坦的 Dasu 水电项目和 Tarbela 水电扩建项目，印度尼西亚的 Upper Cisokan 抽水蓄能发电项目，印度的 Vishnugad Pipalkoti 水电项目，越南的 Trung Son 水电项目，以及塔吉克斯坦的 Nurek 水电修复项目。

世界银行对于输电项目和建设新电网的融资在进入 21 世纪以来逐渐增长，至 2010 年高达 32.1%。2010 年前后，非洲的许多国家开展了众多有关扩大、连接和加强跨境电网的区域项目，如坦桑尼亚—赞比亚输电互联项目、北部核心区域电力互联项目、南部非洲电力市场项目和东部电力公路项目，这也导致了世界银行为输电项目的融资日渐增加。

针对基础建设和能源效率建设，世界银行集团在 35 年间增加了融资占比，由 1990 年的 4% 增长至 2019 年的 17%。世界银行集团日渐重视对于能源效率的建设，认为这能有效协助能源转型。

对于实现将全球气温上升限制在远低于 2℃ 的全球目标，发展中国家的能源转型是必要的，而在能源转型的过程中资金是必不可少的，世界银行集团为发展中国家进行能源转型而融资，这切实协助了发展中国家攻克因资金匮乏导致的难以能源转型的问题。在 1985~2019 年这 35 年中，世界银行集团大幅降低了对化石燃料的融资，提高了对 NHRE、输电与配电、太阳能发电、水电和基础建设和能源效率建设的融资占比。世界银行集团将能源转型融资的重心着力于中等收入的发展中国家，大力支持它们的太阳能光伏、光热和风力发电、水电的项目以改善这些国家的能源结构，降低化石燃料的使用率，推动长期能源转型，促进气候、生态保护行动的开展。世界银行对于清洁能源和可再生能源的持续投资显著减少了化石能源的使用，减少废气废水等环境破坏因素排放到大气层。同时世界银行集团融资开展的众多项目也为发展中国家带来了非常多的岗位，可以缓解发展中国家就业的问题。尤其是在疫情后，对于这些项目的重启和新开发可以拉动经济增长、推动经济复苏。世界银行集团的第一个五年《气候变化行动计划》已于 2020 年完美收官，超额完成对于发展中国家能源转型的融资任务，为气候问题做出了不小的贡献，这为我们实现第二个五年计划提供了充足的信心，也提醒全人类注重气候问题、时刻保护环境。

三、世界银行为发展中国家能源转型融资的经验

由世界银行历年对于发展中国家能源转型的融资数额及具体项目类别占比可以发现，世界银行重点推进清洁能源和可再生能源的开发，如对于风电和水电的发电站建设和输电电网的基础设施建设，降低对化石燃料的投入。这意味着未来的发展重心是能源转型，特别是加大对清洁能源项目的投资力度，以有效应对当前化石能源体系展现的脆弱性、不稳定性及其给全球气候带来的严峻挑战。

世界银行提出"有增有减"（Scaling Up to Phase Down）的能源转型框架，系统地构建了一个包含六大环节的正向循环路径，有助于克服可再生能源发展障碍。此循环的起始点在于政府需扮演引领角色，建立支持性的监管环境、强化机构能力，并开发高效地降低风险的工具。随后，建立公开透明、竞争性的项目甄选机制，确保所选项目能兼顾能源安全、能源可负担性及促进就业等多重需求，同时推动可再生能源的广泛应用。

此外，世界银行直面并应对资源分配不均、区域发展差异显著等挑战，特别

聚焦于那些能源转型资金需求庞大的地区，通过不同的资助方式加大支持力度。比如投资项目融资旨在减少贫困与构建可持续发展的所需的基础设施；发展政策融资为政府部门提供预算支持，助力可持续发展政策及相应的实施；"注重成果计划"（Program-for-Results）将世界银行提供的资金与成果交付挂钩，帮助各国改进本国发展项目的规划和实施，鼓励各国通过加强机构效能、优化系统流程以及提升能力建设等方式以取得长远的成果。世界银行通过大量融资助力发展中国家逐步实现能源结构的绿色转型，加速全球能源转型进程。

第三节　IMF 倡导下可持续投资基金推动企业绿色转型的案例分析

国际货币基金组织（IMF）针对当前绿色发展过程中的问题提出系列行动要求，对于政府、企业、投资主体的责任深化具有重要的参考价值。本节选取具有典型性的安盛弗拉姆灵顿英国可持续投资基金推动 BP 公司绿色转型案例，该案例响应了 IMF 最新的关于绿色转型的要求，是可持续投资基金推动绿色转型国际化的体现，值得我国借鉴，以进一步支持我国绿色金融的发展和"双碳"目标的实现。

一、可持续基金推动 BP 绿色转型背景：困境中求新生

BP 是一家英国石油和天然气公司。作为全球性的能源企业，BP 在各大洲均设有经营机构，市值为 818.7 亿英镑。2020 年，BP 在游说反对气候行动的同时宣布了一项 710 亿美元的化石燃料开采计划，并利用广告和品牌将自己展示为绿色可再生能源公司。

如今，低碳转型已成为全球发展的主流趋势，在舆论和公司发展困顿的压力下，BP 步履维艰，公开宣告并调整了其减排目标，期望在困境中求新生。

（1）到 2050 年或之前，BP 所有业务在绝对减排的基础上实现净零排放。

（2）到 2050 年或之前，BP 石油和天然气生产项目实现绝对净零排放。

（3）到 2050 年或之前，BP 销售的所有产品的碳强度降低 50%。

（4）到 2023 年，在 BP 主要的油气场安装甲烷检测系统，并将甲烷排放强度降低 50%。

（5）提高非油气项目的投资比重。

（6）到2040年，可再生能源将占全球能源结构的至少14%，并继续扩大可再生能源格局。

统计资料显示，2020年BP的温室气体排放量总计达到了3.74亿吨，这一数字体现了公司面临的减排挑战。因而BP需实施一系列策略来应对挑战，包括大规模采用碳捕获、利用与封存技术（CCUS）、参与碳排放权交易、调整业务架构，以加速向低碳经济转型。与之相比，石油公司埃克森美孚与雪佛龙仅设立碳强度目标，因此BP的碳中和目标和规则相对严格。

二、可持续基金推动 BP 绿色转型过程："借箭"中寻调整

（一）可持续基金的推动作用

可持续投资基金的投资作为BP低碳转型战略的重要一环，在转型战略的实现和调整方面发挥了重要作用。区别于传统基金，可持续投资基金兼顾可持续发展目标和财务回报，因而能弹性调整企业的转型战略，并减缓气候变化。为了实现可持续发展目标，基金往往依赖于多种投资策略，如消极筛选（不投资于某些公司或部门）、积极筛选（选择满足特定可持续性标准的公司）或影响投资（即在获取财务回报的同时产生可衡量的可持续性影响）。一些可持续基金有一个特定的主题，如环境或气候变化，而其他基金可能更广泛地关注环境、社会和治理问题。

随着BP低碳转型战略的逐步推进，外部低碳转型投资不断增长，如图10-4所示。为实现BP 2025年目标的资本投资支出（支持低碳运营活动）从30亿~40亿美元改变为转型增长投资的60亿~80亿美元，BP 2030年的目标从低碳投资的约50亿美元改变为转型增长投资的70亿美元，股东和潜在投资者获悉该战略和进展。

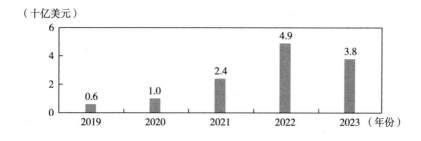

图 10-4　转型增长投资情况

资料来源：《BP2023年可持续发展报告》。

安盛弗拉姆灵顿英国可持续投资基金作为行业内的优质可持续投资基金，推动 BP 战略目标的实现。可持续基金（安盛弗拉姆灵顿英国可持续投资基金）可以鼓励并推动面向减排的投资，从而加速企业的低碳转型过程。通过代理投票和股东参与，可持续基金可影响公司的战略，使公司采取更可持续的商业模式，改善可持续性实践、结果和信息披露。根据 BP 的转型报告声明，BP 正在创建低碳业务、收购 Light Source BP，并在其历史悠久的风能和生物燃料可再生能源业务基础上增加太阳能。由此可见，可持续发展基金可以通过管理来影响公司的战略，支持公司向更符合转型的政策迈进。因此，投资基金部门可以形成一个积极的反馈循环（见图 10-5）。在此循环过程中，企业通过对风险管理和回报率方面的考虑，能进一步加快转型的步伐。作为股东和战略投资者，安盛弗拉姆灵顿英国可持续投资基金为 BP 与金融市场的顺利沟通提供了关键信息，BP 内部的投资者关系团队与可持续投资基金进行对接，包括路演和结果展示各个环节。

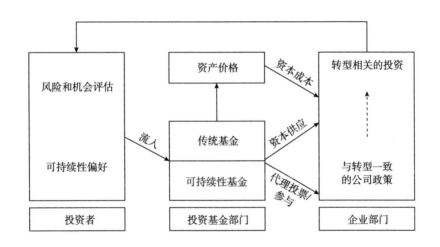

图 10-5　可持续投资基金部门加快绿色转型的过程

资料来源：IMF。

（二）可持续基金推动下的转型战略调整

1. 战略概述

BP 每年将约 1/10 的资本用于新机会的再投资。按照当前的速度，预计 BP 的探明储量平均可开采 11 年。随着世界能源需求的变化，BP 的滚动活动计划赋予了其极大的灵活性来重新定义业务。同时，BP 的战略目标具有科学性，其根

据与《巴黎协定》一致的能源转型情景，将政府间气候变化专门委员会
（IPCC）视为气候变化科学方面最权威的信息来源，利用它为战略规划提供信
息。综合而言，BP 正在奉行一种能够适应各种能源和市场情况的战略，主要可
以体现为以下几点：

（1）投资更多的石油和天然气，进而提高生产效率。

（2）通过先进的产品和战略对零售合作伙伴的关系进行创新。

（3）在低碳能源投资领域追求新机遇，满足不断发展的技术、消费者和政
策趋势。

（4）重组整个组织，通过数字化简化方案，提高生产力。

在此基础上，以 20% 的长期股票奖励推动战略进展，包括衡量 BP 在天然
气、可再生能源、风险投资和可再生能源交易方面的表现。董事会在确定这些长
期奖励的最终归属结果之前，会考虑在减少排放、改进产品和创建低碳业务等问
题上的进展，以及股东总回报、安全和其他环境因素，并由 BP 的董事会和高管
团队进行审查。

2. 战略重点

（1）低碳电力和能源。积极在氢能及 CCUS 技术领域抢占市场先机，在可再
生能源与生物能源市场中实现规模化扩张。此外为有效补充上述能源，构建定制
化的天然气资产组合。

（2）便利零售和移动出行。BP 秉持以客户为中心的理念，助力全球移动性
领域的变革，引领便利店零售体验的全面革新，扩大市场份额，增强在石油销售
市场中的竞争力。

（3）提高油气的韧性和针对性。BP 将聚焦于安全管理与稳健经营，降低排
放，计划提高资本和成本生产率。BP 计划成功推进一系列关键项目，降低资本
密集度，减少勘探和炼油产量，维持其投资组合的高质量与多元化，进一步提升
优势。未来 BP 将不会在还未开展过上游活动的国家进行勘探，其中俄罗斯石油
公司作为 BP 投资组合中重要的一环，它将从战略上巩固 BP 在俄罗斯市场的强
大地位。

（4）新型财务架构。推动企业实现资本配置模式的本质转变，即向低碳和
其他能源的战略性转型。结合战略与财务框架，构建连贯且有信服力的投资理
念，即在收益增长、承诺的收益分配与可持续价值之间达到平衡，为 BP 的利益
相关人带来长远的价值创造。

三、可持续基金推动 BP 绿色转型难点：逆境中求指引

根据 IMF 研究报告显示，当前可持续投资基金推动企业绿色转型依然面临诸多困难与挑战，从而影响转型成果。BP 在战略调整的过程中也考虑到了阻碍转型的因素，在逆境中获得了 IMF 的指引，主要归纳为以下几点：

（一）突然的、超出预期的转型冲击

例如，碳政策的延迟等，可能因投资基金部门的脆弱性而放大，并对金融稳定产生重大影响（见图 10-6）。在这种情况下，投资者将重新评估风险，可能会导致高转型风险敞口基金的资金流出，并使这些基金出现挤兑和贱卖，导致资产价值进一步下跌。因此，在转型过程中无法回避该风险，需要 BP 进一步评估，以降低损失。BP 对可持续基金在气候管理、鼓励发行证券等多方面的作用进行评估，从而降低短期收益的敏感性，进行情景分析与压力测试，以稳定金融风险。

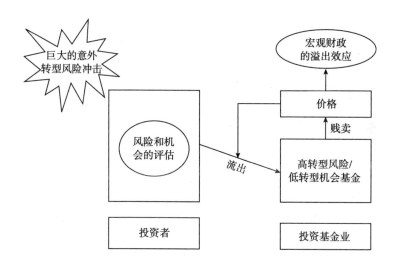

图 10-6 转型风险

资料来源：国际货币基金组织（IMF）。

（二）"漂绿"的挑战

"漂绿"从根本上动摇了企业的转型进程，弱化了转型成果。BP 面对"漂绿"行为，建立了公开透明的管理框架（见图 10-7），自上而下地杜绝了企业的"漂绿"行为。BP 将可持续发展计划与年度业务规划过程一起进行管理，并在集

团治理结构中制定了可持续发展绩效管理方法，由各个委员会定期评估处理，增强了透明度和科学性。

图 10-7　BP"漂绿"治理结构

资料来源：《2022 年 BP 可持续发展报告》。

（三）兼顾社会效益

如何在寻求经济效益的同时扩大社会效益，也是 IMF 鼓励社会各界思考的。BP 通过低碳转型为社会减少碳排放的过程，还开创了新颖的模式，兼顾了社会效益：

引导性投资：BP 将社会投资重点放在可持续发展目标上。通过这些行动，BP 的可持续发展目标将惠及 100 多万人。BP 还将通过提供公平的优质就业岗位来支持劳动力。

尊重与合作：与主要利益攸关方和其他行业合作，在转型过程中支持人权的进步。为此，BP 将在重点领域制订公正的过渡计划，并采取包容社会的方式，帮助社会劳动力培养面向未来能源系统的技能。BP 坚持在相互信任和尊重的基础上与当地社区建立更牢固的关系，并将在开展工作的地方支持公民对话、提高透明度和能力建设。

四、可持续基金推动 BP 绿色转型成果：黑暗中见曙光

在安盛弗拉姆灵顿英国可持续投资基金的支持与推动下，BP 的战略转型与调整已经有所成效。诚如 BP 首席执行官所说："凭借我们 3 年的经验和成果，我们更加相信我们确定的方向是正确的。总体而言，我们仍然专注于我们的净零目标，我们战略的灵活性和韧性使其能够在与巴黎目标保持一致的同时应对变化。公司表现良好，以我们的可持续发展框架为基础的战略正在发挥作用。"

BP 2021 财报显示，BP 已将其对低碳企业、便利店和电力交易的全球投资从 2019 年的 3%增加到 2021 年的 30%；BP 相关转型增长引擎——生物能源、可再生能源和氢能、电动汽车充电业务、便利零售占比提升，在建可再生能源项目装机容量增长 4 倍至 24.5 吉瓦，氢能业务市场份额提升至 10%。预计到 2030 年，BP 将通过五个增长引擎产生 90 亿~100 亿美元的收入，实现"业绩增长"和"持续转型"，并继续实现其投资者的目标。

BP 发布的转型成果显示，在可持续投资基金的支持下，截至 2023 年底，BP 的转型成果已经在五个方面有了显著的提升（见表 10-1），并助推世界实现净零排放目标，包括倡导支持净零排放的政策，诸多条款已成为法律。石油、汽油和天然气副产品的碳排放情况（见表 10-2）以及温室气体的排放情况（见图 10-8）也能展示出 BP 的战略转型成果。

表 10-1　截至 2023 年底 BP 目标实现情况及战略调整

目标	实现情况及战略调整
净零运营	与 2019 年相比，运营实现了温室气体绝对排放量 41%的减少
净零生产	与 2019 年相比，上游油气生产中的碳绝对排放量下降了 13%
	2023 年 2 月战略更新后，预计 2025 年减少 10%~15%（之前为 20%），到 2030 年减少 20%~30%（之前为 35%~40%）
净零销售	与 2019 年相比减少了 3%
减少甲烷排放强度	从 2019 年的 0.14%下降到 2023 年的 0.05%
转型增长投资	与 2019 年相比增长 5 倍多，但有所波动，反映了 2022 年大型低碳收购的影响

表 10-2　石油、汽油和天然气副产品碳排放情况

种类 ＼ 年份	2019	2020	2021	2022	2023
总排放	361	328	304	307	315
石油	185	177	157	152	158
汽油	165	140	138	145	146

续表

种类 \ 年份	2019	2020	2021	2022	2023
液化天然气	11	11	9	10	11

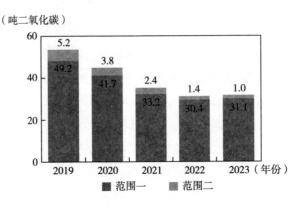

图 10-8　范围 1（直接）和范围 2（间接）温室气体排放（操作控制边界）

注：范围一：在 BP 的操作控制范围内运行的资产。范围二：与生产电力、加热和冷却有关，为操作运行而购买的资产。

资料来源：《BP2023 年可持续发展报告》。

五、可持续基金推动绿色转型的经验

安盛弗拉姆灵顿英国可持续投资基金推动 BP 绿色转型的成效显著，它使 BP 石油公司能够最大化调整战略的效率，深化内部改革，推动企业收益和环境效益增长，同时也能支持可持续基金的发展。IMF 针对全球普遍存在的绿色转型问题提出了建议和发展方案，结合本案例可以归纳为以下几点：

第一，分析气候变化和减缓气候变化政策对 BP 和整个系统稳定性构成的风险，并探讨如何利用可持续投资基金来缓解这些风险。但是，由于气候相关风险的长期性和可能的气候路径的根本不确定性，估计气候相关风险具有挑战性。虽然监管机构越来越多地使用基于场景的探索性评估以揭示这些风险，但作为准确衡量风险和微调政策的工具，它们仍然存在严重的局限性。然而，它们可以帮助提高行业对这些风险的认识，并促进公司风险管理的改进。

第二，缩小数据差距和加强信息披露是改善风险管理的关键，也是提高当今市场上各种"绿色"和 ESG 标准的透明度、治理和可信度的关键。虽然对共享和有意义的分类法的需求是无可争议的，并且越来越被业界重视，但将分类法设计成动态的和前瞻性的，并避免老式工业政策是一项挑战。

第三，需要加强政策协调能力，可持续基金发展面临的最大风险是缺乏政策协调。在本案例中缺乏有效的政策协调，可持续基金积极推动经济中的去碳化，但政府并未有效承诺，从而阻止维持转型所需的相对价格变化，可持续发展基金最终可能遭受损失。

第四，关注可持续基金的有效性。由于资产管理公司在定义和展示其绿色资质方面存在差异，人们很难知道一只基金是否真正具有可持续性。总部位于伦敦的智库"影响力地图"（Influence Map）在 2021 年的一份报告中发现，在其评估的 723 个 ESG 基金中，有一半以上未能达到 2015 年《巴黎协定》规定的全球气候目标。大型基金管理公司和金融机构继续辩称，它们可以利用持有的能源股与化石燃料公司"接触"，帮助它们向低碳经济转型。但投资部门开始认识到，仅仅依靠参与来抑制煤炭、石油和天然气的开采和生产是有局限性的。参与战略难以评估，而且往往缺乏减排和客户参与方面的可量化承诺。此外，20 多年来可持续投资基金的参与度无法与日益严峻的气候变化相匹配。

第四节　汇丰银行绿色金融案例分析

本节阐述了汇丰银行的气候政策框架及其最新修订的可持续风险政策，介绍了汇丰实施的一系列环保项目和计划，并对其在业务创新方面的实践进行了分析。最后，本节还对比分析了中国银行业与汇丰银行在转型金融领域的实践。

在中国"双碳"目标的背景下，转型金融是促进经济高质量发展的重要环节，商业银行作为现代金融体系的重要组成部分，应充分发挥其主导地位积极发展转型金融，贯彻可持续发展理念。汇丰银行作为具有国际影响力的全球大型银行之一，积极践行碳中和的道路，实现气候风险管理目标，不断更新可持续金融政策，融入转型金融理念，切实服务于企业客户的转型计划，坚持履行环境保护的承诺。本节借助汇丰银行的案例以展现商业银行在服务转型金融的过程中的实践创新，分析转型金融促进企业绿色发展的路径机制，并对我国银行的碳中和发展提出经验建议。

一、汇丰银行绿色金融案例概要

近年来气候变化风险逐渐成为全球各区域以及各组织机构关注的焦点，尤其对银行等金融机构来说，这既是一项挑战又是一次机遇。研究表明针对气候风险管理最根本的问题就是减缓碳排放。各个经济体和组织机构积极响应全球趋势，开展碳减排的相关研究，制订符合自身发展的碳中和战略指引。2022 年，党的二十大报告中就再次强调了我国的"双碳"目标，表示要积极稳妥地推进碳达峰碳中和。"双碳"目标是新时期乃至今后长期低碳转型发展的战略方向，绿色金融作为达成"双碳"目标的关键途径，亟须提升服务效能，以更加高效地驱动社会经济向低碳化转型。

基于此，在全球低碳发展的潮流中，国际大型商业银行作为金融机构中的重要组成部分，应充分发挥其引领作用和对企业投融资的约束作用，结合自身发展规划制定切实可行的战略目标，通过更加严格的政策指引以及更加多元化的业务合作以促进增加绿色投资，抑制重污染项目的扩张发展，协助企业客户完成低碳转型，树立行业基准，更好地实现气候风险管理目标。汇丰银行作为具有国际影响力的全球性银行之一，在自身的经营发展中充分贯彻环保理念，坚持履行环境保护的承诺和气候风险管理的目标。本书借用汇丰银行的碳中和框架，通过汇丰为实现可持续风险管理所制定的一系列政策制度、项目计划和业务创新，以展现银行金融机构在实现碳中和目标、创新发展转型金融的过程中发挥的作用效应以及影响路径。

二、汇丰银行的碳中和之路

（一）汇丰银行的气候政策框架

所谓"碳中和"银行，就是指积极响应气候变化目标，以低碳可持续发展作为银行的核心发展策略，致力于通过制定切实可行的碳减排和碳抵消政策和措施，实现按照公允碳排放强度计算方法的碳减排目标，最终实现银行层面和投资组合层面的净零排放。商业银行由于处在金融机构体系的核心主导地位，其对碳中和的探索发展不仅对行业也对整体金融体系乃至整个社会产生深远影响。基于社会责任理论，商业银行践行碳中和的战略目标，发展转型金融相关业务，是商业银行社会责任感的体现，不仅可以提高银行的声誉地位，同时也充分发挥银行的融资功能，推动各行业深入探究绿色转型路径，达成与自然和谐共生的美好愿景，助力经济社会迈向高质量发展阶段。而商业银行在实现碳中和的过程中，首要任务是强化战略规划的顶层构建，即制定既全面且符合发展需要、可实施的战略框架。具体而言，一方面聚焦碳排放，在技术层面实现碳排放核算以及相应指标的构建，通过碳减排和碳抵消助力实现碳中和；另一方面，积极发展绿色金融和转型金融，努力实现转型金融与绿色金融的有序有效衔接，协助实现投融资的碳中和。

汇丰银行致力于发展长期业务，建立持久的合作关系，希望成为一家管理完善的企业，让员工为之自豪，赢得客户及所服务社区的信赖，并尽可能降低对环境的影响。汇丰贯彻"环保理念"并融入现代商业银行的经营思想之中，在全球气候风险的背景之下顺应潮流，充分把握气候变化所带来的挑战和机遇，始终引领低碳发展趋势，积极探索碳中和的发展策略，制定转型金融政策标准，为行业树立基准。

汇丰银行作为率先发展并引领碳中和的国际大型银行之一，早在 2005 年 10 月，便已实现其早期碳中和目标。其早期碳中和计划主要涵盖三个维度（见表 10-3）：第一，优化能源管理，有效削减能耗，进而降低直接碳排放量；第二，借助采购"绿色电力"的方式，降低耗费电力的碳排放系数；第三，投资碳排放减免项目，实现对残余二氧化碳排放量的有效抵消，最终达到碳中和的目标。

汇丰银行相信，改善环境和社会以及管治表现对集团的长远成功至关重要。因此将定期发布最新资讯并设定目标，指引其经营业务的方式。

2020 年，汇丰银行制定了一项宏大计划（见表 10-3）。优先考虑支持零碳排放经济转型的融资和投资项目，协助社会及企业开创一个繁荣、具有抗逆力的未来。其计划包括三部分：第一，提供可持续融资——协助客户减少碳排放，同时确保其业务蓬勃发展。目标是到 2030 年向可持续发展领域注入 7500 亿至 10000 亿美元的融资与投资，支持客户低碳转型。第二，气候解决方案及创新——向零碳排放经济转型需要全新的解决方案。汇丰银行正在为基于自然气候的解决方案开辟新的融资途径，并扶持具有革新性及广阔前景的清洁技术。第三，成为"净零"银行——中长期的碳中和愿景目标。该目标分为两个阶段：在 2030 年前达成自身经营活动的净零排放，在 2050 年前达成融资、投资组合的净零排放。汇丰银行所言的"净零排放"并非指完全的零碳排放，而是通过碳减排和碳抵消措施，以实现新排放温室气体的同时等量消除温室气体，最终实现温室气体净零的动态平衡。

表 10-3　汇丰银行的碳中和计划

2005 年	实现碳中和目标	通过对能源耗用量进行管理并实现能源耗用量的降低，从而减少直接碳排放
		借助采购"绿色电力"的方式，降低耗费电力的碳排放系数
		对碳排放减免项目进行投资，实现对残余二氧化碳排放量的有效抵消，进而实现碳中和
2020 年	碳中和计划	提供可持续融资
		气候解决方案及创新
		成为"净零"银行

资料来源：汇丰银行网站，作者整理所得。

"净零银行"目标的达成需要从风险管理体系的强化、公司治理结构的优化、业务发展战略的绿色转型、环境绩效的评估披露等多个维度进行规划，共同形成"净零"目标的发展框架。在公司治理方面，汇丰银行表示将由董事会对整体碳中和战略的计划实施进行管理控制，下设各地区以及各业务条线的管理者对各自区域的气候风险进行管理。尤其在汇丰银行的集团执行董事和集团高层的长期激励积分卡中，碳中和目标的执行实现结果的评估占 25% 的权重。在业务发展方面，汇丰银行承诺未来 10 年内提供 7500 亿美元至 1 万亿美元用来支持企业客户的转型过渡计划，以及助力极具发展潜力的低碳转型和碳减排计划等。在风险管理方面，汇丰银行在原有风险管理框架的基础上，创新性地融入气候风险管理，在风险管理部门内部设置功能性的专业化团队，充分考虑气候风险所产生的一系列影响以及管理监控措施。在评估披露上，汇丰银行承诺定期公布碳中和相关进度报告，并定期披露碳排放情况，通过巴黎协定资本转型评估等工具对银行投资组合的气候转型风险进行评估。

（二）汇丰银行的政策制度

1. 可持续发展风险政策

汇丰银行于 2002 年首次提出可持续发展风险政策，其目的是确保汇丰银行为支持经济发展而向客户提供的金融服务不会对人或环境造成不可接受的影响。汇丰银行致力于通过遵循环境和社会风险方面的良好国际惯例，寻求经济、社会和环境因素之间的平衡。可持续发展风险政策主要集中在可能对人或环境产生严重不利影响的、有大量客户的行业上，并且每隔一段时间就会对政策进行审查，以支持良好的实施。该项政策细分为七大领域，包括农业商品政策、化学工业政策、能源政策、林业政策、采矿和金属政策、煤电退出策略、世界遗产地和拉姆萨尔湿地政策。2022 年 12 月，汇丰银行对能源政策和煤电退出策略进行了更新，其更新内容具有深远意义，本书主要就能源政策和煤电退出策略更新进行介绍。

汇丰银行致力于支持和资助向安全的净零未来的过渡，在与其他国际机构协商后，于 2022 年 12 月 14 日，宣布了一项具有里程碑意义的能源政策更新（见表 10-4），包括承诺停止直接为新建油气田和相关基础设施提供融资，旨在减少能源客户组合的融资排放，帮助实现去碳化，成为做出该承诺的最大的全球性银行。

表 10-4 能源政策框架

涵盖领域	石油和天然气、煤炭、氢气、可再生能源和水电、核能、生物质能等
政策目标	推动全球温室气体减排，既要实现汇丰投资组合的净零排放，又要支持向全球能源净零排放的未来过渡
	实现有弹性和有序的能源转型，帮助度过今天的能源危机，建立长期的能源安全
	支持公正和负担得起的过渡，符合所服务地区的当地实际情况
年度审查和披露	至少每年审查一次该政策，以确保其与逐步淘汰承诺保持一致
客户过渡计划	2023 年完成欧盟和经合组织市场上客户的相关评估，2024 年完成全球市场上客户的相关评估

资料来源：汇丰银行网站，作者整理所得。

更新后的能源政策涵盖了更广泛的能源系统，包括石油和天然气、煤炭、氢气、可再生能源和水电、核能、生物质能等。政策表示将加速淘汰排放强度最高、对当地环境风险最大的化石燃料来源，对排放强度最大的石油资产以及对环境和社会有害的能源活动进行直接融资限制。根据该政策，汇丰银行将停止向涉及新建油气田及其配套基础设施的项目提供新增贷款或资本市场资金支持。此外该项政策的另一个重要部分就是参与转型计划，以鼓励和支持客户实现能源供应、生产和商业模式的去碳化和多样化。如果企业尚未制定转型计划，或者转型计划在反复沟通后仍与汇丰银行的目标和承诺不一致，汇丰银行将停止为该企业提供新的融资，并可能酌情撤回现有融资。

汇丰银行作为全球第 13 大化石燃料投资者，将继续在企业层面为能源行业客户提供融资或咨询服务，只要客户的转型计划与其 2030 年投资组合层面的目标和 2050 年净零排放的承诺一致。国际能源署 2021 年的《2050 年净零排放报告》指出，有序的转型需要持续的融资和对现有油气田的投资，以维持必要的产出——2020 年的融资水平将维持到 2030 年，此后下降到一半。因此，汇丰银行将继续提供资金，以维持石油和天然气的供应，使其符合当前和未来不断下降的全球石油和天然气需求，同时加快支持清洁能源部署的活动。即汇丰银行的能源政策并没有排除向仍然在开发和开采新石油和天然气的公司提供贷款的可能性。

其他规模较小的银行也做出了类似的承诺——不为石油和天然气项目提供资金，包括劳埃德银行集团、荷兰国际集团和西班牙对外银行。但鉴于汇丰银行的全球规模和业务范围，其政策将其他大型银行甩在身后，尤其是北美最大的化石燃料融资银行，如加拿大皇家银行。

2. 煤电退出策略

除了更新的能源政策，汇丰还更新了煤电退出策略（见表 10-5），包括到 2030 年将动力煤开采的绝对表内融资排放量减少 70% 的目标，以及将燃煤发电的绝对表内融资排放减少 70%。汇丰银行承诺将逐步淘汰动力煤融资，

表 10-5 煤电退出策略框架

政策目标	2030 年前在欧盟和经合组织市场上逐步取消对燃煤发电和动力煤开采的资助；2040 年前在全球市场逐步取消对燃煤发电和动力煤开采的资助
年度审查和披露	至少每年审查一次该政策，以确保其与逐步淘汰承诺保持一致
	每年报告根据逐步淘汰政策承诺减少融资的进展
	到 2025 年将动力煤融资风险至少减少 25%；到 2030 年将融资风险减少 50%
客户过渡计划	评估因素：减少温室气体排放的目标和雄心，过渡战略的清晰度，披露的充分性等
	在 2022 年底前完成对欧盟和经合组织市场内客户的转型计划评估，并在 2023 年底前完成对全球市场范围内客户的评估

资料来源：汇丰银行网站，作者整理所得。

2030 年前分阶段终止对欧盟及经济合作与发展组织市场内热煤开采与燃煤发电项目的融资支持，到 2040 年实现在全世界范围内对该类项目的融资退出，以帮助新兴市场的公正转型。更新后的煤电退出策略还禁止为新的冶金煤矿提供资金。

基于此次发布的新策略，汇丰银行将参考科研最新成果及相关国际指引，设立年度评估机制，确立阶段性目标，以在预定的退出期限前达成可量化的成果，

包括逐步缩减其动力煤融资的风险敞口。汇丰银行将每年在其年度财务报告与账目中披露相关进程。汇丰银行打算以 2020 年气候相关金融信息披露工作组（TCFD）为基准，争取到 2025 年将动力煤融资风险至少减少 25%，到 2030 年将融资风险减少 50%。

在整个退出过程中，汇丰银行将携手相关客户一同策划转型方案，包括减少温室气体排放的目标、减排技术的可靠性、信息披露的详尽性、转型战略的明确性和可信性以及对"公正转型"原则的把握等。对那些转型规划与汇丰银行 2050 年的净零目标不契合的客户，汇丰银行将逐渐终止融资支持。

此外，当存在以下情况时，汇丰银行将拒绝向任何客户提供新的融资：第一，客户将新的融资用于汇丰银行认为不符合其 2050 年的净零排放目标的具体活动，包括新的动力煤基础设施；以及仅就欧盟和经合组织市场而言，客户的动力煤相关收入超过总收入的 40%（或到 2025 年占总收入的 30%）。第二，客户拒绝汇丰银行充分参与其转型计划，或者汇丰银行确定该转型计划不符合其 2050 年的净零排放目标。同时汇丰银行表示将不会与拥有大量火力发电能力、采矿产量或收入的潜在客户建立新的关系，实质目的为减少温室气体排放的除外。

更新的煤电退出策略也对客户提出了新的要求：第一，制定并公布与汇丰银行 2050 年实现净零排放目标相符的转型计划。汇丰银行希望在 2022 年底前完成对欧盟和经合组织市场内客户的转型计划评估，并在 2023 年底前完成对全球市场范围内客户的评估。第二，定期（通常是每年）向汇丰提供有关其转型计划实施情况的详细披露。第三，评估将基于以下因素：减少温室气体排放的水平、过渡战略的清晰度和可信度，包括任何拟议的减排技术以及对公正过渡的考虑。

汇丰银行的愿景是成为能源转型领域融资的关键驱动力，尤其是在亚太地区发挥最大化的引领效应，共同致力于将全球平均气温升幅严格控制在 1.5℃ 以内。在一些仍高度依赖煤炭的新兴市场，汇丰银行有能力也愿意与客户深度协作，助力他们在未来数 10 年间过渡到更安全、环保且经济高效的替代能源体系。同时，汇丰银行还支持亚洲开发银行引领的能源转型机制（ETM），该机制聚焦于投资可再生能源并加速燃煤电厂的淘汰进程。于第 26 届联合国气候变化大会（COP26）上，汇丰成为"助力淘汰煤炭联盟"的一员，携手 150 多个政府、公用事业部门、非政府组织和机构、金融机构等，一同推进煤炭发电模式向可持续能源体系转变。

3. 一系列环境保护项目和计划

贯彻可持续金融发展理念，实现碳中和目标，汇丰需要做好充分的准备，在既有可持续金融政策的基础之上，积极针对具体业务领域制定相应的指引与标准，开展各项气候治理相关计划与项目（见表10-6）。

表 10-6 汇丰所制定的一系列环境保护项目和计划

年份	政策	适用领域	承诺
2003	汇丰率先采纳并实施"赤道原则"	采矿、油气、林业等	保证只为那些符合条件的项目发放贷款
2004	汇丰公布一系列环境贷款指引	森林土地与森林产品、淡水基地、化工、能源和矿产与金属	加强对银行贷款和客户业务的环境评估与监督
2007	"汇丰与气候伙伴同行"中国项目	森林、淡水、城市等	配合中国政府助力节能减排方面
2020	碳减排激励计划	再生能源、能效提升、绿色建筑和清洁运输等	为其企业客户节能减排项目的固定资产贷款提供财务激励

资料来源：汇丰银行网站，作者整理所得。

（1）汇丰银行率先采纳并实施"赤道原则"。汇丰银行作为碳中和政策的坚定支持者，早在2003年就率先采纳并实施"赤道原则"，并运用到其全球市场的业务实施中，涵盖石油和天然气、林业以及采矿业等领域。汇丰银行遵循"赤道原则"，承诺将只为符合赤道原则相应条件的投融资项目发放贷款，充分践行其环境保护和气候风险管理的承诺。汇丰银行认为对环境的保护是实现人与自然和谐共处大目标、实现地球健康繁荣长久的重要举措，因此汇丰银行坚持贯彻环境保护的经营理念，在全球发展碳中和的过程中承担身为行业引领者之一的社会责任，积极推广碳中和的理念与政策指引，努力实现银行业务的低碳可持续发展。

（2）环境贷款指引。汇丰集团构建了一系列环境贷款指引，覆盖了多个领域包括矿产与金属、化工与能源、林地以及森林生态产品、淡水，并明确了其指引所支持与不支持的各项经济活动。此一系列环境贷款指引通过制定对不同领域的贷款要求，增加对环保相关经济活动的资金支持。例如，在中国"双碳"目标的背景之下，汇丰中国积极推广环境贷款指引的实施：一方面，为进一步加强其信贷评估功能，汇丰中国大力发展人才计划，充分吸收环境保护与可持续专业人才并设定独立岗位，同时注重对全体员工环保意识的培养，实施全面的培训计划以深化员工对银行环境贷款指引以及其他可持续政策的认知与理解；另一方面，为了确保环境贷款指引的落实，汇丰特别设计了监测一览表，协助相关人员更全面、更完善地进行相关业务的操作。

（3）"汇丰与气候伙伴同行"中国项目。2007年12月4日，汇丰银行联合地球守望组织，史密森尼热带研究中心和世界自然基金会，在北京举办了"汇丰与气候伙伴同行"中国项目的启动仪式。此项目由汇丰银行自2007年5月起启动，旨在通过总额1亿美元的捐赠（其中中国项目占2179万美元），推进全球保护气候进程。汇丰银行许诺将与其他气候合作方共同配合，助力中国政府的"双碳"目标，支持中国政府的节能减排工作，联合企业与人民、政府以及其他组织机构，在淡水与森林、城市等方面积极开展相关工作。

（4）碳减排激励计划。汇丰中国宣告于2020年1月2日正式启动"碳减排激励计划"，通过该计划可以实现对其企业客户节能减排、转型过渡计划的固定资产贷款的资金支持，助力企业进行低碳转型升级，达成可持续发展的长远目标，携手推动中国经济高质量发展。汇丰中国作为外资银行的先驱，率先在中国内地推出该类计划。同时，汇丰承诺在2025年完成1000亿美元的可持续发展投融资。

该计划广泛覆盖了能效优化、再生能源、绿色建筑以及绿色交通等多个领域，具体涉及水能、风能、太阳能等清洁能源的生产与转化智能电网建设、能源储存系统、设备更新换代、绿色房地产开发、清洁能源汽车以及公共交通等。在该计划下，汇丰中国率先引入国际专业认证评估机构对其企业客户的固定资产贷款项目进行环境绩效评估。对实现至少15%碳减排目标的固定资产贷款项目，可以获得相应的贷款额度，同时根据企业所减少的碳排放量，每年还可以获得一定比例的现金返还。在融资约束机制作用下，该项措施对企业具有一定的激励作用，通过相应的许诺促进企业制定相应的碳减排计划，并积极实现碳减排目标。

（三）汇丰银行的业务创新实践

商业银行为实现投融资活动的碳中和，需大力发展绿色金融与转型金融，积极创新相配套的业务工具体系，实现多元化的业务模式：通过提供差异化的信贷政策以及绿色转型债券政策，引导绿色资源的高效配置，助力企业客户进行绿色转型升级；通过降低直接碳排放与间接碳排放，实现碳减排与碳抵消政策的有效结合。汇丰银行在此方面做出了较为出色的成绩，积极推动各项转型相关业务的实施（见表10-7），大力支持绿色转型债券的创新发展，提供转型金融定制化服务，为企业特别是两高企业的低碳转型提供融资支持。

表 10-7　汇丰的业务创新实践

时间	实践创新
2021 年 6 月 3 日	携手专业机构，汇丰在中国内地启动低碳项目
2022 年 5 月 17 日	汇丰首推 50 亿美元大湾区可持续发展信贷基金
2022 年 10 月 26 日	汇丰中国推出外资行业首个"专精特新"企业专项支持计划
2022 年 11 月 25 日	汇丰协助梅赛德斯—奔驰成功发行首笔跨国企业绿色熊猫债
2023 年 5 月 8 日	汇丰中国推出 300 亿元绿色信贷基金支持低碳发展

资料来源：汇丰银行网站，作者整理所得。

1. 能源转型、降碳创新和探索基于自然的解决方案

2021 年 6 月 3 日，汇丰银行宣告将携手国内外绿色领域的权威机构，在中国内地正式启动气候变化项目，项目涵盖多个领域包括地产、电子、纺织、生态修复以及低碳创新等，旨在协助中国实现碳达峰碳中和目标。汇丰银行投入近 1 亿元人民币，与世界资源研究所、世界自然基金会、阿拉善 SEE 基金会、恩派公益组织发展中心以及清华大学教育基金会合作开展多个项目，共同推动能源转型、降碳创新和探索基于自然的解决方案。

（1）能源转型。与纺织企业共享绿色节能技术，培养具备专业知识与技能的人才队伍，驱动纺织行业可持续性转型；与业界龙头企业协同战略，共同推动可再生能源的广泛应用，构建健全的可再生能源采购市场机制。对于房地产与电子行业，采取多维度策略，包括优化绿色标准框架、强化企业能力建设、提供全方位的技术援助，旨在提升这些行业及其供应链的能源利用效率，并有效推进节能减排工作。

（2）降碳创新。汇丰银行为新兴的低碳技术初创企业提供全方位的孵化支持，通过"产业共创"助力这些初创企业跨越从技术战略规划到实际市场应用的鸿沟，构建充满活力与潜力的绿色创新创业生态系统。

（3）基于自然的解决方案。在森林与内陆、滨海湿地区域，实施一系列基于自然气候的生态修复措施，旨在增强生物多样性保护、极端气候适应能力与生态系统服务能力。同时构建协同合作平台，增进跨学科跨领域的深度交流与科研合作。

2. 汇丰银行推出首个大湾区可持续发展信贷基金

为促进粤港澳大湾区的绿色转型，汇丰银行于 2022 年 5 月 17 日创新性地推

出首个大湾区可持续发展信贷基金，并允诺在未来 18 个月内，将提供 50 亿美元的专项资金支持大湾区企业客户的降碳减排项目，推进大湾区的"双碳"目标进程。汇丰银行新设的基金不仅延续了其在可持续发展领域的战略布局与坚定承诺，还将助力大湾区的绿色经济，如新能源等产业的蓬勃扩张，以及传统高碳高耗行业的绿色低碳转型。该基金依托绿色贷款、绿色贸易融资等创新的绿色金融服务方案，辅助专属的审批通道以及 ESG 咨询培训服务等，为大湾区低碳发展提供资金支持，助力大湾区加快实现低碳减排目标。

3. 汇丰银行推出"专精特新"专项支持计划

2022 年 10 月 26 日，汇丰中国正式面向"专精特新"企业推出专项支持计划，计划将在 2 年内向此类企业提供 20 亿元人民币的融资资金，助力中小企业加速绿色创新转型进程，促进其可持续发展目标的实现。此举标志着外资银行首个面向"专精特新"企业的专项计划的诞生。该项计划从以下三方面助力：第一，在信贷审批方面，汇丰银行考虑企业客户的运营状况与发展特色，对首次贷款审批流程进行定制化改进。对于符合计划要求的企业，汇丰银行特别设立专属的信贷审批通道，并许诺最快能在 24 小时内完成审批。第二，资金投放方面，该计划将综合运用金融科技手段，对重点产业链、供应链以及创新链进行更深层次的分析，将根据企业从初创到成熟的不同阶段的具体需求设计资金支持方案。第三，在融资结构方面，该计划针对不同企业客户差异化定制融资结构，并结合国内外先进的贷款标准，最终满足企业对设备迭代更新、技术改造升级等方面的资金需求；在服务模式方面，汇丰银行通过更加多元化和多样化的业务模式和金融工具，在境内外市场上对中小企业创新驱动升级等提供融资。

4. 汇丰银行协助梅赛德斯—奔驰成功发行首笔跨国企业绿色熊猫债

2022 年 11 月 25 日，汇丰中国正式宣告已助力梅赛德斯—奔驰国际财务有限公司在中国境内债券市场完成了绿色债券的顺利发行，标志着跨国企业首次成功发行绿色熊猫债。该交易也是 2022 年 7 月《中国绿色债券原则》发布后，中国债券市场迎来的首笔跨国企业绿色熊猫债，显示了中国债券市场的日益国际化。

汇丰中国在此次绿色债券发行中，以联席主承销商的身份深度参与，帮助梅赛德斯—奔驰在中国银行间市场成功募集了总额为人民币 5 亿元的绿色熊猫债，发行期限为 2 年，票面利率2.9%，筹集资金将专门用于支持梅赛德斯—奔驰在华子公司的纯电车型融资租赁业务。此次发行在境内外投资者中引起强烈反响，发行整体认购倍数超过 3 倍。

5. 汇丰银行推出 300 亿元人民币绿色信贷基金

2023 年 5 月 8 日，汇丰中国宣布推出一项规模达 300 亿元人民币的绿色信贷基金，并凭借设立专属信贷审批通道以及提供优惠利率等措施，为企业的低碳发展和绿色转型提供金融支持。该绿色信贷基金将在未来 18 个月内进行投放，依托两个子基金分别满足国内企业的本土业务与跨境发展需求。境内业务子基金专注于为企业提供符合中国人民银行绿色贷款标准的各类金融产品，着重推动新兴绿色产业的发展和传统行业的可持续性转型，并倾向于为绿色低碳领域的"专精特新"中小企业提供融资；跨境业务子基金聚焦于助力中国绿色产业的国际化，为可再生能源企业以及新能源汽车产业链相关企业的海外项目提供金融支持，帮助企业在全球范围内开拓业务。

为提升信贷的投放效率并减轻企业的融资负担，汇丰中国为达标贷款项目开辟专属信贷审批通道并提供利率优惠，并为企业提供 ESG 相关咨询服务。

三、中国银行业与汇丰银行转型金融对比分析

相应地，国内部分银行同样已率先确立金融支持双碳目标的战略及执行策略，有的还计划了详尽的实施路径。中国邮政储蓄银行制定了《落实碳达峰碳中和行动方案》，提出十大重点行动和 40 项具体措施；国家开发银行、中国建设银行、中国农业银行、江苏银行、安吉农商银行等也制定了服务碳达峰碳中和的目标计划或行动方案。

随着《G20 转型金融框架》的落地为各国家地区以及金融组织机构开展转型金融工作统一了标准框架，确立转型金融是未来金融业发展的方向之一，国内各金融机构也做出积极响应。例如，在 2021 年中国人民银行就全面展开对中国转型金融的相关研究，在转型金融相关标准制定方面，主要针对四大传统高碳高耗能行业领域展开初步探索，包括钢铁、煤电、建筑建材、农业。2021 年，中国人民银行开始转型金融的创新尝试，发布两项转型金融支持产品即碳减排支持工具和支持煤炭清洁高效利用的专项再贷款，吸引资金流向低碳转型项目。

同时，其他金融机构和组织协会也开始转型金融的初步探索。中国银行和中国建设银行于 2021 年 1 月和 4 月相继发布《中国银行转型债券管理声明》和《中国建设银行转型债券管理声明》，两份声明都明确定义了转型债券，同时清晰划分了转型债券分类标准以及相关规定，明确了其涵盖的经济活动范围。银行间市场交易商协会也印发了《关于开展转型债券相关创新试点的通知》，说明了转型债券与可持续发展挂钩债券的差异，从而明晰了转型债券的类型定义，并且还阐述了转型债券筹集资金的运用方向。

此外，在转型金融工具、产品创新方面，许多金融机构借鉴国际经验和方案，积极创新研发。国际上已有的比较成熟的转型金融工具有可持续发展挂钩贷款（SLL）和可持续发展挂钩债券（SLB），筹集资金主要用途为实现借款方承诺的环境效益改善目标。国内中国建设银行以及中国邮政储蓄银行开发 SLL 产品分别助力可持续建筑行业以及电力行业的低碳转型项目，国电电力发行 SLB 产品帮助电力行业的相关碳减排项目。例如 2022 年，佛山市作为建筑行业绿色转型的重要基地，生产建筑材料过程的绿色转型离不开大量资金支持，中国建设银行佛山分行向某陶瓷公司发放 2 亿元的相关贷款，用以支持其探索生产过程的低碳转型项目，助力企业转型升级。这与汇丰银行为马来西亚油气公司 Yinson 发行可持续发展挂钩伊斯兰债券具有类似性质，通过银行融资结合转型金融助力企业完成低碳转型计划。

总体而言，我国转型金融正处于初步发展阶段，目前有关银行业、相关转型债券等的政策指引与特征标准在顶层设计层面初步建立。但我国银行等金融机构尚未建立起较为完善的转型金融发展政策框架与战略目标，亟须向积极践行转型金融的汇丰银行等国际大型银行看齐，切实制定符合银行自身经营发展情况的转型金融政策与碳减排支持框架，充分发挥银行对企业客户的融资约束，通过控制对企业客户的贷款资金支持进一步促进企业低碳转型，从而促进经济高质量发展。

第五节　法国外贸银行绿色转型金融案例分析

本节介绍了法国外贸银行发展绿色金融的历史，从银行和客户两个不同视角剖析法国外贸银行绿色转型金融的成功案例，总结法国外贸银行的转型经验。最后在绿色金融和转型金融方面对法国外贸银行和中国银行业进行对比分析。

一、法国外贸银行概要

（一）法国外贸银行简介

1947 年法国外贸银行的前身 Banque Francaise du Commerce Exterieur（BFCE）成

立，1996~1997 年 Credit National 与 BFCE 合并成立 Natexis，1998 年法国大众银行集团友好收购 Natexis，法国外贸银行成为法国大众银行旗下的金融机构。

法国外贸银行具有极高的业务多样性，与世界各地的客户都建立了长期稳定的合作关系，成为各业务领域的领导者，是有融资需求的法国企业的首选，同时也是法国对外贸易的重要工具。进入 21 世纪后，法国外贸银行根据世界发展不断提升金融服务的时代性和创新性，为世界各地的客户应对时代的重要变化提供长期有力的支持，包括环境、技术和社会转型。

（二）与中国银行业的关联

在 20 世纪 50 年代法国外贸银行（其前身为 BFCE）已与中国的银行建立了代理行关系。自 1994 年在中国设立分支机构以来，至今已经成立了上海分行和北京分行 2 家机构。法国外贸银行持续关注中国绿色可持续市场并不断挖掘中国高碳排放产业以实现业务拓展。通过法国外贸银行在整个中国金融市场的活动，可以给予中国银行业关于转型金融相关的启示。

二、法国外贸银行绿色转型金融之路

法国外贸银行是众多通过绿色金融以及转型金融取得重大成就的银行之一，具有极大的借鉴意义。下面将从银行和客户两个角度剖析法国外贸银行转型金融的成功案例。

（一）银行内部分析

1. 成立对应部门

在 2017 年，法国外贸银行所属的 BPCE 银行集团成立了环境与社会责任部门（ESR）。ESR 一直由专门的部门管理，并直接向公司核心决策层报告部门工作内容。该部门由全球所有业务线和支持职能部门的近 200 名通讯员组成的网络提供支持，支持客户向更可持续的商业模式过渡，并为他们提供创新的解决方案，迅速成长为法国外贸银行业务线的增长动力。

2. 完善对企业可信度的评估

根据图 10-9 针对转型金融行业的调查可以得出，60% 左右的从业者对如何评估企业是否符合巴黎气候目标、是否向企业提供融资都有一定的疑问。为确保银行能做出明智的投资决策，法国外贸银行制定了可信的企业转型计划的十个关键要素。其中包括：设定具体目标包括中期目标；通过具体度量标准和 KPIs 来衡量绩效和进度；明确碳信用额度和碳补偿的信用额度；将转型金融计划与公司财务内务相结合，保持一致性等。通过完善转型融资交易的基础，减少转型金融的包容性带来的负面影响——为企业效益而发布环境友好服务、产品或实践的不实声明。

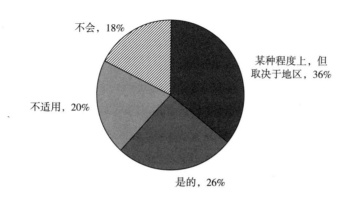

不会，18%

某种程度上，但取决于地区，36%

不适用，20%

是的，26%

图 10-9 2022 年经合组织转型金融行业调查

资料来源：OECD 官网《2022 年经合组织转型金融行业调查》。OECD（2022）：OECD Guidance on Transition Finance：Ensuring Credibility of Corporate Climate Transition Plans，OECD Publishing，Paris，https：//doi. org/10. 1787/7c68a1ee-en。

3. 契合的企业文化

法国外贸银行将环境与责任（ESR）作为其战略计划的主要驱动力之一，并将可持续发展研究定义为企业文化的三大支柱之一，坚定致力于应对气候变化。同时，每半年公司将提供一次环境和气候主题的培训，邀请相关业务领域专家团队制定培训计划。法国外贸银行也为监测企业和投资业务活动而设定了具体的气候目标，从而加强公司整体的目标意识。

（二）面向投资者和企业的策略分析

1. 信息与金融紧密结合

转型金融是绿色可持续发展领域和金融融资投资领域的交叉领域，只有单一的部门必然会碰到研究上的阻碍与失误，从而损害银行、投资者、受资企业三方的利益。因此，法国外贸银行与企业和投资银行的绿色和可持续中心（GSH）相合作，由 GSH 团队支持绿色可持续方案，而资产管理团队则致力于负责任的投资，支持客户进行 ESG 投资。投资者需要看到合规的具有官方认证的绿色证书的一致性，因此需要严格规定数据透明度要求、按时披露企业减碳数据以及适当的报告和审查验证，增强对金融市场中的企业能否致力于零排放转型的识别能力。

如表 10-8 所示，法国外贸银行已经建立起数个资金巨大的国际绿色金融合作项目。只有将信息和金融紧密结合，才能在广阔的国际金融市场中寻找合适的合作伙伴并且建立长久紧密的合作关系。

表 10-8　法国外贸银行国际绿色金融合作项目

项目名称	资金
智利太阳能光伏公用事业规模和 PMGD 工厂	3.64 亿美元
TransMilenio 的电动巴士特许经营	9550 万美元
秘鲁南部约 300 兆瓦的圣马丁太阳能光伏电站的建设、运营和维护	1.766 亿美元
信实铁路和澳元绿色可持续发展挂钩贷款	18 亿澳元

资料来源：BPCE 官网，https://newsroom-en.groupebpce.fr/green-finance.html。

以智利太阳能光伏公用融资项目为案例进一步分析。Natixis CIB 完成了 3.64 亿美元的融资，用于智利的太阳能光伏公用事业规模和小型分布式光伏（PMGD）电站组合，由 Solek Holding SE 赞助、拥有和运营。该投资组合的总容量约为 75MWdc。Natixis CIB 在本次融资中承担独家牵头安排人、独家配售代理和债务结构顾问等职责。这是 Natixis 4 年来的第 1 次 PMGD 融资，该交易体现了 Natixis CIB 真正的"一站式"计划，积极了解项目方、投资方的需求以及自身的能力，最大限度地支持智利在能源转型方面的持续努力。

2. 提供翔实的解决方案

在 Natixis CIB 官网可以看到，法国外贸银行将转型金融这一庞大的话题根据应用领域细分成了不同部分，下设不同解决方案，可根据客户的需求定制方案，如表 10-9 所示。融资方面包括绿色可持续发展贷款、绿色基础设施或房地产的融资，投资方面包括绿色产业投资、绿色资产证券化、可持续股票指数等。

表 10-9　法国外贸银行转型金融解决方案

投资者的了解	关于可持续投资者的市场情报（分析、趋势、基准）
	可持续投资者的监控（债券和贷款）
	投资者调查和市场观察
	支持绿色和可持续资产的分配

续表

投资解决方案	气候/水/ESG 指数
	与股票挂钩的绿色票据
	绿色固定收益结构性票据
专业知识和创新	内容创作（报告和方法）
	管理表
	影响报告协助、分类调整

资料来源：法国外贸银行官网"Green and Sustainable Hub｜Natixis CIB Finance Climate Transition ESG"，https：//gsh. cib. natixis. com/。

Natixis 召开 2022 年绿色峰会，共有 370 名与会者、55 名小组成员、16 个工作坊和 8 个开放阶段，针对"气候金融危机"展开详细讨论。

3. 积极展示银行能力

对于银行的资金支持力和决策力的信任度极大程度上决定了该金融机构的未来发展情况。因此，法国外贸银行积极参与各领域的国际奖项评选，并通过官网等渠道对外展示排行榜或获奖情况，以此来增加本行对潜在用户的吸引力以及银行的权威性。法国外贸银行所展示的奖项包括：2023 年银行家投资银行奖、2023 年环境金融大奖、西欧 ESG 相关贷款的杰出领导地位等。在参与国际奖项评选的同时，银行本身也将不断提升自我要求，实现新的突破。

三、法国外贸银行转型经验

（一）把握时代机遇

法国外贸银行能在 OECD 提出转型金融概念、欧盟可持续金融平台的《转型金融报告》（2021 年 3 月）等国际性风向文件出台后，迅速调整公司战略，将绿色金融的侧重点放在了气候变化领域上，深度研究转型金融。而在中国，2022 年中国人民银行研究系统要提升转型金融领域的研究深度，确保绿色金融和转型金融能够协调发展，以推动绿色低碳转型为工作重点，制定具有可行性的政策措施，促进金融体系向绿色低碳的方向转型。在国内政策支持、国外已有范例的情况下，我国银行业应充分利用极大的地理位置优势和集聚效应，迎合发展中国家经济转型所带来的庞大需求，把握时代发展的机遇，关注国家层面所制定完善的行业转型路径，发挥银行职能，帮助企业制定稳健的长期气候转型计划。

（二）完善理论体系和执行机制

法国外贸银行通过分类法、部门路径、技术路线图等手段，建立和利用现有的可持续金融工具，拟定转型计划以帮助提高整个转型战略的可信度和可完成性，最大限度地降低转型金融中"漂绿"带来的风险，最终鼓励可持续金融市场以可靠真实的方式发展。

作为 BPCE 集团下的法国外贸银行的成功不仅仅是单个子公司的努力结果，更是整个集团上下的高度认同和高效执行。BPCE 集团于 2020 年成立了 ESR 委员董事会，其中包括风险委员会、ESR 委员会和薪酬委员会。董事会讨论、批准并监督法国外贸银行高级管理层所提出的气候战略，其中就包括转型金融。

如图 10-10 所示，BPCE 集团有严密的组织架构，包括董事会、执行委员会、监督委员会，各领导层又下设不同的委员会分担各项职责；在业务执行方面，集团内部又分为金融、保险、社会环境治理等九个大类，构成了完善全面的国际性金融机构。

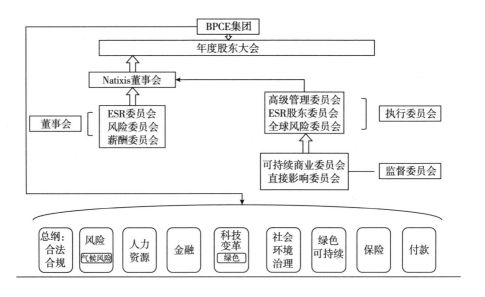

图 10-10　BPCE 集团组织架构

资料来源：法国大众银行集团官网，https：//natixis.groupebpce.com/wp-content/uploads/2022/08/rap-port_tcfd_natixis_2021_eng.pdf。

（三）扩大合作对象

在 Natixis 2021 年气候相关财务披露工作（TCFD）报告中曾提到寻求合作的重要意义。Natixis 用"立足本地，放眼全球"这句话来描述他们开展业务的方式。Natixis CIB 通过并购业务开发了许多附属公司，CIB 作为主要股东控制，而每家附属公司利用自身在本地的优势，利用贴近特定市场的文化构建起了跨越全球的合作网络。从 2015 年开始，2016 年加强西班牙业务，通过收购 PJ Solomon 扩大了在美国的覆盖范围，2018 年进入中国、渗透英国、德国，在 2019 年收购澳大利亚的 Azure Capital，完善了 CIB 在基础设施和自然资源方面的缺失。

四、法国外贸银行与中国银行业的对比分析

（一）中国银行业绿色转型现状

中国人民银行于 2021 年启动转型金融研究工作，2022 年 7 月 5 日，《人民日报》发布文章《转型金融助力绿色低碳发展》；2024 年 3 月 27 日，中国人民银行等七部门联合印发《关于进一步强化金融支持绿色低碳发展的指导意见》，优化对于转型金融的认知深度及实施规范，推动全国经济社会全面绿色低碳转型。目前，在政府部门的指导下，中国银行业正在逐步构建完善绿色金融体系，不断推进绿色金融产品和服务创新。比如，中国银行搭建"1+1+N"绿色金融政策体系。在创新方面，华夏银行通过人工智能技术推动绿色金融特色业务，打造的"华夏银行数智化绿色金融解决方案"入选工信部优秀案例。2023 年初，中国人民银行决定继续实施碳减排支持工具到 2024 年末，扩大碳减排支持工具的金融机构范围，纳入部分地方法人金融机构和外资金融机构，如法国巴黎银行，促进绿色金融全球开放合作。

（二）中国银行业与法国外贸银行对比分析

法律框架上，法国是全世界第一个将绿色金融纳入法律范畴的国家。2015 年 7 月 22 日，法国国民议会通过了《绿色发展能源过渡法》。而中国首部绿色金融法律法规《深圳经济特区绿色金融条例》在 2021 年 3 月 1 日开始实行，比法国晚了近 6 年。中国银行业接触相关领域的时间较晚，但仍不断努力完善法律框架。2022 年 6 月 1 日，中国银保监会印发《银行业保险业绿色金融指引》，吸取融合了部分金融机构的优秀经验，在组织架构管理、业务流程优化、风险防控机制及信息透明度提升等多个维度构建统一的规范，推动银行业可持续发展。

整体规模上，根据英国气候债券倡议组织（Climate Bonds Initiative）2023 年

发布的数据（见图 10-11、图 10-12），2023 年中国于境内外市场发行的符合
CBI 绿色定义绿色债券规模达 835 亿美元，连续两年保持全球绿色债券最大发行
市场的领先地位，同时法国以 300 亿美元的绿债发行量位居第七。2023 年中国绿
债发行规模出现小幅回落，中国发行的符合 CBI 绿色定义的绿色债券只数从
2022 年的 790 只减少到 2023 年的 697 只，而法国的绿色债券量发行同比增幅约
为 5%。近年来中国在绿色债券发行方面有相当大的进步，已经弥补了与法国银
行业在绿色金融议题上规模的差距，甚至超越了法国，但仍需努力。

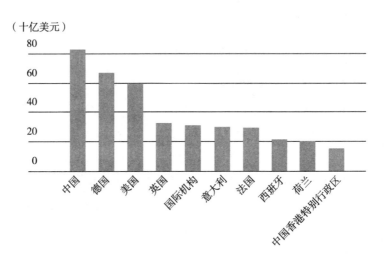

图 10-11　2023 年全球十大绿色债券发行市场

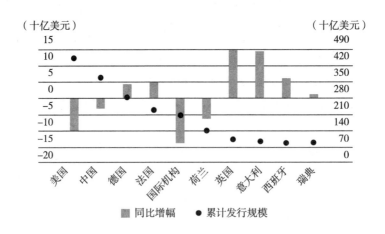

图 10-12　全球十大绿色债券累计发行

资料来源：《2023 年中国可持续债券市场报告》。

第六节　国际层面绿色金融促进可持续
发展案例带来的启示

本节提炼了国际层面绿色金融促进可持续发展案例带来的启示，涵盖了政策制定、金融创新、风险管理、金融机构运营、能源转型以及全球开放合作多个维度，从而为相关领域的决策者和实践者提供有价值的参考和借鉴。

一、对政策制定的启示

（一）制定政策框架

我国政策制定者应切实制定符合自身发展情况的零碳转型金融政策框架，有效结合绿色金融政策和转型金融政策，覆盖更多可持续发展的领域与经济活动，支持经济高质量发展与转型升级，促进经济社会的低碳发展。

为了增强可持续基金部门的转型驱动力，我国政策制定者应加强企业和可持续投资基金的全球气候信息架构（数据披露、包括气候分类在内的可持续财务分类），以确保适当的监管并防止漂绿。针对"洗绿：非绿行业通过'绿色包装'获得绿色融资抢占了其他主体的融资机会"以及"漂绿：获得绿色资金的主体在缺乏后期环境监督的条件下将资金用于非绿领域"等破坏转型金融领域健康公平发展的行为，制定行业内规范的评判标准和示范性处理方案，促使转型金融的资源集中在有合理需求、能合理使用资源的"棕色产业"上。另外，将储蓄引导到促进转型的基金工具（如对面向气候的基金投资的财政激励）来补充其他关键的气候变化缓解措施，如碳税。

制定转型金融活动的标准化和透明度相关要求。在棕色产业识别、中期实践检测标准、ESG 信息披露等方面，应当借鉴全球绿色产业转型的既定条例，实现国内转型金融市场的统一标准，提高转型金融的秩序稳定性。定期发布转型金融发展报告，发挥政府的统筹职能强化监测评估。

（二）完善绿色项目数据库

我国各省区市建设绿色项目数据库的进程有所差距。重庆早在 2020 年已经构建全市统一的绿色低碳项目库。2022 年金融街论坛年会上，北京绿色交易所发布碳账户和绿色项目库系统，至 2023 年 10 月 20 日纳入全国绿色项目约 3000 个。2024 年 6 月，上海发布《上海市绿色项目库管理试行办法》。

因此政府应持续完善绿色项目数据库的国家标准、评价准则、核算体系，逐步解决绿色项目识别难、评估难的问题，从而协助企业获取绿色金融服务，积极引导符合相关标准的企业进入绿色项目数据库。该举措可以有效避免企业的漂绿行为，推动绿色转型进程高质量发展，广泛汇聚绿色产业的多渠道、多层次资讯，为金融机构与绿色产业之间的有效对接开辟更为顺畅的路径，且中国的中小微企业多、各个企业的差异性大，各企业可结合自身发展情况制定独特的垂直监管框架。

二、对绿色金融创新的启示

我国金融机构应不断开拓发展新的绿色业务模式，创新转型金融产品与服务，同时积极合理运用数字化技术，将转型金融的发展与金融科技相结合，提高业务运行效率。具体而言：第一，充分发挥转型金融对高碳高耗企业转型升级的支持作用；第二，加强对碳减排重点领域的投资与研发，加大碳核算成果的应用力度，创新金融工具体系，以多元化的业务模式进行投研支持，发挥 REITs 对绿色项目的支持作用；第三，关注具有发展前景的绿色创新技术并给予资金支持，大力培育碳中和领域的科技企业，加大对绿色产业、节能减排、低碳转型项目的投入。

可持续投资基金应深化内部改革和产品创新，致力于为转型主体提供更大规模、更低成本的资金支持。此外，为了更有效地确保可持续投资基金的投资效率与业绩表现，应构建科学的激励与约束机制，保障资金运用的效率与转型成效。

三、对风险管理的启示

我国金融机构应注重气候风险管理，将其纳入风险管理的框架之中。一方面建立气候风险识别和评估体系，对不同气候情境下的存量资产进行情景分析与压力测试，得到相应的资产质量变化情况，减轻转型带来的潜在金融风险。另一方面在整体风险管理框架中融入环境因素，结合环境因素发展气候风险管理工具，针对气候风险进行监控监管，实现对气候风险的防范化解。

可持续投资基金应注重度量转型风险。风险过大导致可持续投资基金无法积极参与企业绿色转型过程中面临的主要问题，在此过程中，风险无法预测、成本波动幅度大阻碍了绿色转型的发展，使实际的转型进程迟缓。因此，可以通过政府的政策、资金支持推动可持续投资基金的投资进程，并利用人工智能等测算工具度量转型风险。

四、对金融机构的启示

（一）银行层面

在推动绿色金融的进程中，商业银行需从顶层设计的维度出发，构建目标明确且具备可行性的战略框架，从而确定阶段性目标和执行路线，稳健推动绿色低碳转型的实施。首先，应确立详尽的战略计划，设定核心战略目标，深化对气候风险的辨识与管控，寻求在自身经营实践中达到碳中和目标，并强化为客户打造绿色转型融资解决方案的能力。其次，设定特定环境保护领域的绿色金融融资目标，并定期发布进展情况。此外，确立自身的碳中和目标与投资组合中的净零碳排放目标以及中间目标，周期性检查目标进展，同时提升对融资客户的环境绩效标准，推动全社会的低碳转型进程。

具体到实践层面，完善银行内部管理机制，制定切实可行的实施路径。首先，在明确阶段性的顶层设计战略框架基础上，结合自身经营情况与发展计划，加快制定自身和客户的零碳转型规划，设置具体的细分领域政策措施，分步推进、稳步实施，制定明确的推进计划与路径。其次，加快建立完善的战略目标实施评估体系，每年对战略目标的实际进展与效果进行评估，持续完善碳减排工作。最后，建立合理的公司内部治理结构，确立明确的部门分工与岗位职责，设定严格的责任纠察机制，助力相应政策的落地实施。

加强审查工作与评估披露，提高碳排放量化程度。借鉴国际先进审查体系与披露经验，及时对银行自身制定的碳中和计划与转型金融政策进行更新检查，并按时报告实施进展情况与效果。在披露方面，按照相关标准，全口径核算并核查银行自身的碳排放情况并积极进行披露。基于此银行应不断完善发展金融系统的碳核算体系建设，积极做好披露工作。

（二）企业层面

针对转型金融的主要受惠企业——高碳密集型企业而言，关键在于能否意识到低碳化、去碳化是企业发展的必然趋势。政府应发布相关文书或福利条例，鼓励企业尝试转型金融。同时，加强宣传已成功实施的转型金融项目案例，提高转型金融的可信力，加大企业高层对企业转型的主动接受程度，可以发挥有效的推动作用。

增强人才智力支撑，企业应重视金融人才工程的作用，吸引并培育更多碳金融人才，与金融机构合作建立转型金融实训项目，帮助企业实现更快更高质量的绿色产业转型。

另外，企业应规范自身行为，杜绝"漂绿"。漂绿行为会损害企业的可持续发展，并为企业的生态效益和经济效益带来损失，因此企业不能因短视而阻碍长期发展。

五、对能源转型的启示

首先，我国实际可开发利用的风能资源储量为 2.53 亿千瓦。东南沿海及其附近岛屿、新疆北部、内蒙古、甘肃北部等风能资源丰富或较好的地区，具备发展风电的天然条件，应把握这一优势，大力发展风电这种清洁能源以实现当地能源转型，响应党对优化能源结构的号召。同时，应紧跟乡村振兴的战略方向，利用农村大量的零散闲置土地以及低风速发电技术，将风电发展至广大农村地区，为农村带来高质量、可持续的经济效益。

其次，对于能源转型的融资，我国应响应世界银行的号召，将资金投入各个城市的光能、风能产业建设，辅助世界银行完成对发展中国家能源转型的融资，带动全中国的能源结构优化，实现"十四五"时期对于能源转型提出的要求。

六、对全球开放合作的启示

我国应深化与各国在绿色金融领域的交流与合作，在绿色指数发布等方面开展积极的合作与探讨，涵盖绿色指数编制方法的优化及评价权重的科学设定等，结合中国定位以创新绿色转型形式。同时，鼓励国内可持续投资基金与国际同行加强对话，共谋高质量、有高影响力的可持续发展基金的发展策略，拓宽资金支持经济转型的渠道，并吸收国际先进经验以优化自身运营。我国金融机构应拓宽在全球范围内的合作网络，与境外企业及金融机构紧密协作，有助于搭建自身的转型金融框架；并通过设立国际绿色金融合作项目，整合分析全球资源，为客户量身定制更专业的可持续发展转型解决方案，并在实践中提供全方位的支持服务。此外，应促进国际绿色金融标准的进一步统一，包括绿色资产的分类、ESG指标与披露准则等，从而促进绿色资本在全球范围内的流通与高效配置。

在绿色金融研究层面，应推动广泛的全球合作。高校、科研机构可以与国际组织联合开展研究，面向全球发布可持续发展相关报告；同时，加强与跨国绿色技术创新企业的协作，为其投融资方面的实践提供切实可行的建议，推动绿色技术的商业化与产业化进程。

在共建"一带一路"倡议框架下，我国应深化与沿线国家在清洁能源项目上的合作，尤其可以依托于我国领先的光伏技术，这不仅有助于达成控制全球气温上升的目标，还能有效推动我国绿色能源产业的国际化。通过上述举措，我国将在绿色金融领域展现更强的国际影响力与领导力，为全球绿色转型贡献中国力量。

第十一章

我国绿色金融试验区案例分析

2017年6月，国务院常务会议决定在浙江、新疆、贵州、江西、广东5省（区）选择部分区域设立绿色金融改革创新试验区，探索可复制可推广的经验。本章通过选取这些绿色金融试验区进行案例分析，分析其成功经验及在绿色金融创新过程中全球开放合作所发挥的作用。

第一节　绿色金融创新中全球开放合作所起的作用

通过具体案例分析，可以看出全球开放合作在绿色金融创新中发挥重要作用。经过7年的实践，绿色金融改革创新试验区在习近平生态文明思想指导下，创新出来很多先行先试绿色金融经验，逐步实现从理念到行动的跨越，从区域绿色金融创新向全国、全球辐射。

一、全球开放合作提升中国金融机构的国际地位

从湖州市、衢州市绿色金融试验区的经验来看，浙江省政府通过提高相关绿色金融机构的信息披露，并不断完善监管体系，提高在国际上的声誉，进而通过国际合作与国际上的融资共同推动国内绿色金融可持续发展。

二、全球开放合作拓宽融资渠道

根据浙江省的湖州市、衢州市绿色金融试验区的经验，浙江省政府加强丝绸

之路的建设，同时加强与国际资本以及国际金融机构的合作，增强对绿色金融的投资，同时也优化绿色金融融资体系，形成多边融资体系。

三、全球开放合作为绿色金融体系注入新活力

根据新疆维吾尔自治区哈密市、昌吉州和克拉玛依市绿色金融试验区的案例，在国际合作方面，新疆哈密广恒新能源有限公司通过清洁发展机制与境外企业签署 3 万欧元跨境碳交易协议，落地碳汇交易，通过与国际进行密切的合作，不仅拓宽了融资渠道，还与国际接轨，更有利于创新出新的绿色金融工具，完善绿色金融体系的建设，往绿色金融体系内注入新的活力。

四、全球开放合作有利于绿色金融同转型金融的联动

在贵州省贵安新区绿色金融试验区案例和广东省广州市绿色金融试验区案例分析中，我国关于转型金融的理论暂时还不完善，转型金融体系建立困难，通过与国际方面的联动，可以有效弥补我国转型金融体系方面的空缺，与更好的绿色金融形成联动。

第二节　浙江省湖州市、衢州市绿色金融试验区的案例分析

2017 年 6 月中国人民银行、国家发展改革委等七部门印发《浙江省湖州市、衢州市建设绿色金融改革创新试验区总体方案》①。湖州市侧重绿色产业创新升级，衢州市则以传统产业绿色改造转型为主，形成服务实体、路径特色鲜明的绿色金融支持经济可持续发展的可复制、可推广经验。

一、湖州市绿色金融试验区试点情况

（一）相关政策及文件

湖州市中心支行正在努力支持碳排放行业的可持续发展，促进高碳高效的企

---

① 湖州成为国家绿色金融改革创新试验区。湖州市人民政府，https：//www.huzhou.gov.cn/art/2021/9/16/art_1229213482_59044594.html。

业，并将 7 项关键任务纳入其中，以期实现绿色可持续的金融体系①。通过结构性货币政策工具为具有碳减排效益的项目提供低成本融资，累计投入 16.92 亿元，以促进碳排放减少，实现可持续发展。出台《湖州市绿色金融促进条例》《湖州市绿色金融发展"十四五"规划》等文件。最新出台《湖州市 2023 年绿色金融改革创新推进计划》《湖州市"十四五"节能减排综合工作方案》。湖州市在助力碳达峰碳中和方面，积极开展绿色金融同转型金融实践。

1. 率先构建区域性转型金融框架

为了推动绿色金融改革创新，政府出台相关政策文件②，并制定了转型金融发展路线图，以结构性货币性工具为支撑，鼓励金融机构加大对低碳排放转型项目的投资力度。

2. 牵头探索转型金融标准建设和支持目录

印发《湖州市转型金融支持目录（2022 年版）》，确立了转型金融支持的九大行业和三十项细分领域。首次提出绿色金融标准建设规划，参与了 6 项，包括金融机构环境信息披露指南、金融机构碳核算技术指南在内的相关行业标准的制定，以促进绿色融资的发展。

3. 建立转型金融监测机制

制定出台《金融支持湖州市低碳转型活动监测工作实施方案》，监测梳理了首批 62 家转型金融监测企业。

4. 用创新性金融产品和服务引导低碳转型

根据《金融支持湖州市工业碳效改革的实施意见》，引导金融机构将贷款利率同工业企业减碳效果挂钩。发布"碳惠贷""碳效贷"等贷款产品。③ 2018 年 9 月建立了首个包括银行、证券、保险在内的绿色金融行业自律机制，并且发展 47 家绿色金融专营机构和 3 家绿色保险创新实验室，以促进可持续发展。全域实施环境信息披露，建立"年度报告+强制披露"制度。全方位开展产品和服务创新，累计创新推出 151 款绿色金融产品。

5. 以法治思维深化绿色金融改革

为了促进碳减排，湖州市相关部门制定了将碳金融、ESG 评价和绿色金融绩效评价纳入地方立法体系的首部绿色金融促进条例，将碳金融、ESG 评价和绿色

---

① ② 《深化建设绿色金融改革创新试验区探索构建低碳转型金融体系的实施意见》。

③ 中国人民银行杭州中心支行，http://huhehaote.pbc.gov.cn/hangzhou/2927497/4730921/index.html。

金融绩效评价纳入地方立法体系，以推动可持续发展。为了推动绿色金融的发展，还建立了绿色金融纠纷调解中心，用"金融调解+司法 ACK"模式实现了从改革创新到司法保障的全方位闭环管理。

（二）发展成果

湖州市的绿色贷款年均增长率达到了 31.3%，高出全国平均 11.3 个百分点；至 2020 年 6 月末，绿色贷款的不良率大幅下降，达到"零风险"的水平，从 1.6% 下降至 0.47%[①]。同时，湖州市积极探索出了一套有效防范化解金融风险的机制，清退一大批非法金融机构的同时银行贷款不良率从 2017 年的 1.23%下降到 0.48%[②]。另外，湖州银行还成为境内第三家"赤道银行"（见图 11-1 至图 11-3）。

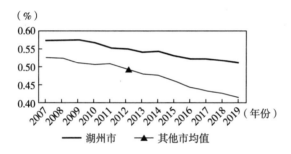

图 11-1　湖州市二产同其他市占比均值

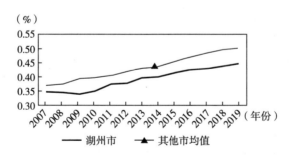

图 11-2　湖州市三产同其他市占比比较

---

① 资料来源：湖州市发改委，http://huzcredit.huzhou.gov.cn/art/2020/8/17/art_1229635291_2465.html。

② 资料来源：湖州市人民政府，http://www.huzhou.gov.cn/art/2021/9/16/art_1229213482_59044594.html。

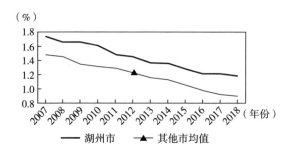

图 11-3　湖州市二、三产同其他市均值占比比较

资料来源：2022 年《湖州统计年鉴》。

湖州港口岸电建设的"湖州模式"在第 26 届联合国气候变化大会纪录片《2021 年全球行动倡议——气候变化》中被介绍。

截至 2024 年 5 月，湖州全市已累计发布转型金融支持项目、企业和技术共10 批次，156 个。湖州市银行业创新出各种绿色转型信贷产品，如"转型贷""碳效贷"等与绿色转型目标、碳绩效等挂钩的绿色金融专项产品，碳绩效贷款累计达到 565.52 亿元[①]。

（三）特色创新

1. 率先出台地方性法律文件

湖州市率先推出全国首个地市级绿色金融促进条例[②]，旨在通过制定本地法律法规，为绿色金融发展提供坚实的政策支撑和有效的监管保障。

2. 率先开展落地 ESG 保险创新探索

2021 年湖州银行发布 ESG 违约率模型和数字化应用系统，制定"ESG 评价州模型"，引入企业碳强度指标作为衡量标准以此来评估金融市场的可持续性（见图 11-4）。

3. 率先探索转型金融贷等金融产品

推出绿色航运贷、绿金宝、转型金融贷等结构性金融产品，建行湖州分行推出全国建行系统首个《转型金融贷管理规范》，支持引导转型金融贷款。

湖州银行在全省率先落地"矿山复绿贷"，一次性解决某废弃矿山复绿项目资金缺口 1.5 亿元；农业银行为南方水泥公司提供 6.63 亿元贷款，助力其建立

---

① 湖州市人民政府，https：//www.huzhou.gov.cn/art/2024/5/10/art_1229213482_59068257.html。

② 《湖州市绿色金融促进条例》。

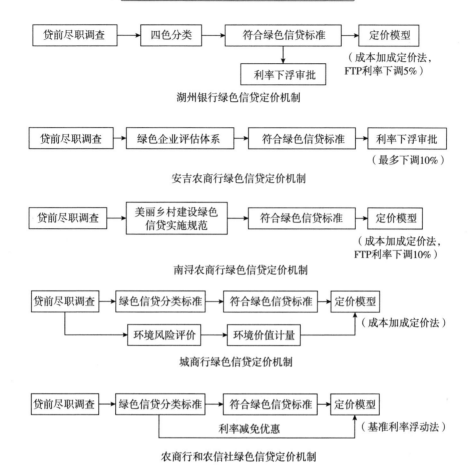

湖州银行绿色信贷定价机制

安吉农商行绿色信贷定价机制

南浔农商行绿色信贷定价机制

城商行绿色信贷定价机制

农商行和农信社绿色信贷定价机制

图 11-4　湖州市地方性商业银行定价机制

资料来源：周捷．地方性商业银行绿色信贷定价机制研究——以浙江省湖州市绿色金融改革创新试验区为例［J］．福建金融，2019，413（9）：61-64.

国内首条"全电物流"空中运输水泥输送带；联合县农商行，推出"个人碳积分"系统①。

二、衢州市绿色金融试验区试点情况

（一）相关政策及文件

2018 年发布《衢州市"十三五"时期绿色金融专项发展规划》；2022 年发

---

①　资料来源：湖州市发改委，http：//huzcredit. huzhou. gov. cn/art/2021/7/13/art_1229635475_14711. html。

布《关于深化基于碳账户的转型金融工作实施意见（2022—2026 年）》；2023 年 5 月印发《衢州生态开发"标准地"改革试验区建设方案》。

（二）发展成果

衢州是首批绿色金融改革创新试验区，经过几年的实践在绿色金融领域探索出了基于"碳账户"的转型金融应用等一系列成功经验。2022 年绿色信贷同比增长 75%，增速列全国 10 个试验区第一。到 2022 年第三季度末，衢州市绿色贷款余额已经达到了 906.03 亿元，占所有贷款的 1.79%，相比去年同期大幅上涨，其中碳账户贷款的发放额也有所提升，达到了 377 亿元，比年初有了 30.6 亿元的增加。"安环险"和"监管+保险+服务+标准"等方面是绿色保险领域的先驱，分别推动了参保企业事故率 8%以下的风险减量管理模式，以及首创的用电营商环境责任险和建设工程绿色综合保险；衢州绿色产业引导基金采用母子基金架构，已经形成了规模达 35.55 亿元①的绿色投资基金，为当地经济发展提供了有力支撑。

2023 年持续深化碳账户体系建设，首创碳监测核算标准体系，实施用能预算化管理，发放碳账户贷款 488 亿元，并提出深化碳账户体系建设，新发放碳账户贷款 500 亿元，助企减碳降本 3.5 亿元以上的发展目标②。

（三）特色创新

2022 年在全国率先建立健全包含碳排放 e 账本、碳征信 e 报告、碳政策 e 发布、碳金融 e 超市、碳效益 e 评估的碳账户金融"5e"闭环体系，探索出"政府精准治碳、企业精准减碳、金融精准支持"的转型金融经验，建立起涵盖六大领域的碳账户③，为碳排放的减排提供了有力支撑。

为了更全面地监管和控制碳排放，衢州市汇集各方智慧建立起完整的碳排放数据库，借鉴世界范围内的碳核算实践经验，构建了六种核算办法。

为了整合分析数据，建立起能源大数据中心鼓励企业交易用能预算余量，从而推进能源资源优化配置。

在监管方面，为了更清晰准确的分层监管，发布工业企业碳账户体系首个地方标准，以红、黄、浅绿、深绿四色为工业企业区分碳排放等级并出具碳征信报告，同时开展以产品产量为核心的"三维四色"贴标行动。在"四色贴标"的

---

① 资料来源：衢州市发改委，http://fgw.qz.gov.cn/art/2023/1/28/art_1439952_58832023.html。
② 资料来源：2023 年衢州市政府工作报告。
③ 资料来源：衢州市发改委，http://fgw.qz.gov.cn/art/2023/1/28/art_1439952_58832023.html。

指导下，金融机构积极支持红色和黄色企业，以帮助它们尽快实现"转绿"的目标；通过提供适当的财政支持，帮助那些拥有较低碳排放的企业扩大其绿色生产能力。

绿色保险方面成果突出。衢州市成立了全国首个绿色保险产品创新实验室，在全国范围内首次创新了"安环险"的风险减量管理模式；推出了生猪保险和病死猪无害化处理联动机制，得到了农业农村部在全国的复制推广。

（四）具体案例

推出"保险+服务+信贷"绿色建筑性能保险，创新推出"安全生产+环境污染防治"的"安环险"衢州模式，通过"监管+保险+服务+标准"推动参保企业事故率下降这是金融机构积极参与绿色金融，创新金融产品和服务的实例。

在绿色基金产品方面，采用母子基金架构方式创设衢州绿色产业引导基金，大力支持浙江时代锂电、金瑞泓微电子（衢州）等重大项目；在集成电路、高端装备制造方面，通过绿色金融引导产业向低碳转型。

2022年衢州推出了浙江省最大规模的"保险+期货+融资"项目，浙商银行衢州分行为参保养殖户提供相比较低贷款利率下的600万元贷款，为养殖户提供了更多的融资渠道。

在常山县，建立胡柚果园碳账户，对种植面积50亩以上的果园进行碳排放自动核算和环境监测，实施"四色"贴标管理。出台胡柚低碳生产集成技术规程，推广生草栽培、秸秆还田、有机肥替代化肥等减碳技术路径，推行"每净固定1吨碳可兑换1吨商品有机肥"等激励措施，探索低碳胡柚碳标签管理机制，通过建设"低碳果园"助力农村共同富裕。目前，66家规模胡柚生产主体建立了碳账户，碳排放总量2000多吨，固碳总量2200多吨，碳净吸收量200吨；胡柚碳账户主体优质果率提高8%、产量提高10%。如今，"双柚汁"已成为浙江省内及长三角地区市场的"爆款"，公司产值从2020年的3300万元增长到2022年的5亿元，带动农户增收超过5000万元。

三、湖州市、衢州市绿色金融试验区的经验

（一）政府提供比较好的绿色金融服务体系

湖州市在全国率先开展地方性立法支持，在法律方面为绿色金融和转型金融联动提供支持保障。在绿色保险方面带头开展ESG项目，推出一系列相关产品。从湖州经验来看，湖州通过构建"五化"绿色金融体系有效衔接绿色金融与转

型金融、探索可界定、可量化、可核查的转型金融体系。构建体系化的政策体系、完善市场化的产品和服务体系、推动法治化的保障体系建设、打造数字化的基础设施服务体系。

衢州市在绿色金融方面突出的成果是建立了碳账户体系和分级分色的碳排放等级标准。碳账户体系对于明确碳排放主体、推动碳交易等发展有着重大意义，是实现核算全覆盖的重要支持，而分级分色的碳排放等级标准对出台和监管碳排放政策、落实减碳转型有重要作用。

在湖州和衢州的试点中，绿色金融产品绿色信贷是主要部分，其余产品如绿色保险、绿色基金、绿色债券、绿色信托等产品仍有很大的发展空间。

（二）转型金融和绿色金融的有效联动

从衢州市政府和湖州市政府发布的整体文件上来看，绿色金融的发展较为成熟，相比转型金融来说政策更具体明确、相关的法律法规和行业规范更加清晰。转型金融尚未有非常明确统一的管理规范和相关支持。

衢州市的发展重点主要在碳账户体系和分级分色的碳排放分级标准，湖州市的发展重点主要在结构性金融产品方面，在绿色信贷、绿色保险等金融产品和服务方面引导高碳排放企业向低碳减排发展。

在制定和明确相关标准方面，根据湖州市制定的绿色金融相关目录，我国未来的转型同绿色联动相关标准很可能会以目录法形式推进。突出数字赋能，推进转型金融提质增效，综合运用云计算、大数据、人工智能算法等技术，对碳排放主体数据进行采集、存储、运算、分析、应用，赋能金融服务。强化创新驱动，构建转型金融服务体系。

（三）不断创新与现实需求相匹配的绿色金融产品

在湖州市的试点工程中，创新了航运贷、绿金宝等大量的结构性信贷工具。同时推动转型金融联动绿色金融发展，在绿色基金、绿色信贷、绿色债券、绿色保险等方面创新因地制宜、同地区经济发展结构适应的金融工具非常重要。通过创新转型贷款等产品利用市场示范效应引导转型金融资本同绿色金融资本联动。

（四）提升数字化技术，完善信息披露和风险管理机制

衢州市在完善碳账户、碳核算、建立碳账户数据中心、分级标色完善碳征信标色方面提供了良好的范例，为碳中和的数字化和有效监管提供了平台和依据。同时，完善评估机制和信息披露。转型主体完善信息披露材料，相关机构和部门

做好完善和培训工作，明确评估内容、体系、方法，提高评估透明度和流程推进效率。

重视加强数字技术的应用。大数据和人工智能的发展在推动碳达峰碳中和中起到关键作用，要重视科学技术和数字平台的推广应用。衢州市的碳账户5e闭环体系在碳账户的核算、统计、征信、贷款方面发挥了重大作用。未来数字技术应用的不断深化和强化会越发重要。

（五）促进公正转型

湖州、衢州在推动高碳行业低碳转型的过程中，通过及时披露相关信息和积极引导，尽量减少规模性失业、模块社区失业、通货膨胀、能源相关问题，在绿色转型的同时稳定社会公平和就业。

第三节　新疆维吾尔自治区哈密市、昌吉回族自治州和克拉玛依市绿色金融试验区案例

经国务院同意在新疆维吾尔自治区哈密市、昌吉回族自治州和克拉玛依市建立绿色金融改革创新试验区，对新疆陆上丝绸之路生态文明建设和绿色可持续发展带来利好，为新疆乃至全国绿色金融改革创新提供可复制、可推广的经验。

一、新疆维吾尔自治区绿色金融试验区的背景和政策支持

（一）新疆维吾尔自治区的环境和经济特点

新疆维吾尔自治区位于中国西北部，昼夜气温温差较大，日照充足，气候干燥，具有丰富的水资源、矿产资源、生物资源、森林资源等。新疆维吾尔自治区传统的经济基础来源于丰富的农副产品对外贸易、丰富的矿藏开采及出口、文化旅游等，主要集中在"双高"的能源企业，与实现碳达峰、碳中和的发展目标相违背。

（二）绿色金融试验区的设立背景和目标

在统筹推进"五位一体"总体布局和协调推进"四个全面"战略布局的背景下，牢固树立和贯彻落实新发展理念，以绿色金融改革推动地区经济结构转型

升级和经济发展方式转变为主线，加快推进绿色金融发展，构建绿色金融需求体系、供给体系和支撑保障体系，完善哈密市、昌吉州和克拉玛依市绿色金融服务体系，引导金融资源优化配置，不断提高绿色金融服务的覆盖率、可得性和满意度，使各族群众平等分享绿色金融改革发展成果。

总体目标是通过五年左右的时间，逐步提高试验区绿色信贷、绿色债券、绿色股权融资等在社会融资规模中的占比，"两高一剩"行业贷款规模和占比逐年下降，绿色贷款不良贷款率低于自治区小微企业贷款平均不良贷款率水平。初步构建具有区域特色的组织体系完备、产品工具丰富、政策支持有力、服务绿色产业、稳健安全运行的绿色金融体系，探索形成可复制、可推广经验。

（三）相关保障政策

加强组织领导。新疆维吾尔自治区要成立绿色金融改革创新工作领导小组，加强领导、精心组织、统筹规划、协调推进，研究制定新疆绿色金融改革创新实施细则，明确分工和责任，加强监督评估，定期跟踪落实情况。试验区各级政府要抓好组织落实，改进绩效考核办法，将试点项目纳入年度重要工作责任目标，定期进行考核评估。国务院相关部门要加强与新疆维吾尔自治区的沟通，指导绿色金融改革创新工作有序推进。

加强政策支持。强化政策对绿色金融和绿色投资的引导。运用再贷款、再贴现等货币政策工具，对试验区在绿色信贷方面表现优异的地方法人金融机构和全国性、区域性金融机构分支机构给予一定的政策倾斜。通过适度放宽市场准入、公共服务定价、特许经营权、地方财政和土地政策支持等措施，完善收益和成本共担机制，支持绿色产业基金投资项目。加强与丝路基金、亚洲基础设施投资银行、金砖国家新开发银行等机构合作，在遵循多边规则和程序的基础上，共同推动绿色"丝绸之路经济带"投资，实现长期、可持续减排目标。利用国外金融机构与国际资本，强化多边开发融资体系。改革试点实验过程中遇到其他重大政策突破事项，根据"一事一报"原则，按程序报批后实施。

强化人才保障。制定高层次绿色金融人才的专项支持政策，着力吸引和培育绿色金融高端人才，深化与金融学会、金融机构、高等院校、科研机构、节能环保部门、第三方智库等机构合作，加快培养一批具有金融和节能环保技术知识的复合型高级金融人才。设立新疆绿色金融改革专家委员会和智库，及时跟进绿色金融改革进展，开展绿色金融发展研究，为试点工作提供专业指导和决策咨询。

加强执法追责。强化主体责任，加强事中事后监管。建立企业环境与社会责任追究机制。加大用能、环境、安监等方面的检查执法力度。建立企业环境信息披露制度和重大环境风险的申诉交流制度，强化社会监督，发挥舆论导向和监督作用，对违反相关环保、安全等法律法规、对利益相关者造成重大损失的企业，应依法严格追责。

二、哈密市、昌吉回族自治州和克拉玛依市绿色金融试验区的经验与成效

(一) 具体案例分析

1. 加强绿色低碳技术研发和应用，改造传统产业和培育新兴绿色产业

2017年以来，昌吉回族自治州共出台了70余项适用于绿色金融的鼓励政策。其中一项政策规定：从2018年起，连续五年，每年至少安排2000万元专项资金，用于绿色金融补贴、风险补偿和奖励，专项资金逐年积累。以"蓝天贷"为例，"蓝天贷"是昆仑银行落实绿色金融改革创新目标要求，面向环保、新能源等绿色产业企业推出的专项产品，审批流程短、放款快，受到企业青睐。截至2022年，昌吉州设立2000万元绿色产业投资引导基金，精准支持准东经济技术开发区实施碳捕集分层利用、现代煤化工和新能源领域项目，为产业发展再添"绿意"。

克拉玛依市在绿色金融改革创新试验区建设中，引导鼓励金融机构创新绿色金融产品、加强绿色项目融资支持、优化绿色项目库建设，让绿色金融成为服务绿色产业发展的新动力。2021年以来，全市累计推动20多个项目加入绿色项目库，涉及节能减排、生态修复、环保治理、绿色农业和清洁能源等领域，在库项目超过100个。

2. 为绿色项目落地实施提供保障，绿色服务不断打造新亮点

哈密市辖区14家银行机构设立绿色支行、绿色事业部和绿色柜台，建立绿色项目库，强化绿色项目融资对接。例如，中国工商银行，该行贷款投放工作以绿色信贷为主线，积极参与可再生能源、垃圾处理及污染防治等绿色项目，贷款占比不断上升。据中国人民银行哈密市中心支行有关数据显示，哈密市绿色信贷占比和资产质量均稳居全国各试验区前列，有力地支持了哈密市清洁能源、绿色交通与工业节能等产业的发展。

2022年初，昌吉回族自治州在全疆率先试点建设工业企业碳账户，对首批21家综合能耗超过万吨标准煤的重点用能企业，精准核算企业碳排放数据，科学制定碳排放强度评价标准，配套财税、金融、产业等差异化支持政策，以此撬

动工业企业转型升级、绿色低碳发展。同时，兴业银行乌鲁木齐分行在昌吉回族自治州发放了 5000 万元"碳足迹"企业挂钩贷款，是新疆内发放的首笔与"碳足迹"挂钩的差别化贷款。据测算，在该笔贷款使用期间，若企业能达到既定的减排目标，每年最高可降低约 25 万元的融资成本。

克拉玛依市各金融机构设立绿色金融产品和服务清单，推动绿色金融产品不断创新。因为绿色项目具有融资周期长、收益低、风险高等特点，为鼓励银行业金融机构积极拓展绿色金融业务，克拉玛依市建立了"绿色票据认定+企业清单制管理+资金直达"机制，加大再贷款、再贴现对绿色低碳经济的定向支持力度。此外，由中国人民财产保险股份有限公司克拉玛依市分公司、中华联合财产保险股份有限公司克拉玛依分公司创新推出的石油石化环境污染责任险和区域性污染防控环境责任险，破解了"企业污染、群众受害、政府买单"的困局。

（二）经验分析

在国家绿色金融改革创新试验区的建设过程中，哈密市积极结合自身优势，从政策践行和市场创新两个维度发展绿色金融，积累了丰富的实践经验。一方面，根据中国人民银行等七部委发布《新疆维吾尔自治区哈密市、昌吉州和克拉玛依市建设绿色金融改革创新试验区总体方案》和《新疆绿色金融改革创新试验区试点方案实施细则》等政策文件中的要求，持续完善地方绿色金融体系建设，同时结合地域特色，在组织设计与绿色金融产品中开展独特创新。另一方面，充分利用当地能源优势夯实绿色发展，在当地企业的绿色改造和节能技术的使用中扩宽绿色资金的进入路径。

1. 政策与标准相结合，为绿色金融发展提供引导

在顶层设计方面，明确自治区绿色产业和项目界定，建立对应的绿色清单产业和项目清单，定期开展遴选、认定和推荐工作，为其在债券发行、信贷、基金、上市等多方面的融资活动提供服务以及在产业绿色技术改革融资中提供帮助。在标准引领方面，哈密市积极推动建立国际认可、国内统一、清晰可行的绿色金融标准体系。2020 年 6 月，哈密市启动绿色产业和绿色金融双标准试点工作，抓住试验区建设机遇，因地制宜、吸纳创新，在绿色金融体制机制、组织架构、产品和服务等方面先行先试。此外，哈密市不断加强绿色项目储备和谋划，专门成立了绿色金融专班，通过召开绿色项目融资对接会，加强绿色项目库建设，并形成了科学的绿色项目申报和评估体系。截至目前，当地累计纳入自治区绿色项目库纯绿项目 147 个，融资需求 708.28 亿元，已实现融资 212.64 亿元，

进一步拓展了当地绿色项目的融资渠道。

2. 组织与产品相结合，为绿色金融发展提供重要力量

建设绿色金融专营机构，强化绿色项目融资对接效率。绿色金融专营机构的专一业务和方向能够为绿色项目的筛选以及资金的融通提供更优质的一对一支持服务。基于此，哈密市银行业金融机构率先垂范，辖区内 14 家银行机构设立绿色支行、绿色事业部和绿色柜台，符合条件的 6 家银行机构授予"绿色支行"称号。同时，这些绿色专营机构还研究制定了相关制度细则，建立绿色项目库，强化绿色项目融资对接。在信贷引领方面，绿色融资规模持续提升。实现产业绿色转型需要巨大的资金需求，银行业金融机构在支持产业绿色发展融资中扮演着重要角色。根据中国人民银行哈密市中心支行调查数据显示，截至 2022 年第一季度，哈密市绿色信贷余额 279.1 亿元，同比增长 8.9%，占各项贷款比重 35.6%，其中清洁能源设施建设和运营贷款余额占绿色信贷的比重为 63%。由于哈密市银行金融机构贯彻落实"绿色信贷只增不减，非绿色信贷只减不增"的政策，因此未来绿色信贷仍有较大的发展空间。

3. 聚焦地方特色开展多类型绿色金融产品创新

金融机构通过不断创新金融产品和服务，为自治区经济绿色、低碳、高质量发展提供了有力支撑。如工商银行哈密市分行于 2021 年发放的区域内首笔"可再生能源补贴确权贷款""煤炭清洁高效利用贷款"累计近 3 亿元；建设银行哈密市分行以电费收费权质押为光热发电项目提供 10 亿元融资支持；此外，在国际合作方面，新疆哈密广恒新能源有限公司通过清洁发展机制与境外企业签署 3 万欧元跨境碳交易协议，落地碳汇交易。

4. 绿色保险加持，形成特色亮点

近年来，人保财险、太平洋财险和中华联合保险 3 家保险公司在哈密市的分支机构大力发展绿色保险，截至 2019 年 6 月底，绿色保费收入 1.1 亿元，占财险比重 30%，保障金额 99.53 亿元，位居当时全国八个绿色金融改革创新试验区第三。

5. 与产业发展相协同，在企业自主创新中带动绿色投资热情

企业充分利用当地新能源供给优势，改变能源使用结构，夯实绿色发展基础。在传统能源方面，通过使用先进技术推动煤炭清洁高效利用，减少煤炭燃烧产生的碳排放。同时，推动优势资源转换战略，进行煤炭和绿色新能源优化组合改革，提高清洁能源供应能力，努力实现绿色低碳的高质量发展；进行节能技术

改造升级工程，加快工艺革新。企业强化工业节能增效，推动工业资源综合利用和水资源综合利用。比如，哈密天山水泥有限责任公司采取最严格的措施控制污染源，在日常生产中，企业健全完善了各项环保设施，实现了清洁化生产。此外在生产过程中综合利用了当地各电厂、有色金属冶炼厂等企业的废弃物如粉煤灰、工业废渣、煤矸石等作为原材料生产高标准水泥，不仅降低了生产成本，而且大幅度减少了园区内固体废弃物带来的污染，实现了经济循环利用，此举既是"变废为宝"，也是工业资源综合利用的良好实践，能够促进工业绿色化。企业加快节奏的绿色转型无疑为金融投资提供更广阔的市场。

三、新疆维吾尔自治区绿色金融试验区的发展机遇

（一）产业转型对绿色金融的需求

多数控排产业亟须低碳转型，可进一步推进转型金融应用哈密市作为能源资源型城市、全国重要能源基地，能源活动碳排放占碳排放总量的90%以上，基本集中在国家规定的重点控排领域，亟须金融支持进行技术升级改造、商业转型，以逐步实现减排、低碳、净零排放，有效推动国家"碳达峰、碳中和"目标实现。由于转型金融兼顾碳密集型行业企业的减排活动，可有效补充绿色金融所无法覆盖的高碳领域范围，扩大了潜在发行人和投资者的可选范围，在收益和目标类型上更加灵活，可以不局限于绿色项目，而是涉及并聚焦于传统高能耗行业的碳密集型和提高碳捕捉效率等项目，从而创造更多的投资选择。因此，哈密市在促进煤炭等高排放行业转型路径中可以应用可持续发展挂钩债券等转型金融工具，引导资金助力诸如钢铁、煤炭等碳密集或高环境影响行业低碳转型发展。哈密市商业银行2021年环境信息披露如表11-1所示。

表11-1 哈密市商业银行2021年环境信息披露

指标名称	披露细项	2020年成效
经营活动直接产生的温室气体排放和自然资源消耗	机构自有交通运输工具所消耗的燃油	52963 升
—	营业、办公活动所消耗的水	25768 吨
采购的产品或服务所产生的间接温室气体排放和间接自然资源消耗	营业、办公所消耗的电力	1864608 千瓦时
—	营业、办公所使用的纸张	26.01 万张

资料来源：哈密市商业银行股份有限公司2021年度环境信息披露报告。

（二）新能源缺口比较大

风电、光电等新能源产业发展不够充分，而绿色金融融资渠道可进一步拓展作为国家产融合作试点城市、国家级绿色金融改革创新试验区，为优势新能源产业发展提供资金支持。哈密市应积极推动工业加速转型升级，扎实推进能源基地、先进制造业基地、将新能源及配套装备制造等特色优势产业不断发展壮大，依托丰富的风力、光、热资源，加大力度规划建设大型风光电基地，发挥能源优势，把发展清洁低碳能源作为调整能源结构的主要方式。

（三）自然禀赋具有发展绿色生态产业的潜力

新疆拥有良好的自然生态环境，可积极推进绿色金融支持生态产品价值实现，大力发展清洁能源。天山山脉横亘于哈密，把全市分为山南山北，全市已开发利用的耕地、草场、林地、水面约占总面积的 29.35%。良好的自然环境为当地绿色产业的发展奠定了一定基础。哈密市生态资源丰富，可以推进林权、水权等自然资源向资本转化，开展生态权益交易。在自然气候上，哈密市属于典型的温带大陆性干旱气候，空气干燥，大气透明度好，云量遮蔽少，光能资源丰富，为全国光能资源优越地区之一，全年日照时数为 3300~3500 小时，为全国日照时数最多的地区之一。哈密市依托光伏、风能资源丰富禀赋，大力开发清洁能源，提升清洁电力占比，持续支持西电东送，推进民电并网。

（四）旅游开发的需要

近年来，哈密市扎实推进东天山生态修复与保护、喀尔里克冰川禁牧、哈密河湿地生态恢复与保护等工程，建成 856.8 平方千米的东天山喀尔里克自然保护区，喀尔里克冰川草原植被综合覆盖率达到 94.5%，推进生态修复保护，可以尝试引入"湿地银行"等机制保护生态。哈密市依托天山山脉、各种河流、各种自然保护区的优势，可以合理开发生态旅游、生态疗养产业，促进产业融合发展，大力发展绿色服务业，打造生态疗养品牌，吸引旅游人口。

（五）提升特色农业产品附加值

2022 年 7 月，习近平总书记在新疆维吾尔自治区考察时明确指出要因地制宜发展优势农产品、壮大优势产业，促进农牧业绿色高效发展。哈密市立足特色农产品资源优势，积极开发以"哈密瓜、大枣、葡萄、杏子"等农产品资源为原材料的高附加值产品，加快农副产品加工业结构调整，并围绕农业产品打造绿色产业链打包服务，打造采摘、加工、包装、销售一体化平台。

第四节 贵州省贵安新区绿色金融试验区案例分析

2017 年国务院把贵安新区作为首批绿色金融改革创新试验区以来，贵安新区探索绿色金融发展新思路、新路径、新模式，对贵州省产业转型、生态文明建设意义重大，是促进加快发展、后发赶超的重大机遇。

一、贵州省贵安新区绿色金融试验区简介

贵安新区紧紧围绕习近平总书记关于"新区的规划和建设，一定要高端化、绿色化、集约化，不能降格以求""项目要科学论证，经得起历史检验"等系列重要指示精神，积极推进国家生态文明试验区建设，紧扣绿色金融助力绿色低碳高质量发展，形成一批可复制、可推广的绿色金融发展经验，并通过溢出效应的释放，辐射带动和示范引领全省绿色金融发展，提供了绿色金融助推新时代西部大开发的"贵州样本"。

二、贵安区绿色金融发展案例分析

（一）绿色金融建设效果分析

截至 2017 年，贵安新区下辖 4 市（区）21 个乡镇，现常住人口 100 万人，并且计划在 2030 年使人口增长至 260 万人。① 自 2017 年起 6 月贵安新区成为我国首批开展绿色金融改革创新的国家级试验区以来，贵安新区打造了 700 亿元的金融项目库，建立起占地 400 公顷的绿色金融港，建成了地铁、城市海绵工程等城市基础建设工程。2018 年上半年，海绵工程总投资累计达到 70 亿元，贵安新区市内完成海绵工程 70 多处，建设覆盖面积近 18 平方千米。截至 2022 年第三季度，贵安新区范围内多达 12 家银行机构横跨多个行业为多种多样的项目提供

---

① 资料来源：靳斯慰，汪建华 . 积极推动贵安新区绿色金融改革创新试点 ［N］. 金融时报，2017-06-23（005）。

绿色信贷资金支撑，绿色贷款剩余金额多达210亿元的同时无不良贷款。① 贵安新区发展日新月异，得到了学界以及社会各界的广泛关注。贵州省贵安新区联合贵阳市共同响应我国金融政策推进绿色金融发展取得了巨大进展，为贵阳当地经济发展起到了关键推进作用，也为世界绿色金融事业的发展提供了具有现实意义的重要经验。

在新区发展助推下，2020年贵安新区建筑业产值累计达到199亿元，累计产业增速超过58%。② 2022年，得益于绿色金融港的众多高科技公司落户，贵安新区信息业营业收入超400亿元，年度地区生产总值也超越了160亿元，实现了大幅增长。③ 2022年贵安新区经济数据如图11-5所示。

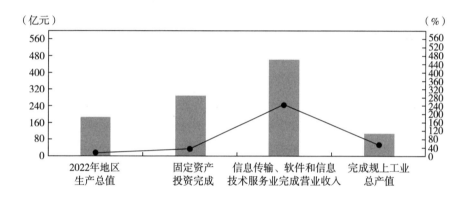

图11-5 2022年贵安新区经济数据

资料来源：贵州贵安新区管理委员会统计④。

（二）贵安新区绿色金融具体做法

1. 培育典型项目

贵安新区绿色金融试验区在五个方面的绿色项目上具有典型意义。这些典型案例分别是亚玛顿光电公司光伏扶贫贷案例、电投公司分布式能源中心碳金融案

---

① 资料来源：http://www.gaxq.gov.cn/xwdt/gayw/202211/t20221125_772144 10.html，数据截至2022年。

② 资料来源：贵安新区管理委员会统计，http://www.gaxq.gov.cn/zwgk/xxgkml/jcxxgk/tjxx/tjsj/202103/t20210319_67242766.html，数据截至2020年。

③ 资料来源：贵安新区管理委员会统计，http://www.gaxq.gov.cn/zwgk/xxgkml/jcxxgk/tjxx/tjsj/202103/t20210319_67242766.html，数据截至2022年。

④ http://www.gaxq.gov.cn/zfsj/sjfb/jj/index.html。

例、贵澳农业科技公司绿色订单融资服务农业扶贫案例、贵安绿色隧道数据中心碳资产核算典型案例和电投公司绿色能源中心资产证券化案例。这五大经典案例实现了显著的减排效果，提供了一系列可复制、可推广的典型案例。

其中，截至 2020 年，贵澳农旅产业示范园在绿色金融的助推之下已接收到近 2 亿元投资，建成了 7 个全自动化玻璃温室，[①] 实现了农业全自动化、智能化的生产以及管理流程。通过大数据技术的运用，贵澳园区实现了精准扶贫，培养了大批具有技术能力的新型农民，最大限度地降低成本的同时避免了对资源以及空间的浪费以及环境的污染，成功实现了农业向智能化绿色化的转型。这一案例让我们看到绿色金融携手大数据技术对于乡村振兴的巨大推动。

2. 转型金融与绿色金融的相互配合

在 2018 年贵阳国际论坛公布的贵安新区五大绿色项目经典案例中电投公司分布式能源中心碳金融案例项目在整个碳资产管理方面，减排效果非常显著，碳减排也符合国际环境标准，是贵州省第一例碳金融项目。由此可见，"转型金融"早在新区建设早期就以"碳金融"的形式纳入了绿色金融建设的版图当中，并且在早期的实践中就取得了显著效果。[②] 而在绿色金融港的计划当中将贵安富士康的第四代绿色产业园建设放在了第一位置，致力于将节能减排与资源高度利用作为首要目标。"富士康项目"成功帮助总产值超过 1000 亿元的富士康完成了绿色转型，成为贵安新区节能减排治理的傲人成绩。

2022 年中国在经过数年的发展已经有了品类繁多、规模较大的转型金融债券市场，有四种类型债券总值超过 100 亿元（见图 11-6）。而贵阳在本年度的转型金融市场仍没有准确的分类以及公开的证券发售消息。

尽管在贵安新区建设过程中"转型金融"的概念并没有直接出现，但其代表的重视高能耗高排放的产业治理始终在绿色金融建设中占据重要地位，与贵安新区的绿色金融发展齐头并进，解决贵安高速经济发展与环境保护的冲突。贵安新区继续推进金融人才落户的优惠鼓励，并有针对性地引入转型金融领域的人才，并在金融研究院中开辟转型金融专题的研究。政策贵安新区还借助自己的成功经验进一步加强可持续金融领域的细分研究，为进一步绿色发展提供理论支撑。

---

① http：//www.gaxq.gov.cn/zwgk/xxgkml/zdlyxxgk/sylt/202011/t20201117_65288326.html。

② http：//www.gaxq.gov.cn/xwdt/gayw/201901/t20190114_2207617.html。

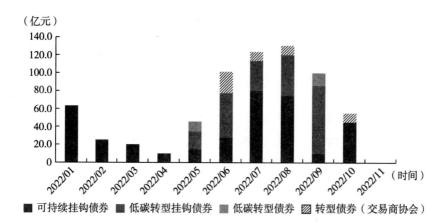

图 11-6 2022 年以来中国境内市场转型类债券月度发行规模

资料来源：Wind，兴业研究整理。

三、贵安绿色金融试验的经验分析

（1）出台更多的可以对症下药并且易于实施的政策。贵安新区所颁布的对绿色金融的准入规则、补贴条例等一系列具有针对性、解决现实问题的政策，与当地绿色产业发展十分吻合。

（2）加大力度帮助绿色与棕色企业携手发展。贵安在设施建设、法规颁布、政策落实等诸多方面把绿色发展放在首位，助力企业转型，扶持建设绿色产业中心。

（3）积极吸引绿色金融专门人才。贵安在绿色金融人才引进方面出台了一系列优惠政策，紧扣"卡、钱、户、房、岗"五大要素，以"筑才卡"形成多行业、多层次、多维度的人才认定体系；"钱"指各级各类奖励和补贴政策；"房"指多渠道满足人才住房需求；"户"指最宽松、最方便、最快捷的户籍政策；"岗"搭建更广阔的就业平台，全方位地为人才落户和施展才华提供便利。

第五节　江西省赣江新区绿色金融试验区的案例分析

赣江新区建立绿色金融改革创新试验区以来，积极探索政府、企业和社会各界参与，以市场化运作为基础的可持续生态价值实现路径，形成了"江西样板"先行区。

一、赣江新区绿色金融试验区的建设背景

为响应党的十八大，党中央提出创新、协调、绿色、开放、共享的新发展理念，把生态文明建设纳入"五位一体"总体布局的重要指示，南昌政府始终高度重视绿色金融发展，提出了"打造南昌绿色金融服务中心"的战略目标。2015年，南昌市成为全国首批绿色金融试验城市之一，并于2016年正式设立赣江新区绿色金融试验区，获得国家金融支持的政策优势。赣江新区位于江西省南昌市南郊，周边交通便利、水陆交通发达，具备发展绿色金融的地理条件。对绿色产业的发展具有一定的基础和积淀，如已形成了较为完整的光伏、风电等新能源产业链和一批创新型绿色企业，可为绿色金融的服务对象提供实质支持和配套服务。在推进"双创""互联网+"等发展新模式的同时，也逐渐形成了对绿色金融的迫切需求和重视程度。同时，赣江新区绿色金融试验区的建设，也是为了顺应市场需求和金融创新推进的需要，实现资源优化配置，推动经济生态转型升级。

二、赣江新区绿色金融试验区的发展历程

赣江新区绿色金融试验区的建设始于2016年，现已成为国内重要的绿色金融试验区之一。其主要的发展历程可以概括为以下几个阶段：

（一）功能定位与政策支持阶段

2016年，南昌市第一次提出"绿色金融试验区"的概念，并于同年正式设立赣江新区绿色金融试验区。随后，南昌市和江西省相继发布了一系列的绿色金融相关政策，为赣江新区提供了充分的政策支持和资源保障。

（二）试验申报与试点落地阶段

2017年，赣江新区绿色金融试验区开始了试验申报工作。经过多轮程序，最终于2018年被纳入国家绿色金融试验区名单。试点期间，赣江新区积极推动多项绿色金融创新和试验，包括碳交易、绿色信贷、发行绿色债券等。同时，也建立了与金融机构的密切合作关系，如设立南昌银行湖滨支行、富滇银行南昌分行，并邀请多家央企设立赣江能源集合资金信托等。

（三）平台建设与服务拓展阶段

随着试点工作的深入推进，赣江新区绿色金融试验区逐步形成了一支在金融和环保领域拥有专业知识和资源的团队。该团队联合南昌市政府、南昌中国银行生态城市分行等机构，共同发起成立了南昌绿色金融服务中心、绿色金融产业联盟等平台，为绿色金融的发展提供了更加成熟的基础，同时推出了相关的金融产品和服务，如南昌绿色投融资平台、资金池计划等产品。

三、建设银行赣江新区分行支持江西佳因光电材料有限公司低碳转型案例

江西佳因光电材料有限公司是国内罕见的拥有自主知识产权，专注于自主研发高纯金属有机化合物（MO 源）的一家公司，其产品广泛应用于太阳能电池等高亮度器件，以及红外探测、超高速计算机等领域的核心原材料。公司生产的三甲基镓产品纯度高达 6.5N，即 99.99995% 以上，技术工艺处于世界领先水平。

该公司最近获得了中国建设银行南昌分行的贷款支持，整个过程从申请到发放仅用了不到 3 个月的时间。这笔贷款有效减轻了公司因材料成本上涨和研发投入增加所带来的资金压力。同时，这也是江西省首个采用"碳足迹"披露支持的贷款，展示了建设银行南昌分行在碳金融创新方面的重大成果。

中国建设银行南昌分行的相关负责人表示，该创新目标将企业生产过程中的"碳足迹"与贷款利率挂钩，通过降低贷款利率这一福利，促使企业加强碳排放管理，以降低融资成本。这为企业提供了动力，激励它们主动减少污染排放，落实低碳发展战略。该贷款机制的引入为企业降低融资成本提供了切实的动力和机会。

江西佳因光电材料有限公司将继续增加研发投入，专注于提高产品纯度，确保产品的稳定性，延长下游产品的使用寿命，并降低能源消耗，为江西的绿色经济发展做出更大的贡献。

四、赣江新区绿色金融试验区的经验分析

赣江新区绿色金融试验区的发展是国内绿色金融试验区的一个典型案例，为其他区域在绿色金融方面提供了一定的借鉴和启示。相关的资料和研究显示，赣江新区绿色金融试验区的经验与启示主要包括以下几方面：

（一）产业扶持与金融创新相结合

赣江新区绿色金融试验区的建设充分结合本地的绿色产业发展和需求，以普惠金融、绿色信贷等为主导金融服务，对绿色产业进行资金扶持和风险管理，推动了绿色金融和实体经济的无缝对接。

（二）充分利用政策资源与市场导向相结合

绿色金融的发展需要一定的政策资源和政策支持，赣江新区绿色金融试验区在这方面表现出色。其充分利用政策红利和资本市场导向，引导金融机构加大对绿色产业的投资，推动各类创新金融产品的发展。

（三）合作共赢与平台建设相结合

赣江新区绿色金融试验区注重搭建平台和推动金融业务的创新和升级，建立起南昌绿色金融服务中心、绿色金融产业联盟等平台。这些平台为各类机构合作、信息共享、业务拓展提供了更多的可能性。

（四）优势互补与区域开放相结合

赣江新区绿色金融试验区在推进绿色金融发展的过程中，充分利用地理位置和区位优势，与其他城市、地区开展合作，互相学习、借鉴经验和做法。此外，赣江新区还积极对外开放，吸引和引进国内外的优质金融资源。

第六节 广东省广州市绿色金融试验区案例分析

自 2017 年 6 月广东省广州市花都区开启绿色金融试点改革试验区以来，探索并形成了广州市特色绿色金融发展新模式，包括强化政策支持、加大财政投入与货币政策工具并用、因地制宜设立大湾区绿色金融联盟等，促进绿色经济和绿色产业的发展，形成了可复制与推广的经验。

一、广州市绿色金融试验区的政策梳理

2017 年 6 月，七部门发布了《广东省广州市建设绿色金融改革创新试验区总体方案》，其中将发展绿色金融和转型金融政策化、规范化，肯定了发展绿色金融是政策的一部分，并且明确了试验区的主要任务（见表 11-2）和发展目标（见表 11-3）。

表 11-2 绿色金融改革创新试验区的主要任务

主要任务
培育发展绿色金融组织体系
创新发展绿色金融产品和服务
支持绿色产业拓宽渠道
稳妥有序探索建设环境权益交易市场
加快发展绿色保险
夯实绿色金融基础设施
加强绿色金融对外交流合作
构建绿色金融服务主导产业转型升级发展机制
建立绿色金融风险防范化解机制

表 11-3 绿色金融改革创新试验区主要目标

主要目标
未来 5 年，将全力以赴通过制度、组织、市场、产品、服务以及保障措施等领域的深入创新探索，实现试验区绿色融资规模的快速增长，确保绿色贷款的不良贷款率不高于小微企业贷款的平均不良贷款率水平
基本建立综合服务辐射周边、工作机制灵活有效、风险防控稳健有序的绿色金融服务体系
探索和推动产业转型升级和绿色发展，促进经济建设和生态文明的协调发展。通过创新绿色金融产品和服务，为绿色项目提供更多的融资渠道和更低的融资成本，推动绿色产业的发展壮大。积极研究绿色金融在促进生态文明建设中的作用，探索形成具有地方特色的绿色金融发展模式和成功经验

2021 年 8 月，广州市参与起草并发布了《绿色生态发展企业评价通则》和《制造业绿色生态发展评价规范》。前者结合近年绿色经济发展的实际情况，修改订正了绿色生态发展企业的评价标准和体系；后者则建立了符合制造业需求的绿色生态发展评价模型。

此外，广州市还出台了支持绿色金融和绿色产业发展的"1+4"配套政策，制定了绿色金融改革创新试验区绿色企业及绿色项目认定方法等文件，创新了绿色企业和绿色项目的认证机制。这些政策举措为金融机构开展绿色金融服务提供了坚实的基础和有力的支撑，能够有效引导和规范企业和经济的绿色发展。

截至 2022 年 2 月末，广州市对绿色企业和金融机构共发放相关奖励和补贴近 1.87 亿元，惠及了 1200 多家企业和机构，极大地助推了绿色转型金融的发展。

二、广州绿色金融效果形成情况

(一) 银行领域

如表 11-4 所示，不难看出，广州市绿色金融组织数量稳步增长，绿色金融专营机构、服务机构和平台设施的数量持续增加。例如，2022 年绿色金融机构数量是 2016 年的 13 倍，表明广州市的绿色金融组织体系正在不断完善，反映出绿色金融机构发展的积极态势，也预示着广州市绿色经济的持续向好发展。

表 11-4　2016~2022 年广州绿色金融组织数量　　　单位：个

年份	绿色金融专营机构	绿色金融服务机构	绿色金融平台设施
2016	2	—	2
2017	6	—	3
2018	11	2	4
2019	13	2	4
2020	16	8	5
2021	18	9	7
2022	26	9	7

资料来源：2016~2022 年广州金融白皮书。

(二) 证券领域

绿色信贷是银行或其他金融机构专门用于支持环保和绿色经济产业发展的贷款形式。数据显示，2018~2023 年，广州绿色信贷余额持续增加（见图 11-7 至图 11-9），2023 年的绿色信贷余额是 2018 年的两倍以上，位居六省九地绿色金融改革创新试验区之首。

绿色债券的发行规模和数量也呈现持续增长的趋势，特别是在 2020~2022 年，发行规模和数量呈现火箭式上升。2022 年，广州绿色债券发行规模达到 8720.16 亿元，发行量为 515 期，创下历史新高。截至 2023 年 4 月 30 日，绿色债券市场累计存量规模为 19788.67 亿元。

外资银行在广州地区也积极开展绿色金融服务创新，包括发行绿色存款产品和绿色贷款，协助企业在境外发行绿色债券。截至 2023 年，外资银行已累计发行绿色存款产品 4.44 亿元、发放绿色贷款 44.88 亿元，协助企业赴境外发行绿色债券 89 亿元。

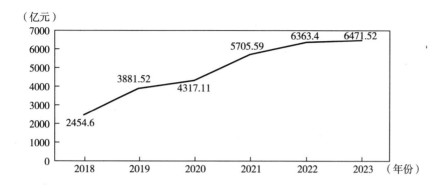

图 11-7　2018~2023 年广州绿色信贷余额

资料来源：部分根据网络信息公开整理，部分来自中国人民银行广州分行。

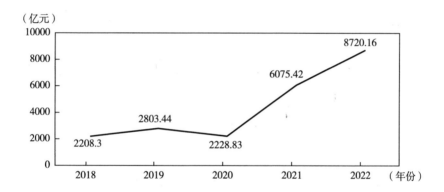

图 11-8　2018~2022 年广州绿色债券发行规模

资料来源：2018~2022 年中国绿色债券市场报告。

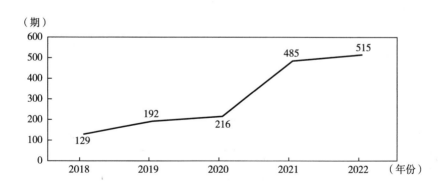

图 11-9　2018~2022 年广州绿色债券发行量

资料来源：2018~2022 年中国绿色债券市场报告。

以上数据反映了广州绿色金融创新改革试验区的绿色产业融资渠道不断拓宽并逐步成熟,金融资源持续注入绿色发展领域。

（三）环境权益领域

在环境权益领域,广州市也取得了显著进展。作为全国 7 个试点碳交易平台之一,截至 2022 年 2 月末,广州碳排放权交易所碳配额现货交易量累计达到 2.014 亿吨,总成交金额达到 47.29 亿元。2022 年 6 月,人民银行广州分行、市工业和信息化局、市地方金融监管局和广州供电局携手联合开发了"穗碳"平台,为金融机构了解企业的碳排放情况和数据提供了良好的平台和窗口,合理利用科技手段,解决了银行与企业之间碳信用信息不对称的问题。

2023 年 1 月,广州市已积极推动构建粤港澳大湾区创新碳金融中心,其核心目的在于有效利用广州在碳市场与碳金融领域的坚实基础与显著优势。此举旨在携手港澳地区,共同推动碳金融标准的制定、产品的创新以及市场的拓展,进而丰富面向"双碳"目标的金融产品体系。同时,研究并探索碳金融交易工具的多元化,深化对碳金融相关配套政策和法律法规的研究,以确保金融资源能够更加精准、高效地支持绿色低碳产业的发展。

广东碳市场涵盖广东碳配额（GDEA）、中国核证自愿减排量（CCER）和广东碳普惠核证减排量（PHCER）三种交易产品。至 2021 年底,广东碳市场配额现货的累计成交量已达 1.997 亿吨,占全国碳交易试点成交总额的 38%,稳居全国首位,累计成交金额 46 亿元,占全国碳交易试点成交总额的 35%,是国内首个且唯一一个配额现货交易额突破 45 亿元大关的试点碳市场。国家核证自愿减排量累计成交 7252.44 万吨,占全国碳交易试点总成交量的 16.4%。

广州各银行也积极自主打造"碳中和"分支机构,向可持续发展模式转变。例如,交通银行花都分行自愿购买并注销 187 吨国家核证自愿减排量,实现了 2020 年和 2021 年全年因运营活动产生的温室气体排放的碳中和目标,标志着广州银行业首家"零碳网点"正式落地。同时,浦发银行花都支行完成了 274 吨国家核证自愿减排量的注销,实现了"预先碳中和"。

另外,2021 年,广州碳排放权交易中心联合中国人民财产保险股份有限公司广东省分公司开展了碳保险金融创新推出碳汇价值综合保险创新业务方案,并于 6 月和 12 月在云浮和清远落地广东首单林业碳汇价值保险、广东首单碳汇价格保险,有力地推动了生态产品价值在碳汇和保险的创新业务中实现。

（四）保险领域

在政策法律层面，我国绿色保险制度和法律框架已初步构建。2018 年通过的《环境污染强制责任保险管理办法（草案）》确立了环境污染责任保险的"强制性"，加强了相关制度建设。随后，2020 年实施的《中华人民共和国固体废物污染环境防治法》修订案，为绿色保险制度的发展提供了坚实法律保障。进一步地，2022 年 11 月 11 日，银保监会办公厅发布了《关于印发绿色保险业务统计制度的通知》，要求各保险公司准确把握绿色保险的内涵和意义，充分认识建立绿色保险业务统计制度的重要性，并分步骤有序地推进绿色保险业务统计工作，为绿色保险的发展提供了保障和指导。

狭义上的绿色保险主要指环境污染责任险，是一种在环境污染领域应用的创新性保险产品，目前仍处于发展初期阶段。近年来，除环境污染责任险外，广州各银行也不断推出新的绿色保险产品。建设银行花都分行在绿色金融领域实现了显著突破，首次为南方航空公司提供了碳排放权抵质押贷款服务，这一创新实践彰显了绿色金融产品的前沿应用。同时，保险行业也紧随其后，推出了一系列绿色保险产品，如"绿色产品食安心责任保险"、"绿色农保+"和"绿色农产品质量追溯保险"，这些产品均旨在推动环境保护和可持续发展。以 2018 年广州遭受的第 22 号台风"山竹"为例，虽然该台风对林业造成了巨大损失，但政策性保险的保障作用凸显。尽管受损森林的投保自交保费仅为 0.8 万元，但赔付金额高达 57.3 万元，这一对比数据凸显了政策性保险在减轻企业经济压力、确保受害者权益方面的强大杠杆效应和高效保障功能。

通过保险工具参与环境风险管理及事故处理，不仅增强了企业的环境风险防范能力，确保受害者能够及时获得经济赔偿，同时也减轻了政府在灾后恢复重建中的负担。这种趋势推动了政府职能向更高效、更专注于公共服务和社会管理的方向转变，为构建绿色、可持续的社会环境提供了有力支持。

（五）基金领域

2021 年 8 月，广东省政府发布了《广东省金融改革发展"十四五"规划》，提出在"十四五"时期推动在粤港澳大湾区设立绿色发展基金，建设服务粤港澳大湾区的创新型绿色金融机构和组织，旨在打造国内领先的绿色技术转移转化及产业化综合服务平台。

2022 年 7 月，广东省发布了《关于发展绿色金融支持碳达峰行动的实施方案》，该方案旨在推动绿色金融的发展，以支持碳达峰目标的实现。该方案强调，地方政府与社会资本应基于市场化原则，共同设立绿色低碳类基金，以拓宽关键领域绿色项目的投融资渠道。同时，该方案也建议充分利用不动产投资信托基金（REITs）在基础设施领域的功能，引导保险资金为重要领域提供中长期资金支持。

在这一背景下，兴业银行广州分行助力广州地铁集团成功发行了 30 亿元绿色资产支持票据，这一创新举措标志着市场上首单"三绿"资产支持票据项目的诞生。与此同时，中保投基金也积极行动，累计投资 200 亿元设立了广业中保投绿色产业基金，专门支持污水处理、垃圾处理等环保项目的建设与发展。

三、广州市绿色金融试验区的经验

（一）要通过政策激励引导资金投入

广州市绿色金融试验区通过一系列政策措施来进行激励，有效引导金融资源向绿色产业集聚，在服务产业绿色发展的同时也推动了绿色金融创新。设立初期，试验区发布《关于加强货币政策工具运用支持广州绿色金融改革创新试验区建设的通知》，利用中央银行优惠利率资金，引导金融机构加大对绿色产业的信贷支持力度，降低绿色企业融资成本。为确保资金流向绿色项目，试验区引入第三方专业机构对票据的绿色属性进行评估，并创新推出绿色票据再贴现和碳减排票据再贴现。同时测算碳减排效应，为金融机构提供低成本资金支持。同时，试验区定期对金融机构的绿色金融发展状况进行考核评价，将结果纳入银行业机构综合评估体系，提高金融机构开展绿色金融业务的激励性和透明度，从而有效引导金融资源向绿色产业集聚。

（二）要因地制宜

广州绿色金融试验区在因地制宜的策略下，针对不同区域的特色和需求，制定了差异化的绿色金融政策，推动了区域经济与生态保护的协同发展。在城市中心区，试验区重点支持低碳城市建设和绿色建筑项目，通过绿色债券、绿色贷款等多种金融产品，引导资金投向可持续城市的基础设施建设。在郊区和农村地区，试验区则侧重于农业和林业的绿色金融发展。通过推动农业碳汇项目和农村可再生能源项目的融资，试验区利用碳排放权抵质押贷款和农业生态补偿贷款等创新金融工具，支持当地的生态农业和绿色能源项目。这些措施不仅盘活了农村生态资源，增加了农民收入，还促进了农村经济的绿色转型。此外，广州绿色金融试验区还在沿海经济带引导金融资源投向海洋经济和可再生能源项目。通过综合运用信贷、债券和产业基金等多种融资方式，加大对风电、太阳能等清洁能源项目的支持力度，推动了当地清洁能源产业的发展。这一策略有效地将生态优势转化为经济优势，促进了区域内经济的绿色可持续发展。因此要制定因地制宜的差异化政策，利用多种金融工具。

（三）要坚持创新

试验区积极推出绿色贷款、绿色股权、新型绿色保险、绿色基金等多种新金融产品。设立气候支行、零碳网点、碳金融实验室和绿色保险创新实验室，提升金融机构服务绿色项目的能力。同时，试验区充分利用云计算、大数据和区块链技术，打造绿色金融信息系统、绿色主体认定系统、绿色银行监管系统和"粤信融"平台，实现绿色金融服务的数字化和智能化。通过建立绿色金融风险大数据库，加强风险管理，并推动环境信息披露和环境压力测试，提高金融机构的风险应对能力。通过不断创新绿色金融产品和充分利用数字化技术，广州绿色金融试验区成功提升了金融机构的服务能力和风险管理水平，推动了绿色金融领域的高质量发展。

（四）要协同合作

广州市绿色金融试验区通过设立大湾区绿色金融联盟：与港澳地区及世界银行等积极区域开展合作和国际交流，推动绿色金融体系的发展。试验区将绿色金融改革与粤港澳大湾区建设紧密结合，重点推动绿色金融产品创新和跨境合作。通过与香港和澳门的金融机构合作，试验区促进了绿色债券的跨境发行，并推动碳市场的区域互联互通。试验区还积极参与国际绿色金融标准的制定和推广，借助共建"一带一路"倡议和国际合作平台，将绿色金融的实践经验推广到更广泛的地区和国家。这些举措不仅增强了区域内绿色金融的协同效应，还提升了广州在全球绿色金融领域的影响力。

第七节　绿色金融试验区案例带来的启示

通过分析以上绿色金融试验区的经验，可以对其他地区创新绿色金融带来借鉴与启示。

一、完善绿色转型金融整体的框架

从宏观角度切入，需要政府和市场两方面齐头并进，明确绿色金融的发展方向、对绿色金融的重点支持领域，扶持相关绿色金融产业，同时配置完善的金融服务以支持绿色金融的发展，完善绿色金融体系的建设。

二、引导金融市场的发展方向

政府需要出台政策以及投入一定的政策资源来支持不少金融的发展，政策应该具有针对性，对症下药并且易于实施，能够真正解决现实问题，与国际绿色金融标准相符合，与国际接轨，并且能通过相关政策引导金融机构增强对绿色产业的关注与投资，引导金融市场朝着对绿色金融有推动作用的方向发展。

三、根据不同的地区特点采取不同的措施

一方面是不同省份或者自治区之间，另一方面是市区和郊区之间，区域不同代表着市场的需求与观念以及资金存量可能存在差异，而不同区域通常也有不同的特色，如生态环境可能存在较大差距。有关绿色金融的策略实施，应该关注不同区域之间的特色和差异，这就对各省进行策略实施进行了一定程度的要求，对于一些省份相当成功的绿色金融策略，其他省份不能照搬，而应该结合当地区域因素来分析该策略背后成功的原因，与本省的环境进行对比，最后结合本省的区域因素来进行选择性的借鉴或者改进。

四、要坚持进行创新

金融机构要积极推出有助于推动绿色金融体系建立的金融产品，如绿色贷款、绿色股权、新型绿色保险、绿色基金等新型金融产品，同时这些金融产品的创新应该与当地区域的特色相结合，以此来促进金融机构对当地绿色产业进行金融服务方面的能力，促进绿色金融体系建设得更加完善。

五、加强合作来促进绿色金融体系的完善

一方面，可以和其他区域进行跨境合作以及国际合作，通过此类合作方式可以推动绿色金融产品进行跨境发行，促进绿色金融市场的互通与共同发展，同时也可以和其他区域进行实践经验的分享与交流，以此来增强绿色金融的协同效应

和影响力；另一方面，当地政府需要和企业建立合作，提升企业对绿色投资的关注度，提高企业进行绿色投资的热情，革新企业的技术，使企业的发展节能化和清洁高效化，通过绿色金融让企业的产业链优化，不仅降低了企业的成本，也通过企业的绿色投资促进了绿色金融体系的健全。

六、健全监管体系

一方面，要增强绿色金融体系内金融机构以及企业的信息披露，增加金融机构以及企业的透明度，减少信息不对称，同时也可以使监管机构更好地对被监管机构进行监管；另一方面，政府要建立一个健全的监管平台，这类平台能通过大数据对绿色金融体系内的机构信息进行整理，有一套正确的评估系统，并且可以此对所监管的机构进行正确的指导。

第十二章

研究结论及政策建议

本书对国内外关于开放合作、绿色金融以及可持续发展的理论进行了梳理，通过构建模型进行实证分析，发现以贷款碳排放强度为代表的绿色金融水平可以促进可持续发展，其效果与经济体的经济发展阶段、收入水平呈反向关系。进一步通过案例分析，研究了多个国际开放合作和国外金融机构创新绿色金融的经验，同时也聚焦国内绿色金融试验区的发展实践，探讨中国特色绿色金融促进可持续发展的路径。由此，得出如下研究结论和政策建议，并对未来发展及研究方向进行展望。

第一节　研究结论

由全书内容可以发现：一方面绿色金融可以通过推动高碳产业绿色转型、刺激绿色产业发展以及引导消费者的绿色消费习惯等方面对可持续发展产生明显的促进作用；另一方面国际的开放合作是绿色金融推动可持续发展的加速器，可以通过资源流动、信息共享、经验借鉴、统一标准等方式加强绿色金融对可持续发展的促进效果。

一、绿色金融对可持续发展的促进效应

随着人类经济的不断发展和工业化的持续推进，全球平均气温日益上升，气候灾害和极端天气频发，这一结果对当前和未来的环境、经济发展和社会稳定都

构成了巨大威胁，严重影响了人类社会的可持续发展，绿色金融通过创新金融产品和服务，引导资金流向绿色产业和环保项目，改善生态环境、帮助经济结构绿色转型，进而推动可持续发展。

（一）促进产业转型

绿色金融通过对高碳、高污染行业提供如可持续发展挂钩债券等绿色转型融资，将碳排放指标与企业融资成本挂钩，为高碳行业向绿色低碳领域转型提供了低成本的融资支持，降低了企业转型的成本，提高了其转型的效率，对促进经济可持续发展起到推动作用。

（二）推动绿色产业发展

绿色金融可以通过引导资金更多地流向环保、清洁能源、循环经济等绿色项目中，优化资金在低碳、高碳行业间的配置，发挥金融在资金融通和资源配置方面的作用，服务绿色领域的实体经济，从而促进绿色低碳行业的发展，激励企业开展绿色技术创新和发展新质生产力，推动经济可持续发展。

（三）引导消费市场

在消费方面，绿色金融可以通过对绿色低碳行业的引导和推动，加强绿色产品的竞争力，从而引导消费者的消费习惯向绿色领域转变，促进绿色低碳行业消费市场的发展，进而推动可持续发展。

二、全球开放合作在绿色金融促进可持续发展中的作用

（一）促进资源流动

国际开放合作能够降低各国生产要素在国际流动的壁垒，促进各国资源禀赋的跨国流动，优化全球资源配置效率，有助于解决各国在改善生态环境和向绿色产业转型时遇到的资源困难问题，特别是缓解低收入国家和发展中国家在转型中面临的资金短缺困境，推动经济的可持续发展。

（二）加强信息共享

各国的生态气候和拥有的自然资源禀赋不同，有着不同的气候风险，因此各国应对不同气候风险的经验和信息数据的翔实程度也有着差异，开放合作可以利用各国在气候风险信息数据上的比较优势，推动各国进行信息共享，解决绿色金融发展中的信息不对称问题，提高各国面对气候灾害的经验，增强全球国家应对气候风险的能力，促进各国经济、社会稳定和可持续发展。

（三）借鉴发达国家经验

发达国家的金融市场更加成熟、金融体系更加完善，全球开放合作有助于发展中国家在绿色金融方面向发达国家吸取经验，推动自身完善绿色金融体系，从而使金融行业更好地服务于本国经济的绿色转型和可持续发展。

（四）推动标准的统一

国际还没有形成气候风险信息披露系统的政策标准，使各国披露的信息缺乏一致性和可比性。国际开放合作可以加强各国中央银行的信息交流，促进全球主要中央银行制定相应的规范，推动信息披露标准的统一和国际化，加强各国信息披露的一致性和可比性。

第二节 政策建议

绿色金融与可持续发展是社会经济整体转型的大工程，需要国际资源、政府监管和金融机构三方力量的共同合作才能更好地实现。因此，本书从全球开放合作、政府部门职责和金融机构的调整三个方面出发，基于上述研究结论分别提出如下政策建议。

一、全球开放合作

全球开放合作是绿色金融发展与经济可持续发展的加速器，可以从资源流动、信息共享、经验借鉴和统一标准四个方面推动绿色金融和经济可持续发展。因此我国应积极推进在绿色金融领域的国际开放合作，运用国外的经验和技术深化我国的金融转型，尤其是弥补我国保险业在气候保险深度与广度方面的不足、促进可持续发展的进程。

但我国在推进国际开放合作的进程中也要注意不同国家的经济和金融市场发展水平有差异，开放程度要与本国经济情况、金融市场的完善程度相适应，不能盲目照搬外国经验和推进金融市场的开放，要注意探索符合中国国情的绿色金融方案，同时维护金融体系的稳定，避免外资的剧烈波动对我国资本市场和经济发展产生较大的冲击。

二、政府部门

我国作为社会主义国家，政府在金融市场管理中发挥比较大的作用，政策的影响力较大，因此我国政府在政策制定、强化监管和完善政府投入等方面要考虑各地的优势，对绿色金融、产业转型提供足够的支持，为市场注入信心及绿色转型活力。

（一）政府政策

产业转型离不开我国政府政策的支持，政府要承担起政策导向责任。在实体经济方面，要积极推进有关产业转型和气候风险防范政策，对绿色产业的发展给予激励和支持，保障绿色中小企业权益，为市场和转型中的企业提供足够的信心。在金融方面，要积极完善金融机构和转型企业的气候风险披露制度，提高绿色金融领域的资金透明度，减少信息不对称。

（二）各地发挥区位优势

我国国土面积大，各地区之间的自然禀赋和经济发展水平不同，因此各地政府在制定转型政策时要充分考虑当地的区位优势、生态环境以及经济发展水平，因地制宜，把握当地的优势。同时要积极与其他地区进行信息和经验的共享，进而更好地推动经济的可持续发展。另外，我国的大城市人口密集、经济体量大、对周边地区有较强的辐射和模范作用，因此大城市应运用自身的体量优势对绿色金融进行重点扶持，同时发挥大都市的辐射作用，带动周边城市和地区进行绿色产业发展和高碳行业转型，将自身的先进经验和技术发展到附近地区，带动整个区域绿色金融的发展。

（三）强化监管

我国监管部门要发挥自身的监管作用，完善对绿色融资资金使用情况的信息披露方法，细化对减排效果的监督，严厉打击在融资过程和资金使用过程中可能出现的腐败和"漂绿"情况，确保绿色金融对低碳行业发展和高碳行业转型的支持落到实处，切实推进可持续发展。

（四）教育和创新投入

教育和创新投入是支持可持续发展的重要因素之一，因此我国应继续提高教育和创新投入。一方面，教育和创新的投入可以推动社会技术进步，进而为低碳行业的发展提供技术的底层支持。另一方面，教育和创新的投入可以培养出更多的科技人才，改善我国人力资本结构，进而推进产业结构的转型，为高碳行业的转型及绿色产业发展提供足够的人才支持。此外，教育对社会具有正外部性，提高教育的投入水平有助于社会进步，这也是可持续发展的一个方面。

三、金融行业

金融作为现代经济的血液，承担着融通资金、优化资源配置和消除信息不对称的责任，是现代产业发展和转型必不可少的支撑。金融机构长期以来一直居于我国金融体系的核心地位，间接金融一直是我国企业的主要融资方式，是市场资金的主要来源。因此我国的金融机构一方面要发挥自身的地位优势，积极提高间接金融对绿色产业的扶持力度；另一方面也要注重弥补自身短板，发展相对薄弱的其他类型的融资和风险配置方式。

（一）健全绿色金融体系

我国绿色融资方式主要是间接融资，资本市场、衍生品市场等其他金融市场仍然不够健全，无法完全发挥自身的绿色融资和风险管理的作用。因此我国应积极发展其他类型的融资方式，使不同的金融市场在不同领域发挥作用，创新运用更多的绿色金融产品，健全金融体系，为企业提供不同种类的融资方式，支持产业的转型和绿色发展。另外我国保险业在绿色金融领域的发展也明显落后于商业银行，气候保险产品种类比较单一，渗透率相对较低，且覆盖面较小，我国保险密度和保险深度与主要欧美国家相差甚远，还有很大的上升空间，无法充分发挥管理和分担风险的作用。因此我国应加快气候保险领域的建设和推广，优化风险的配置，从而降低气候风险对我国金融和经济带来的危害。

（二）发挥间接金融的优势作用

我国商业银行等金融机构的贷款，承担了国内资本融资的主要责任，金融机构贷款的碳排放强度反映了我国绿色金融转型的进展，并且是绿色行业发展的主要资金来源。因而我国应当重视绿色贷款，以融资约束的方式来控制金融机构对高碳行业的投资，这是促进相关行业绿色转型、实现经济可持续发展的强有力手段。

（三）加强对绿色贷款的管理

金融机构要强化对贷款发放之后的跟踪与监督，由本书实证结果可以看出，贷款的碳排放强度对可持续发展的作用是长期且持续的。因此我国金融机构不仅要在贷款前对企业设立可持续发展目标，并将其与利率挂钩，以此控制企业的碳排放，而且要强化在贷款后对企业的全过程动态管理，增加与企业的信息交流，降低信息的不对称程度，避免贷款后企业可能出现的道德风险。并设立定期考核目标，对于违反贷款协议的企业要有严厉的惩罚措施。

（四）激发金融机构全员创新绿色金融产品和服务的积极性

建立绿色信贷、绿色投资、绿色基金等长效机制，培育绿色金融服务团队，为绿色可持续发展领域提供高效便捷的综合金融服务。同时，多部门联合开发碳金融产品和政策。主动对接生态环境部门、转型企业、碳排放权交易机构及大学联合攻关，创新绿色金融产品及业务模式。

第三节　研究展望

基于理论、国际比较、实证建模和案例分析四个维度的研究成果，结合当前关于全球开放合作、绿色金融和可持续发展的实践对未来发展及研究进行展望。

一、研究成果

（一）理论成果

本书总结了以往研究中关于开放合作、绿色金融和可持续发展的理论，并将三者结合起来进行了丰富和创新，探讨全球开放合作在绿色金融促进可持续发展中的作用机制及路径，为亟须理论支持的中国可持续发展道路做出了一定的贡献，对我国金融行业促进绿色金融和可持续发展提供了理论支持。过去的文献更多地集中在绿色金融对可持续发展的定性研究上，而定量分析较少，本书用贷款碳排放强度指标作为绿色金融的代表变量，定量分析了绿色金融对可持续发展的影响，拓展了现有文献的定量研究方面的不足。

（二）现实成果

本书研究了大量国内外绿色金融的实践案例，并对其进行了归纳总结，有助于我国各地政府和金融机构从中吸取其成功经验，为之后我国各地绿色金融的发展提供指导，进而加速我国可持续发展的进程。

二、本书的不足之处

国际上可以取得的各国时间序列绿色金融数据中，只有贷款碳排放强度可得，受到数据限制，本书针对绿色金融对可持续发展的促进作用的实证分析仅以贷款碳排放强度一个指标作为解释变量，没有分析贷款以外的绿色金融产品如直接融资和气候保险产品对可持续发展的作用，研究范围较小，期待后续绿色金融直接融资和气候保险数据健全后再进一步扩大研究范围。

三、研究展望

通过总结当前关于全球开放合作、绿色金融、可持续发展三个方面的实践与文献，本书对未来的研究方向做出如下展望：

（一）全球开放合作

未来关于全球开放合作的一个研究方向是研究数字信息和科技创新在国际开放合作中发挥的作用，随着信息技术的发展与创新，信息和科技会不断促进绿色金融的发展，为全球绿色经济增长做出卓越贡献，同时在推动社会可持续发展进程中发挥着重要的作用。因此在开放合作方面，未来要研究绿色科技创新的国际合作机制，探讨在加强绿色科技创新领域全球标准的制定，以及国际科技信息的分享、全球资源配置的优化等方面开放合作的机制，以及如何推动全球绿色科技创新体系的完善和发展。

另一个研究方向是全球开放合作对绿色金融和可持续发展的作用，气候变化将在未来几个世纪内对人类生活、生态系统以及经济和社会发展构成持续和日益严重的威胁，绿色转型已成为全球开放合作的重要议题。各国应在推动绿色能源、低碳技术、环保产业等方面深化合作与开放，以全球气候治理来应对气候风险带来的挑战。因此在开放合作方面，未来对国际组织及各国之间的绿色投资如何推动绿色低碳技术在各国尤其是低收入国家的发展，如何通过国际力量推动全球高碳产业的绿色转型。

（二）绿色金融促进可持续发展

未来绿色要素将享受更高的估值溢价，如何使绿色股权和债权融资更加有效，提升绿色产品的估值溢价也是绿色金融领域未来研究方向之一。随着"双碳"战略的持续推进，碳衍生品创新将不断推进和扩展，包括诸如碳远期、碳期货、碳期权及与 CCER 联动等，还有碳保险、碳指数等在未来都会得到很大发展，这些也是未来研究方向之一。研究如何更好地利用开放合作、让绿色金融创新更好地与可持续发展目标相结合，促进经济、社会和环境的协调发展是未来一个大课题。

　　由于篇幅所限，本书对未来趋势进行了展望，还难以进行全面分析，全球开放合作下绿色金融促进可持续发展研究是一个宏大的课题，不是一两本著作就能全面系统阐释清楚的。该书的论述还有不足之处，有的章节架构与论证也有待完善和提炼，希望各位读者、专家学者多提宝贵意见，不胜感谢。

参考文献

［1］Ahn J M, Ju Y, Moon T H, et al. Beyond absorptive capacity in open innovation process: The relationships between openness, capacities and firm performance ［J］. Technology Analysis & Strategic Management, 2016, 28（9）: 1009-1028.

［2］Al Mamun M, Sohag K, Shahbaz M, et al. Financial markets, innovations and cleaner energy production in OECD countries ［J］. Energy Economics, 2018, 72（May）: 236-254.

［3］Anbumozhi V, Kawai M, Lohani B N. Managing the transition to a low-carbon economy: Perspectives, policies, and practices from Asia ［M］. Brookings Institution Press, 2016.

［4］Aydin M, Turan Y E. The influence of financial openness, trade openness, and energy intensity on ecological footprint: Revisiting the environmental Kuznets curve hypothesis for BRICS countries ［J］. Environmental Science and Pollution Research, 2020, 27（34）: 43233-43245.

［5］Barge-Gil A. Open, semi-open and closed innovators: Towards an explanation of degree of openness ［J］. Industry and Innovation, 2010, 17（6）: 577-607.

［6］Bogers M, Chesbrough H, Moedas C. Open innovation: Research, practices, and policies ［J］. California Management Review, 2018, 60（2）: 5-16.

［7］Bogers M, Zobel A K, Afuah A, et al. The open innovation research landscape: Established perspectives and emerging themes across different levels of analysis

[J]. Industry and Innovation, 2017, 24 (1): 8-40.

[8] Can M, Ahmed Z, Mercan M, et al. The role of trading environment-friendly goods in environmental sustainability: Does green openness matter for OECD countries? [J]. Journal of Environmental Management, 2021 (295): 113038.

[9] Can M, Ben Jebli M, Brusselaers J. Can green trade save the environment? Introducing the Green (Trade) Openness Index [J]. Environmental Science and Pollution Research, 2022, 29 (29): 44091-44102.

[10] Chesbrough H, Bogers M. Explicating open innovation: Clarifying an emerging paradigm for understanding innovation [M]. New Frontiers in Open Innovation. Oxford: Oxford University Press, Forthcoming, 2014: 3-28.

[11] Chesbrough, H. , Open Innovation: The New Imperative for Creating and Profiting from Technolog [M]. Boston: Harvard Business School Press, 2003.

[12] Chinn M D, Ito H. A new measure of financial openness [J]. Journal of Comparative Policy Analysis, 2008, 10 (3): 309-322.

[13] Cigu E, Petrişor M B, Nuţă A C, et al. The nexus between financial regulation and green sustainable economy [J]. Sustainability, 2020, 12 (21): 8778.

[14] Cui H, Wang R, Wang H. An evolutionary analysis of green finance sustainability based on multi-agent game [J]. Journal of Cleaner Production, 2020 (269): 121799.

[15] Demir A U, Hal. l S G. Financial structure and economic development: evidence on the view of " New Structuralism " [J]. International Review of Financial. Analysis, 2017 (52): 252-259.

[16] Demirgüç-Kunt A, Maksimovic V. Funding growth in bank-based and market-based financial systems: Evidence from firm-level data [J]. Journal of Financial Economics, 2002, 65 (3): 337-363.

[17] Ding L, Wu M, Jiao Z, et al. The positive role of trade openness in industrial green total factor productivity—provincial evidence from China [J]. Environmental Science and Pollution Research, 2022 (1): 1-14.

[18] Faiella I, Lavecchia L. The carbon content of italian loans [J]. Journal of Sustainable Finance & Investment, 2022, 12 (3): 939-957.

[19] Guan R, Zheng H, Hu J, et al. The higher carbon intensity of loans, the

higher non-performing loan ratio: The case of China [J]. Sustainability, 2017, 9 (4): 667.

[20] Gu B B, Chen F, Zhang K. The policy effect of green finance in promoting industrial transformation and upgrad-ing efficiency in China: Analysis from the perspective of government regulation and public environmental demands [J]. Environmental Science and Pollution Research, 2021, 28 (34): 47474-47491.

[21] Gürerk Ö, Irlenbusch B, Rockenbach B. On cooperation in open communities [J]. Journal of Public Economics, 2014 (120): 220-230.

[22] Huang J T. Sulfur dioxide (SO$_2$) emissions and government spending on environmental protection in China - evidence from spatial econometric analysis [J]. Journal of Cleaner Production, 2018 (175): 431-441.

[23] Ibikunle G, Gregoriou A, Hoepner A, et al. Liquidity and market efficiency in the World's largest carbon market [J]. The British Accounting Review, 2016 (4).

[24] Khizar S, Anees A. Role of green finance, trade openness, FDI, economic growth on environmental sustainability in pakistan [J]. iRASD Journal of Economics, 2023, 5 (1): 91-102.

[25] Kim D H, Wu Y C, Lin S C. Trade openness and green technology: The extent of trade openness and environmental policy matter [J]. The Journal of International Trade & Economic Development, 2024 (1): 1-26.

[26] Lee C C, Lee C C. How does green finance affect green total factor productivity? Evidence from China [J]. Energy economics, 2022 (107): 105863.

[27] Lee C C, Li X, Yu C H, et al. The contribution of climate finance toward environmental sustainability: New global evidence [J]. Energy Economics, 2022 (1): 106072.

[28] Liao L, Du M, Wang B, et al. The impact of educational investment on sustainable economic growth in Guangdong, China: A cointegration and causality analysis [J]. Sustainability, 2019, 11 (3): 766.

[29] Lin B, Abudu H. Changes in energy intensity during the development process: Evidence in sub-saharan africa and policy implications [J]. Energy, 2019 (183): 1012-1022.

[30] Madaleno M, Dogan E, Taskin D. A step forward on sustainability: The nexus of environmental responsibility, green technology, clean energy and green finance [J]. Energy Economics, 2022 (109): 105945.

[31] McKinnon R, Schnabl G. China's exchange rate and financial repression: The conflicted emergence of the RMB as an international currency [J]. China & World Economy, 2014, 22 (3): 1-35.

[32] Nawaz M A, Seshadri U, Kumar P, et al. Nexus between green finance and climate change mitigation in N-11 and BRICS countries: Empirical estimation through difference in differences (DID) approach [J]. Environmental Science and Pollution Research, 2021 (28): 6504-6519.

[33] Neumayer E. Scarce or abundant? The economics of natural resource availability [J]. Journal of Economic Surveys, 2000, 14 (3): 307-335.

[34] Nielsen S S. Food analysis [M]. New York: Springer, 2010.

[35] Palea V, Drogo F. Carbon Emissions and the cost of debt in the eurozone: The role of public policies, climate-related disclosure and corporate governance [J]. Business Strategy and the Environment, 2020, 29 (8): 2953-2972.

[36] Pisano G P, Verganti R. Which Kind of Collaboration is Right for You? [J]. Harvard Business Review, 2008, 11 (6): 1-9.

[37] Polasky S, Kling C L, Levin S A, et al. Role of economics in analyzing the environment and sustainable development [J]. Proceedings of the National Academy of Sciences, 2019, 116 (12): 5233-5238.

[38] Rai V, Funkhouser E. Emerging insights on the dynamic drivers of international low-carbon technology transfer [J]. Renewable and Sustainable Energy Reviews, 2015 (49): 350-364.

[39] Raworth K. Doughnut economics: Seven ways to think like a 21st-century economist [M]. Chelsea Green Publishing, 2017.

[40] Rockström J, Steffen W, Noone K, et al. A safe operating space for humanity [J]. Nature, 2009, 461 (7263): 472-475.

[41] Sachs J D. The age of sustainable development [M]. Columbia University Press, 2015.

[42] Schoenmaker D. Greening monetary policy [J]. Climate Policy, 2021,

21（4）：581-592.

[43] Scholtens B. Why finance should care about ecology [J]. Trends in Ecology & Evolution, 2017, 32（7）：500-505.

[44] Shi L, Han L, Yang F, et al. The evolution of sustainable development theory: Types, goals, and research prospects [J]. Sustainability, 2019, 11（24）：7158.

[45] Song X, Zhou Y, Jia W. How do economic openness and R&D investment affect green economic growth? —evidence from China [J]. Resources, Conservation and Recycling, 2019（146）：405-415.

[46] Svirydzenka K. Introducing a New Broad-Based Index of Financial Development [M]. International Monetary Fund, 2016.

[47] Teubler J, Kühlert M. Financial Carbon Footprint: Calculating Banks' Scope 3 Emissions of Assets and Loans [R]. European Council for an Energy Efficient Economy, 2020.

[48] Thacker S, Adshead D, Fay M, et al. Infrastructure for sustainable development [J]. Nature Sustainability, 2019, 2（4）：324-331.

[49] Villarreal O, Calvo N. From the triple helix model to the global open innovation model: A case study based on international cooperation for innovation in dominican republic [J]. Journal of Engineering and Technology Management, 2015, 35：71-92.

[50] Wang Q, Zhang F. Does increasing investment in research and development promote economic growth decoupling from carbon emission growth? An empirical analysis of BRICS countries [J]. Journal of Cleaner Production, 2020（252）：119853.

[51] Wang X, Khurshid A, Qayyum S, et al. The role of green innovations, environmental policies and carbon taxes in achieving the sustainable development goals of carbon neutrality [J]. Environmental Science and Pollution Research, 2022, 29（6）：8393-8407.

[52] Wang X, Wang Q. Research on the impact of green finance on the upgrading of China's regional industrial structure from the perspective of sustainable development [J]. Resources Policy, 2021（74）：102436.

[53] West J, Gallagher S. Challenges of open innovation: The paradox of firm

investment in open-source software [J]. R&D Management, 2006, 36 (3): 319-331.

[54] Wichaisri S, Sopadang A. Trends and future directions in sustainable development [J]. Sustainable Development, 2018, 26 (1): 1-17.

[55] Wu H. Trade openness, green finance and natural resources: A literature review [J]. Resources Policy, 2022, (78): 102801.

[56] Xie R, Fu W, Yao S, et al. Effects of financial agglomeration on green total factor productivity in Chinese cities: Insights from an empirical spatial Durbin model [J]. Energy Economics, 2021, 101: 105449.

[57] Xu J, Moslehpour M, Tran T K, et al. The role of institutional quality, renewable energy development and trade openness in green finance: Empirical evidence from South Asian countries [J]. Renewable Energy, 2023 (207): 687-692.

[58] Xu Z, Chau S N, Chen X, et al. Assessing progress towards sustainable development over space and time [J]. Nature, 2020, 577 (7788): 74-78.

[59] Zafar M W, Zaidi S, Sinha A, et al. The role of stock market and banking sector development, and renewable energy consumption in carbon emissions: Insights from G-7 and N-11 countries [J]. Resources Policy, 2019 (62): 427-436.

[60] Zhang B, Wang Y. The effect of green finance on energy sustainable development: A case study in China [J]. Emerging Markets Finance and Trade, 2021, 57 (12): 3435-3454.

[61] Zhang S, Wu Z, Wang Y, et al. Fostering green development with green finance: An empirical study on the environmental effect of green credit policy in China [J]. Journal of environmental management, 2021 (296): 113159.

[62] Zhang Y M, Xing C, Tripe D. Redistribution of China's green credit policy among environment-friendly manufacturing firms of various sizes: Do banks value small and medium-sized enterprises? [J]. International Journal of Environmental Research and Public Health, 2021, 18 (1): 33.

[63] Zhang Y, Wang X, Feng N. The path of green finance to promote the realization of low-carbon economic transformation under the carbon peaking and carbon neutrality goals: Theoretical model and empirical analysis [J]. International Review of Financial Analysis, 2024, 94: 103227.

[64] Zhou X G, Tang X M, Zhang R. Impact of green finance on economic development and environmental quality: A study based on provincial panel data from China [J]. Environmental Science and Pollution Research, 2020, 27 (16): 19915 - 19932.

[65] Ziolo M, Jednak S, Savić G, et al. Link between energy efficiency and sustainable economic and financial development in OECD countries [J]. Energies, 2020, 13 (22): 5898.

[66] 白雪石, 任桥, 刘鑫, 等. 我国保险机构开展 ESG 可持续投资的机遇与实践策略 [J]. 保险理论与实践, 2021.

[67] 蔡强, 王旭旭. 空间视角下绿色金融对经济高质量发展的影响 [J]. 江汉论坛, 2022 (6): 21-28.

[68] 陈志国, 杨甜婕, 张弛. 养老基金绿色投资组合分析与投资策略 [J]. 保险研究, 2014 (6): 11.

[69] 褚旋. 区域绿色金融实践、困难与对策——以广东省广州市为例 [J]. 全国流通经济, 2020 (30): 85-87.

[70] 丁宁, 任亦侬, 左颖. 绿色信贷政策得不偿失还是得偿所愿?——基于资源配置视角的 PSM-DID 成本效率分析 [J]. 金融研究, 2020 (4): 112-130.

[71] 方琦, 钱立华, 鲁政委. 金融支持"双碳"目标的新趋势——2023 年绿色金融趋势展望 [J]. 金融与经济, 2023 (1): 3-14.

[72] 冯志轩, 刘凤义. 生态不平等交换、价值转移与发展中经济体的环境问题 [J]. 世界经济, 2019 (4): 26.

[73] 傅亚平, 彭政钦. 绿色金融发展, 研发投入与区域经济增长——基于省级面板门槛模型的实证 [J]. 统计与决策, 2020 (21): 5.

[74] 高瑜, 李响, 李俊青. 金融科技与技术创新路径——基于绿色转型的视角 [J]. 中国工业经济, 2024 (2): 80-98.

[75] 顾宝志, 李卓宇, 郑梦婷. "双碳"目标下我国转型金融的发展现状与实践路径 [J]. 国际经济合作, 2023 (2): 70-81+93.

[76] 广州市地方金融监督管理局. 广州金融白皮书 2022 [M]. 广东: 广州出版社, 2022.

[77] 广州市人民政府网. 广州市人民政府办公厅关于促进广州绿色金融改

革创新发展的实施意见［EB/OL］.（2019－07－29）. http：//www. gz. gov. cn/zwgk/fggw/sfbgtwj/content/post_ 4435518. html.

［78］何德旭，程贵. 绿色金融［J］. 经济研究，2022，57（10）：10-17.

［79］黄茂兴，林寿富. 污染损害、环境管理与经济可持续增长——基于五部门内生经济增长模型的分析［J］. 经济研究，2013（12）：12.

［80］黄群慧. 读懂新质生产力［M］. 北京：中信出版集团，2024.

［81］黄群慧. 着力提升实体经济的供给质量［J］. 求是，2017（5）：2.

［82］金祥义，张文菲，施炳展. 绿色金融促进了中国出口贸易发展吗？［J］. 金融研究，2022（5）：38-56.

［83］李博阳，张嘉望，沈悦，等. 绿色债券发行对绿色技术创新影响的路径和机制研究［J］. 科研管理，2023，44（11）：134-142.

［84］李海棠，周冯琦，尚勇敏. 碳达峰、碳中和视角下上海绿色金融发展存在的问题及对策建议［J］. 上海经济，2021（6）：61-75.

［85］李敏鑫，朱朝晖，罗文波. 环境污染责任保险对企业债务融资成本的影响研究［J］. 保险研究，2021（1）：18.

［86］李戎，刘璐茜. 绿色金融与企业绿色创新［J］. 武汉大学学报（哲学社会科学版），2021，74（6）：126-140.

［87］李显君，钟领，王京伦，等. 开放式创新与吸收能力对创新绩效影响——基于我国汽车企业的实证［J］. 科研管理，2018，39（1）：45-52.

［88］李扬. 实现我国"十四五"及至2035年战略目标金融改革和发展的重点：国家金融与发展实验室［A/OL］.（2020－12－02）［2022/09/01］. http：//www. 50forum. org. cn/home/article/detail/id/8168. html.

［89］李毓，胡海亚，李浩. 绿色信贷对中国产业结构升级影响的实证分析——基于中国省级面板数据［J］. 经济问题，2020（1）：37-43.

［90］林伯强，黄光晓. 能源金融（第2版）［M］. 北京：清华大学出版社，2021.

［91］刘锡良，文书洋. 中国的金融机构应当承担环境责任吗？——基本事实、理论模型与实证检验［J］. 经济研究，2019，54（3）：17.

［92］刘志彪，凌永辉，孙瑞东. 传统产业改造：发展新质生产力的重点选择策略——兼论对农业现代化的启示［J］. 农业经济问题，2024（4）：47-57.

［93］马婧，马金梅，李成君. 碳金融发展对区域产业结构升级的影响

[J]．青海金融，2021（10）：6．

[94] 马骏．论构建中国绿色金融体系 [J]．金融论坛，2015，20（5）：18-27．

[95] 马骏．中国绿色金融的发展与前景 [J]．经济社会体制比较，2016（6）：8．

[96] 马文甲，高良谋．开放度与创新绩效的关系研究——动态能力的调节作用 [J]．科研管理，2016，37（2）：47-54．

[97] 齐文浩，宋长兴，齐秀琳．数字农业与农村环境可持续发展：作用机理与多维效益 [J]．财贸研究，2024，35（6）：45-58．

[98] 任再萍，孙永斌，施楠．金融机构贷款碳排放强度对经济可持续发展的影响研究 [J]．保险研究，2022（9）：27-38．

[99] 单春霞，周文洁，耿紫珍．环境规制、绿色技术创新与可持续发展——被调节的中介效应分析 [J]．经济问题，2024（8）：95-102．

[100] 史代敏，施晓燕．绿色金融与经济高质量发展：机理、特征与实证研究 [J]．统计研究，2022，39（1）：31-48．

[101] 舒利敏，廖菁华．末端治理还是绿色转型？——绿色信贷对重污染行业企业环保投资的影响研究 [J]．国际金融研究，2022（4）：12-22

[102] 苏冬蔚，连莉莉．绿色信贷是否影响重污染企业的投融资行为？[J]．金融研究，2018（12）：15．

[103] 苏冬蔚，刘子茗．绿色金融改革是否影响企业绿色绩效与漂绿风险？[J]．国际金融研究，2023（4）：74-85．

[104] 王博，康琦．数字金融与企业可持续发展绩效——异质性特征、微观机制与宏观调节作用 [J]．南开经济研究，2024（5）：162-176．

[105] 王静．我国绿色金融发展驱动因素与进展研究 [J]．经济体制改革，2019（5）：7．

[106] 王遥，潘冬阳，张笑．绿色金融对中国经济发展的贡献研究 [J]．经济社会体制比较，2016（6）：33-42．

[107] 王遥，张广道．"双碳"愿景下的金融转型研究 [J]．环境保护，2021，49（14）：9-11．

[108] 王遥，张笑．生态文明视域下的生态金融建设 [J]．中国特色社会主义研究，2015（2）：5．

[109] 王贞洁，王惠. 低碳城市试点政策与企业高质量发展——基于经济效率与社会效益双维视角的检验 [J]. 经济管理，2022，44（6）：20.

[110] 魏丽莉，杨颖. 绿色金融：发展逻辑、理论阐释和未来展望 [J]. 兰州大学学报（社会科学版），2022，50（2）：60-73.

[111] 文书洋，张琳，刘锡良. 我们为什么需要绿色金融？——从全球经验事实到基于经济增长框架的理论解释 [J]. 金融研究，2021（12）：20-37.

[112] 西南财经大学发展研究院，环保部环境与经济政策研究中心课题组，李晓西，等. 绿色金融与可持续发展 [J]. 金融论坛，2015，20（10）：30-40.

[113] 肖学. 绿色金融改革助力生态文明建设 [J]. 中国金融，2018（13）：20-22.

[114] 杨震宁，赵红. 中国企业的开放式创新：制度环境、"竞合"关系与创新绩效 [J]. 管理世界，2020，36（2）：139-160+224.

[115] 袁鹏，程施. 中国工业环境效率的库兹涅茨曲线检验 [J]. 中国工业经济，2011（2）：10.

[116] 袁志刚，郑志伟，葛劲峰. 金融中介与宏观经济波动研究进展 [J]. 经济学动态，2020（3）：103-117.

[117] 张莉莉，肖黎明，高军峰. 中国绿色金融发展水平与效率的测度及比较——基于1040家公众公司的微观数据 [J]. 中国科技论坛，2018（9）：100-112+120.

[118] 张艳磊，秦芳，吴昱. "可持续发展"还是"以污染换增长"——基于中国工业企业销售增长模式的分析 [J]. 中国工业经济，2015（2）：89-101.

[119] 中国人民银行广州分行课题组，白鹤祥. 转型金融、碳市场调节与高质量增长 [J]. 南方金融，2023（1）：3-22.

[120] 中国人民银行上海总部专项课题组. 上海国际金融中心升级版新使命新内容新对策 [J]. 科学发展，2023（1）：44-52.

[121] 中金公司课题组. 证券业如何服务"双碳"目标？[J]. 证券市场导报，2022（4）：13.

[122] 朱方明，曾钰婷，贺立龙. 劳动力再生产视域下脱贫人口可持续发展动力研究 [J]. 上海经济研究，2024（6）：20-30.